ANATOL

First published in 1989 by Absolute Classics, an imprint of
Absolute Press, 14 Widcombe Crescent, Bath, England

Series Editor: Giles Croft

Cover and text design: Ian Middleton

Photoset by Quadraset Ltd, Midsomer Norton
Printed by WBC Print, Bristol
Bound by W. H. Ware & Son, Clevedon
Cover printed by Stopside Print, Bath

ISBN 0 948230 16 9

ANATOL

Arthur Schnitzler

Translated by Michael Robinson

a b s o l u t e c l a s s i c s

INTRODUCTION

ANATOL dates from 1888–1891. Schnitzler studied medicine, like his father, and practised as a doctor from 1885, later opening a private practice as a specialist in nervous disorders and diseases of the larynx. His early years as both doctor and author were marked by a particular interest in the emergent science of psychology; his early stories anticipated Freud's psychopathological theories. He was thus in the vanguard of the secularising Viennese movement which was to become Modernism.

A particularly attractive feature of ANATOL as a play is Schnitzler's in-depth portrayal of a man who in many ways knows himself very well, and yet is unable to put his perceptions into practice. The language of the play is beautifully differentiated, and the superbly painted gallery of women shows tremendous insight and humour. Anatol himself moves from trenchant, pithy epigram to almost Debussy-like spinning of amorous fantasies in EPISODE, and his friend Max is a perfect foil: witty, clear and always sensitive to the mental (and physical) journeys of his wider-ranging friend. Depth of characterisation, linguistic range and an overwhelming sense that these are emergent people of our times are the features of the play which seem to make it attractive to performers and audiences alike, together with the glimpse it provides of the society of the late Austro-Hungarian Empire, which exercises such a fascination because it carried within the years of its decline the seeds of so much that was to affect the art and thought of the Modern era.

English theatregoers tend to think of Schnitzler first and foremost as the author of REIGEN (LA RONDE). REIGEN is a daisy-chain of relationships, twining in sequence from an encounter between prostitute and soldier through to a count's meeting with the same prostitute. ANATOL is an earlier play, written between 1888 and 1891, and is also sequential. This time the link is a single character, Anatol himself, whose amorous adventures are followed through seven short scenes, each a play in its own right, and each involving a different woman.

Being unhappy is only half the misfortune; being pitied is all of it.

In FATE QUESTIONED we find Anatol discussing the new art – or science – of hypnosis with his friend Max. Schnitzler was a doctor of medicine with a lively interest in science and the arts, and particularly new fields like hypnosis and, of course, the early stages of psychoanalysis – Freud was a contemporary. In FATE QUESTIONED Schnitzler shows us Anatol afraid to know – and to be seen to discover in front of his friend Max – inner truths about both himself and Cora. He flirts with the new science as he flirts with his women – pleased to be up-to-date, original and vital, but very much less happy to come to terms with realities, be they scientific or psychological. His arguments for not asking the hypnotised Cora whether she is faithful to him have elegance and ingenuity, the genuine liveliness of mind which we are to experience throughout the play, but ultimately Anatol refuses to face things as they are.

And as it's just like a woman it's probably very noble and profound.

Anatol does have real insights, however, and is quite able to put them over. It is certainly wrong to suggest that his self-delusion makes him unable to deal with women, even sophisticated ones like Gabriele in CHRISTMAS SHOPPING. Here we see him holding his own against formidable questioning, although he finally does not even attempt to tackle the real emotional depths which are revealed in the situation, again probably more so than anywhere else in the play. In his Christmas Eve encounter with Gabriele in the centre of Vienna – this is the only one of the plays to be set outdoors, and although it is snowing, the well-heeled pair are comfortable in their warm clothes, with cabs to come – the open setting, full of busy Christmas affluence, mirrors Anatol's own unusual openness as he describes his relationship with his present girl from the suburbs – the 'sweet girl' who was also to feature in LA RONDE. There is an element of self-deception here as everywhere, but at least he is telling Gabriele what he perceives as the truth, knowing full well that she is not going to find it attractive. As the emotional tone becomes sparer and more raw, so the warm and busy scene fades to a few lonely shoppers and passing cabs.

I am certain that at that moment she could think of nothing else but me – just me.

In contrast, EPISODE returns us to Anatol's usual world of the fin-de-siècle Viennese interior. It contains Anatol's most lyrical evocation of his sexual success, and his most far-fetched use of a philosophical self-image as he sees himself almost as a Nietzschean superman (ALSO SPRACH ZARATHUSTRA had just been published). It also presents his moment of complete disillusionment when the circus girl whose life he thought bore his irrevocable stamp, despite what he claimed was her minimal effect on him, fails to recognise him.

Whore.

JEWELS AND MEMORIES shows Anatol racked to a completely
neurotic extent with doubt in his fiancée's fidelity – unable to accept that
she really loves him until she agrees to destroy every memento of every
man in her life but him. The cry of 'whore' is wrested from him when
he discovers that a jewel has been kept for its financial rather than
sentimental value – a revealing insight into his insecurity and self-doubt.

*I have been unfaithful to you – as you have deserved – day after day –
night after night.*

A number of the plays are very amusing, but the most sustained comedy
is in FAREWELL SUPPER, in which Anatol tries to tell Annie, a
dancer whom he has been two-timing for weeks, that their affair is over.
He has been having a post-show dinner with her after a more bucolic
supper with his suburban girl-friend earlier in the evening. But Annie
tells him that she has fallen in love with a boy in her ballet company.
The confrontation over the table is highly comic, but provides a sharp
contrast between Annie's emotional honesty, self-understanding and
realism and Anatol's typical mixture of late-Hapsburg dyed-in-the-wool
self-delusion and ill-digested perceptions of modern life.

There is no longing for happiness like that of the last days of a love.

Else in AGONY is another society lady, of similar background to
Gabriele in CHRISTMAS SHOPPING. These are the women of the
world into which Anatol would be expected to marry. He as always, is
clinging to his own image of a relationship, and to the last flicker of
pleasure which can be wrung from it. She is all neurosis, but in her way
again shows a clear perception of reality – she is a married woman he is
having an affair with. There is no question of her leaving her husband
and Vienna for Anatol and the traditionally romantic haunts of his
suggestion such as Venice and Lake Como, and indeed such a step is not
necessary – a cool view which Anatol is completely unable to cope with.
She is assigned to the list of women belonging to his past – until she is
due to pay him another of her fleeting and frustrating visits.

Another cup please, Franz.

ANATOL'S WEDDING MORNING is written in a style rather
different from that of the other plays, and borders upon farce. Ilona is a
hot-blooded woman whom Anatol has been avoiding as his wedding day

approached – because he was having an affair with her. We never see his bride-to-be, and the play ends with Ilona's rage and frustration as he sets off for his wedding, shading into hope as she sees possibilities of revenge.

ANATOL is in many ways kaleidoscopic – the plays together add up to a clearly-patterned view of his character, achieved without the use of a linear narrative structure. The women are also consistently interesting and characterised with great sharpness, and Anatol's friend Max, who appears in all but two of the plays, is a superb confidant – sympathetic, amusing, amused, prepared to prick the bubble, and clearly pursuing a private life of considerable assurance when not listening to Anatol spinning the tale of his ecstasies, woes and wonderings.

MICHAEL ROBINSON

ANATOL was first performed in this translation at the Gate Theatre, London in 1987. The cast was as follows:

ANATOL	Malcolm Sinclair
MAX	Simon Shepherd
CORA	
GABRIELE	
BIANCA	
EMILIE	Jane Bertish
ANNIE	
ELSE	
ILONA	
THE WAITER	Roy Miles
FRANZ	
DIRECTOR	Michael Robinson
DESIGNER	Anthony Waterman
MUSIC	Colin Guthrie
LIGHTING	Mark Wallace

FATE QUESTIONED

Anatol, Max, Cora.

Anatol's room.

MAX: I really do envy you, Anatol –

ANATOL: *(Smiles)*

MAX: I must admit, I was staggered. I'd always thought the whole thing was a lot of nonsense. But when I saw for myself – the way she went to sleep before my very eyes – and then she danced when you told her she was a ballerina, and cried when you told her that her lover had died, and then she pardoned a criminal when you said she was a queen.

ANATOL: Well, of course she did.

MAX: It seems there's a touch of the magician in you.

ANATOL: There is in everyone.

MAX: Uncanny.

ANATOL: I can't agree – no more uncanny than life often is. No more uncanny than many things which we've taken centuries to fathom. How do you think our ancestors felt when they suddenly heard that the earth revolves? It must have made them quite dizzy.

MAX: Yes, but that was something which affected everybody.

ANATOL: And then when spring came round again – that would be hard to believe as well. Despite the green trees, despite the new blossom and despite love.

MAX: You're wrong; that's all rubbish. The problem with magnetism –

ANATOL: Hypnotism –

MAX: – is that it's a different thing altogether. I would never let myself be hypnotised.

ANATOL: That's childish. Why should it worry you if I tell you to go to sleep: you just lie down quietly –

MAX: And you then say 'Right, you're a chimney sweep', and I climb into the fireplace and get covered in soot . . .

ANATOL: That's just fun – the important thing about it is scientific application. But we haven't got very far with that yet.

MAX: What do you mean?

ANATOL: Well, you said I put that girl today into a hundred different worlds; how do I put myself into another one?

MAX: You mean you can't?

ANATOL: I have tried, to tell you the truth. I've stared at this diamond ring for minutes on end and said to myself, Anatol, go to sleep. When you wake up the memory of that woman, the one who is driving you mad, will have gone from your mind.

MAX: Yes, and when you woke up?

ANATOL: I didn't even go to sleep.

MAX: That woman – that woman? You mean you still –

ANATOL: Yes, my friend – still. I'm miserable, I'm going mad.

MAX: You mean – you're still – not sure?

ANATOL: No – I'm quite sure. I know that she's deceiving me. While she's hanging on my every word, while she's stroking my hair – while we're – at our most profoundly happy – I know that she's deceiving me.

MAX: You're crazy.

ANATOL: No.

MAX: And what proof do you have?

ANATOL: I sense – I feel – and therefore I know.

MAX: Strange logic.

ANATOL: These women are always unfaithful to us. It comes to them quite naturally – they don't even realise it – just as I have to have two or three books on the go at the same time, so women have to have two or three affairs.

MAX: But she does love you?

ANATOL: Deeply. But that's not the point. She's not faithful to me.

MAX: And who's the man?

ANATOL: How should I know? It might be a prince who followed her down the street, it might be a poet from somewhere in the suburbs who smiled at her from a window as she was passing in the morning.

MAX: You are a fool.

ANATOL: And what reason would she have for not being unfaithful to me? She's like everyone else, she's in love with life and she doesn't think what she's saying: if I ask her: Do you love me? – well, she says yes – and she means it; and if I ask her: Are you faithful to me – she says yes again – and again she's telling the truth, because she happens not to be thinking about the others – at that moment anyway. And anyway, has any woman ever said to you: My dear friend, I'm being unfaithful to you? Where is there any hope of certainty? And if she is faithful to me –

MAX: Yes –

ANATOL: Then it's pure chance – she certainly doesn't think: O, I must be true to him, my dear little Anatol – certainly not.

MAX: But if she loves you.

ANATOL: Max, you're so naive. How could that be a reason?

MAX: Go on.

ANATOL: Why am I not faithful to her? I definitely love her.

MAX: Well, you're a man.

ANATOL: The usual stupid attitude. We men are always trying to convince ourselves that women are different from us. Some may be – the ones who're locked away by their mothers and the ones with no personality – but we're exactly the same. If I say to a girl: I love you, only you – I don't feel that I'm lying to her, even if I've been in another girl's arms all the previous night.

MAX: It's all very well for you.

ANATOL: All very well for me! And what about you? And my adorable Cora, what about her? O, it drives me absolutely insane. If I were to fall on my knees in front of her and say: My darling, my own child – I forgive you everything in advance – but tell me the truth – how would that help me? She would lie, just as she lied before – and I'd be exactly where I started. Do you imagine that no girl has ever begged me to tell her: For heaven's sake – are you really faithful to me? Not a word of reproach if you're not – but the truth, I must know the truth. And what did I do? I lied – calmly, with a blissful smile – and with a completely clear conscience. Why should I make you miserable, I thought to myself. And I said, yes,

	my angel – faithful unto death. And she believed me and was happy.
MAX:	Well then.
ANATOL:	But I don't believe her and I'm not happy. I would be if there were some absolutely reliable means of making these silly, sweet, hateful creatures speak, or to find out the truth in some other way. But there isn't, apart from chance.
MAX:	What about hypnosis?
ANATOL:	What?
MAX:	Hypnosis – I mean – you put her to sleep and say: You must tell the truth.
ANATOL:	Hm –
MAX:	You must – are you listening –
ANATOL:	Curious.
MAX:	It must work – and then you go on to ask her – do you love me – or another man – where have you come from – where are you going – what is he called – and so on.
ANATOL:	Max! Max!
MAX:	Well –
ANATOL:	You are right – one could be a magician. One could charm a true word from a woman's lips –
MAX:	There you are – I think I've rescued you. Cora is certainly an ideal subject – you can find out this very evening whether you're a cuckold – or –
ANATOL:	Or – a god, Max! I embrace you! I feel released – I am a new man. I have her in my power –
MAX:	I really am curious –
ANATOL:	Why? Don't you believe it can happen?
MAX:	I see, you're the only one who's allowed any doubts –
ANATOL:	Of course – if a husband leaves his house after finding his wife there with her lover, and a friend comes up to him and says: I think your wife is deceiving you, he won't say: I've just come to the same conclusion – but – you scoundrel –
MAX:	Yes, I'd almost forgotten the first duty of a friend – to leave a friend with his illusions.

ANATOL:	Do be quiet –
MAX:	What is it?
ANATOL:	Can't you hear her? I know her footsteps even when she's still in the hall.
MAX:	I can't hear a thing.
ANATOL:	Quite near now! – Right outside the door. *(Opens the door.)* Cora!
CORA:	*(Outside)* Good evening. Oh, you're not alone –
ANATOL:	Our friend Max.
CORA:	*(Coming in.)* Good evening. Oh, you're sitting in the dark.
ANATOL:	Well, it's still twilight. You know I like that.
CORA:	*(Stroking his hair.)* My little poet.
ANATOL:	My dearest Cora.
CORA:	But I shall still light the candles – if I may. *(She lights the candles in the candelabrum.)*
ANATOL:	*(To Max.)* Isn't she charming?
MAX:	Oh!
CORA:	Now, how are you – Anatol – and Max? Have you been chatting for long?
ANATOL:	Half an hour.
CORA:	*(Taking off her hat and coat.)* What about?
ANATOL:	About this and that.
MAX:	About hypnosis.
CORA:	Oh, not hypnosis again. I really do get very tired of it.
ANATOL:	Well –
CORA:	Anatol, I'd like you to hypnotise me sometime.
ANATOL:	I – hypnotise you?
CORA:	Yes, I think that would be very nice. That is, if *you* were to do it.
ANATOL:	Thank you.
CORA:	It wouldn't be very nice at all with a stranger.
ANATOL:	Well, my dear, I'll hypnotise you if you like.

CORA:	When?
ANATOL:	At once. Immediately – here and now.
CORA:	Right! Good! What do I do?
ANATOL:	Nothing but sit quietly in the armchair and will yourself to go to sleep.
CORA:	Will myself to go to sleep –
ANATOL:	I stand in front of you, you look at me – now – look at me – I stroke your forehead and your eyes – like this –
CORA:	Well, what then –
ANATOL:	Nothing. Just will yourself to go to sleep.
CORA:	You know, when you stroke my eyes like that, it feels very strange –
ANATOL:	Quiet – don't talk – sleep. You are already very tired.
CORA:	No.
ANATOL:	Yes, a little tired.
CORA:	A little, yes –
ANATOL:	Your eyelids are getting heavy – very heavy, you can hardly raise your hands.
CORA:	*(Softly)* It's true.
ANATOL:	*(Continuing to stroke her forehead and eyes, monotonously.)* Tired – you are very tired – now go to sleep, my child – sleep – *(He turns to Max, who is looking on in amazement, and looks triumphant.)* Sleep – now your eyes are tightly closed – you can't open them any more –
CORA:	*(Tries to open her eyes.)*
ANATOL:	It's no good – you are asleep – just stay asleep – that's right –
MAX:	*(Tries to ask a question.)* Anatol –
ANATOL:	Quiet. *(To Cora.)* Sleep – sleep deeply. *(He stands in front of Cora for a while; she is asleep and breathing evenly.)* Right – what did you want to ask?
MAX:	I only wanted to ask if she's really asleep.
ANATOL:	See for yourself – we must just wait for a few moments. *(He stands in front of her and looks at her calmly; long pause.)* Cora!

Now you will answer me – you will answer. What is your name?

CORA: Cora.

ANATOL: Cora, we're in the forest.

CORA: Ah – the forest – how beautiful! The green of the trees and the song of the nightingales.

ANATOL: Cora – you will now tell me the truth about everything – what will you do, Cora?

CORA: I will tell the truth.

ANATOL: You will answer all my questions absolutely truthfully, and when you wake, you will have forgotten everything. Do you understand me?

CORA: Yes.

ANATOL: Now sleep – sleep peacefully. *(To Max.)* Now, I am going to ask her.

MAX: Anatol, how old is she?

ANATOL: Nineteen; Cora, how old are you?

CORA: Twenty-one.

MAX: Aha!

ANATOL: Sshh – that really is extraordinary – it shows that –

MAX: Oh, if she'd only known what a good subject she is.

ANATOL: It has worked. Now I can go on. Cora, do you love me – do you love me?

CORA: Yes.

ANATOL: *(Triumphantly)* Do you hear that?

MAX: Right then, the most important question is: is she faithful to you?

ANATOL: Cora – *(Turning round.)* That's a stupid question.

MAX: Why?

ANATOL: You can't ask a question like that.

MAX: ?

ANATOL: I must put the question some other way.

MAX: I think it's perfectly precise.

ANATOL:	No, that's just what's wrong, it isn't at all precise.
MAX:	Why not?
ANATOL:	If I ask her: are you faithful, she could well interpret it far too broadly.
MAX:	Well?
ANATOL:	She'll include all the – past – she might think of a time when she was in love with somebody else – and so she'll say – no.
MAX:	That would be quite interesting too.
ANATOL:	Thank you. I know that Cora knew other men before me – she once said to me herself: yes, if I'd known that one day I was going to meet you – then –
MAX:	But she didn't know.
ANATOL:	No.
MAX:	So how does that affect your question –
ANATOL:	Yes – the question – I find it clumsy – in its present form, anyway.
MAX:	Well, let's put it like this: Cora, have you been faithful to me since we met?
ANATOL:	Hm; that could be better. *(He moves to Cora.)* Cora! Have you – that's nonsense too.
MAX:	Nonsense?
ANATOL:	Well look – you only have to think back to the time we met. We'd absolutely no idea how much we were going to be in love. For the first few days we both treated the whole thing as a passing fancy. Who knows –
MAX:	Go on –
ANATOL:	Who knows that she wasn't in love with someone else when she met me. What was this girl doing the day before I met her, before we spoke a word to each other? Was it possible for her to tear herself away quite casually? Perhaps she had to keep up with an old commitment for weeks – had to, I say.
MAX:	Hm.
ANATOL:	I will even go further – for the first few weeks it was just a whim of hers – as it was of mine. Neither of us saw it any other way we didn't ask anything else of each other than a

sweet but fleeting happiness. If she did something wrong at that time, how can I blame her? I can't, at all.

MAX: That's a very generous view.

ANATOL: No, not at all, I just find it distasteful to take advantage of a temporary situation in this way.

MAX: That is certainly spoken like a gentleman. But I think I can help you out of this predicament.

ANATOL: ?

MAX: This is the question you should ask: Cora, since you have been in love with me – have you been faithful to me?

ANATOL: That seems very clear –

MAX: Yes?

ANATOL: But it isn't really.

MAX: Oh!

ANATOL: Faithful. What does that actually mean? Faithful? Just imagine, she was on a train yesterday, and the gentleman sitting opposite touched the tip of her foot with his. And now she is in a state of extraordinary sensitivity, heightened by the trance she is in, able to respond with the subtlety which only a medium can – when she's in this state it is surely not out of the question that she could see what happened on the train as infidelity.

MAX: Oh, come now!

ANATOL: All the more so because she knows my perhaps exaggerated views on this subject from the conversations which we sometimes used to have about it. I have said to her myself: Cora, even if you as much as look at another man you are being unfaithful to me.

MAX: And she?

ANATOL: She laughed at me and asked how I could possibly imagine that she could look at another man.

MAX: And you still think –

ANATOL: Funny things happen – someone wishing to force his attentions upon her could follow her one night and press a kiss on her neck.

MAX: Well, that –

ANATOL: Well, that is not altogether impossible.

MAX: So you're not going to ask her?

ANATOL: Oh I am, but –

MAX: Every objection you have come up with is nonsense. Believe me, women know what we mean by faithfulness. If you whisper to her now, in a tender, loving voice: are you faithful to me – she's not going to think about strangers' feet and importunate kisses on her neck – she'll interpret it as what we all see as unfaithfulness, and you have the added advantage that you can ask more questions if her answers are unsatisfactory, and that will clear everything up –

ANATOL: So you're insisting that I ask her?

MAX: Me! It was your idea!

ANATOL: Something else has just occurred to me.

MAX: Oh yes –

ANATOL: The subconscious.

MAX: The subconscious?

ANATOL: I believe in subconscious processes.

MAX: I see.

ANATOL: Such processes can start of their own accord, but they can also be set off artificially – by means of anaesthetics or intoxicants.

MAX: Can't you make yourself a little clearer?

ANATOL: Imagine a dim, atmospheric room.

MAX: Dim – atmospheric – I'm imagining it.

ANATOL: And in this room are Cora – and some other person.

MAX: And how is she supposed to have got into this room?

ANATOL: Don't worry about that for the time being. There are ways – never mind, these things can happen. Now, a few glasses of hock – there is an all-pervading heaviness in the air, the smell of cigarettes, perfumed wallpaper, a glow from a muted crystal chandelier and the red curtains – loneliness – silence – just gently whispered words –

MAX: !

ANATOL: Others have succumbed to such things. Better, calmer people than Cora.

MAX: Yes, but I can't reconcile going into a room like that with someone else with the concept of being faithful.

ANATOL: But such puzzling things happen –

MAX: Well my friend, you have in front of you the solution to the puzzle which has defeated men of formidable ingenuity; you only need to speak to find out everything you wish to know. One question to find out whether you are one of the few people who can be loved exclusively, you can find who your rival is, find how he got the upper hand – and you will not ask the question. You are free to question fate. And you will not do it. You've been tormenting yourself night and day, you would give half your life for the truth, now it's there in front of you and you won't bend down to pick it up. And why? Because it could be that the woman you love really is as you think all women are – and because your illusions are a thousand times more important to you than the truth. That's enough then, wake the girl up and make do with the proud knowledge that you could have performed a miracle.

ANATOL: Max!

MAX: Well, am I wrong? Don't you see that everything you've said to me has been an evasion, empty phrases which didn't deceive either of us?

ANATOL: Max, please believe me, I want to; yes, I want to ask her.

MAX: Ah.

ANATOL: But, please don't be angry with me – not in front of you.

MAX: Not in front of me?

ANATOL: If I have to hear those dreadful words: no I have not been faithful to you – then I want to be the only person who hears them. Being unhappy is only half the misfortune; being pitied is all of it. And that I do not want. It's true that you are my best friend, but that's precisely the reason why I don't want to see that look of pity in your eyes which tells me how wretched I am. You will find out the truth anyway; this is the last time you'll see this girl here if she has deceived me. But you must not find out at the same time as I do; that is what I could not bear. Can you understand that?

MAX:	Yes, my friend. *(He shakes him by the hand.)* And I will leave you alone with her.
ANATOL:	My friend! *(He goes to the door with him.)* I'll call you back in less than a minute. *(Exit Max.)*
	(Stands in front of Cora; looks at her for a long time.) Cora! *(Shakes his head, walks about.)* Cora! *(Kneels in front of her.)* Cora! My sweet Cora! Cora! *(Stands up; with determination.)* Wake up – and kiss me!
CORA:	*(Stands up, rubs her eyes, throws her arms round Anatol's neck.)* Anatol! Have I been asleep for long? Where's Max?
ANATOL:	Max!
MAX:	*(Enters)* Here I am.
ANATOL:	Yes, you've been asleep for quite a long time. You were talking in your sleep, too.
CORA:	Oh no. I hope I didn't say anything I shouldn't.
MAX:	You only answered the questions he asked.
CORA:	What did he ask?
ANATOL:	All sorts of things.
CORA:	And did I answer every time?
ANATOL:	Every time.
CORA:	But you're not going to tell me what you asked?
ANATOL:	No, I can't do that. I shall hypnotise you again tomorrow.
CORA:	Oh no! Never again! It's witchcraft. Answering questions and knowing nothing about it when you wake up. I'm sure I talked a lot of nonsense.
ANATOL:	Yes, you even said you love me.
CORA:	Really.
MAX:	She doesn't believe it. That's very good.
CORA:	But look – I could have told you that while I was awake.
ANATOL:	My angel! *(Embrace)*
MAX:	My dears, good night.
ANATOL:	You're not going?
MAX:	I must.

ANATOL: You won't mind if I don't see you out?

CORA: Goodbye.

MAX: Not at all. *(At the door.)* One thing is clear to me: women lie
             even when they're under hypnosis – but they are happy –
             and that's the main thing. Adieu, my children. *(They don't
             hear him, as they are locked in a passionate embrace.)*

CURTAIN

CHRISTMAS SHOPPING

Anatol, Gabriele.

It is six o'clock on Christmas Eve. The streets of Vienna. Light snowfall.

ANATOL:	My dear lady! My dear lady!
GABRIELE:	What – oh, it's you.
ANATOL:	Yes. I've been following you. I just can't bear to see you carrying all that stuff. Let me take your parcels for you.
GABRIELE:	No, no, thank you very much. I can manage perfectly well myself.
ANATOL:	Now, my dear lady, please don't make things difficult for me when I'm trying to be gallant for once.
GABRIELE:	All right, that one then.
ANATOL:	But that's no help at all – give me that one too – and this one – and that one –
GABRIELE:	That's enough. You're far too kind.
ANATOL:	It's good to have the opportunity for once.
GABRIELE:	But you only take it in the street – and when it's snowing.
ANATOL:	And late at night – and at Christmas – yes?
GABRIELE:	It's a miracle simply to see you for once.
ANATOL:	I see – you mean I haven't paid my usual visit today.
GABRIELE:	Something like that, yes.
ANATOL:	My dear lady – I don't pay visits nowadays – none at all. How is your husband? And what are the dear children doing?
GABRIELE:	You can forget questions like that. I know you're not in the slightest bit interested.
ANATOL:	It's uncanny meeting a lady who knows the human mind so well!
GABRIELE:	I know – you.
ANATOL:	Not as well as I would wish.
GABRIELE:	I don't want any remarks of that kind. Please stop it.
ANATOL:	My dear lady – I can't do that.

GABRIELE: Give me back my parcels!

ANATOL: Don't be cross. Don't be cross. I'll behave myself. *(They walk along silently for a few moments.)*

GABRIELE: You don't have to be completely silent.

ANATOL: Your censorship is a little rigid.

GABRIELE: Talk to me. We haven't seen each other for such a long time – what are you doing with yourself?

ANATOL: Nothing, as usual.

GABRIELE: Nothing?

ANATOL: Nothing at all.

GABRIELE: I really do feel sorry for you.

ANATOL: It's a matter of entire indifference to you.

GABRIELE: How can you possibly say that?

ANATOL: Why am I frittering my life away? Whose fault is it? Whose fault?

GABRIELE: Give me back my parcels.

ANATOL: I'm not blaming anybody. I was just asking.

GABRIELE: Do you still go out for walks?

ANATOL: Walks! You make it sound so despicable. There's no finer occupation. The very word sounds so exquisitely aimless. Incidentally, it's not the word for today – I'm busy today, my dear lady, just as you are.

GABRIELE: What can you mean?

ANATOL: I'm doing my Christmas shopping too.

GABRIELE: You!

ANATOL: I just can't find anything. I've spent every evening for weeks window shopping. But the tradesmen have no taste and no imagination.

GABRIELE: It's the customer who needs that. Someone who has as much time on his hands as you should reflect, invent – and order his Christmas presents in the autumn.

ANATOL: No, that wouldn't be right for me. How could you possibly know in the autumn that you were going to buy a particular person a present at Christmas? And now it'll be Christmas in two hours – and I still haven't the faintest idea.

GABRIELE: Shall I help you?

ANATOL: My dear lady – you are an angel – but don't take the parcels away.

GABRIELE: No, no –

ANATOL: But I am allowed to call you angel. It's beautiful – my angel!

GABRIELE: Will you please be quiet!

ANATOL: I won't say another word.

GABRIELE: Now, give me some sort of clue. Who is this present to be for?

ANATOL: That is – not easy to say –

GABRIELE: For a lady, of course?

ANATOL: Well yes – we know your great insight into the human mind.

GABRIELE: But – what sort of lady? A real lady?

ANATOL: First we'll have to define our terms. If you mean a society lady – well that's not quite right.

GABRIELE: But – she's still a lady.

ANATOL: But she's still – a lady of a certain kind.

GABRIELE: I could have thought that out for myself!

ANATOL: There's no need to be sarcastic.

GABRIELE: I know your taste. It'll probably be the usual – slim and blonde.

ANATOL: It is true that she's blonde.

GABRIELE: There you are – blonde. It's remarkable that you always get involved with these suburban ladies – always.

ANATOL: My dear lady – it's hardly my fault.

GABRIELE: Just stop that – sir. Oh no, it's really very good that you're running true to type – a great injustice would be done if you were to leave the scene of your triumphs.

ANATOL: But what else could I do – out there is the only place I'm loved.

GABRIELE: But do they understand you – out there?

ANATOL: I've no idea – but in that society they only love me – in society proper – they only understand me – as you know.

GABRIELE: I know nothing – nor do I wish to know anything. Look, this is just the right kind of shop – let's buy something for your little lady here.

ANATOL: My dear lady –

GABRIELE: Now – just look there, a little case with three different perfumes in it – or this one with six tablets of soap – Patchouli – Chypre – Jockey Club – that's on the right lines, isn't it?

ANATOL: My dear lady, that really isn't very nice of you.

GABRIELE: No look here. Look! This little brooch with six diamante stones – just think – six – just look how it sparkles – or this charming little bracelet with those wonderful trinkets – look, one of them is cut to look like a Moor's head – that would really make an impression – in the suburbs!

ANATOL: My dear lady – you are quite wrong. You don't know these girls. They are not as you imagine.

GABRIELE: And look here – how charming – just come here a moment – now, what do you say to that hat! That shape – the height of fashion two years ago! And look how the feathers ripple! That would really cause a stir – in Hernals!

ANATOL: My dear lady, nobody mentioned Hernals – and incidentally you're underestimating Hernals taste.

GABRIELE: Well – you really do make things difficult – help me a little – give me a hint.

ANATOL: How can I do that? You'd just smile in a superior fashion whatever I said.

GABRIELE: Oh no, no. Educate me. Is she vain, or modest? Tall or short? Is she fond of bright colours?

ANATOL: I was wrong to think you liked me. You're just laughing at me.

GABRIELE: Oh no, I'm listening. Just tell me something about her.

ANATOL: I wouldn't dare.

GABRIELE: Just be brave. How long – ?

ANATOL: Let's just forget about it.

GABRIELE: I insist. How long have you known her?

ANATOL: For – quite some time.

GABRIELE: I don't want to have to interrogate you like this. Simply tell me the whole story.

ANATOL: There's no story to tell.

GABRIELE: No, I mean where you met her, and how, and when, and what sort of a person she is – I really would like to know.

ANATOL: All right, but I warn you, it's boring.

GABRIELE: I won't find it boring. I really would like to find out what that world is like – just what sort of a world is it – I really don't know a thing about it.

ANATOL: Nor would you understand it.

GABRIELE: My dear sir!

ANATOL: You hold anything which isn't part of your own world in automatic contempt – very wrongly.

GABRIELE: But I'm so anxious to learn. No-one ever tells me anything about this world. How am I supposed to know it?

ANATOL: Quiet hostility. You're uneasy and sense that it's taking something away from you.

GABRIELE: No-one ever takes anything away from me – if I wish to keep it.

ANATOL: Yes – but even if you don't want something yourself – it still annoys you when someone else gets it.

GABRIELE: Oh!

ANATOL: My dear lady – that's just like a woman. And as it's just like a woman it's probably very noble and profound –

GABRIELE: Where did you learn your irony?

ANATOL: Where did I learn it? I'll tell you. I too was once good – and trusting – and never allowed a hint of scorn into my tone – and I have borne many a wound in silence –

GABRIELE: Let's not get sentimental.

ANATOL: Honourable wounds – oh yes! A 'no' at the right moment, even from the best-beloved lips – I could bear that. But 'no' when the eyes have said 'yes' a hundred times – when the lips have smiled a hundred 'maybes' – when the tone of voice has said a hundred 'certainlys' – then 'no' is –

GABRIELE: We were going to buy something.

ANATOL: A 'no' like that makes you look a fool – or makes you scornful –

GABRIELE: You were going to – tell me –

ANATOL: Right, if you really want me to tell you something.

GABRIELE: Of course I do. How did you meet her?

ANATOL: Heavens – just as you would meet anyone. In the street – at a dance – on an omnibus – under an umbrella –

GABRIELE: But – as you know – I'm interested in this particular case. We want to buy a present for this particular case.

ANATOL: There aren't any particular cases in that sort of society – nor are there in your sort of society – you're all so typical.

GABRIELE: My dear sir. Now you're really getting going –

ANATOL: I don't mean to be offensive – by any means. I'm a type as well.

GABRIELE: And what sort of a type are you?

ANATOL: A frivolous melancholic.

GABRIELE: And – and I?

ANATOL: You are simply – a woman of the world.

GABRIELE: I see. And she –

ANATOL: She? She! That sweet girl!

GABRIELE: Sweet! The first word that comes into your head is sweet. And I – the woman of the world –

ANATOL: Wicked woman of the world, if you prefer –

GABRIELE: Right – tell me all about – this sweet girl –

ANATOL: She's not fascinatingly beautiful – she's not especially elegant – and she is by no means witty –

GABRIELE: I do not wish to know what she is not –

ANATOL: But she has the grace and softness of an evening in spring – the elegance of an enchanted princess – and the spirit of a girl who knows how to love –

GABRIELE: A kind of girl which must be all too common – in the
            suburbs –

ANATOL: It's something you are incapable of imagining – you were
            told too little when you were a girl, and too much since you
            have become a young woman, which makes it difficult to
            accept the naiveté of your observations.

GABRIELE: But I've already told you – I want to learn. I can accept the
            concept of the enchanted princess. Just tell me about the
            magic garden in which she sleeps –

ANATOL: You mustn't see it as a glittering salon with heavy curtains,
            flower arrangements, knick-knacks, elegant lights, velvet –
            and the affected half-dark of the dying afternoon –

GABRIELE: I'm not interested in what I shouldn't see –

ANATOL: Well then – imagine – a little twilight room – with painted
            walls – and still a little too much light – a few old etchings
            with faded writing on them – a central light with a shade –
            and from the window, when the evening comes, you can see
            the roofs and chimneys sinking into darkness – and when the
            spring comes, the gardens opposite will blossom and smell
            sweet –

GABRIELE: You are a happy man, to be in May at Christmas time.

ANATOL: Yes, perhaps I am happy sometimes.

GABRIELE: Enough of this. It's getting late. We were going to buy
            something. Perhaps something for the room with the painted
            walls.

ANATOL: There's nothing needed there.

GABRIELE: She may need nothing – but I want the room to be decorated
            to your taste.

ANATOL: My taste?

GABRIELE: With Persian carpets –

ANATOL: But that makes no sense – out there –

GABRIELE: And a lamp in crazy, reddish-green glass –

ANATOL: Hmmm!

GABRIELE: A few vases of fresh flowers –

ANATOL: Yes – but I want to buy her a present –

GABRIELE: Of course – that's true – we must make our minds up – she's probably expecting you –

ANATOL: Certainly.

GABRIELE: She is expecting you? How does she greet you?

ANATOL: How would you imagine she would?

GABRIELE: She must hear your footsteps on the stairs –

ANATOL: Sometimes she does –

GABRIELE: And she comes to the door –

ANATOL: She does.

GABRIELE: And she throws her arms around you – and kisses you – and says – what does she say?

ANATOL: What would you expect her to say?

GABRIELE: Well – give me an example –

ANATOL: I can't think of an example.

GABRIELE: What did she say yesterday?

ANATOL: Oh – nothing special – it sounds so dull if you can't hear her tone of voice –

GABRIELE: I can imagine her tone – now – what did she say –

ANATOL: 'I'm so pleased you're back.'

GABRIELE: 'I'm so pleased –' how did it go on?

ANATOL: 'You're back.'

GABRIELE: That's really – quite charming.

ANATOL: Yes. And from the heart. And true.

GABRIELE: And she is – always alone. You can see each other without any interruption?

ANATOL: Oh yes, she lives on her own – there is no-one else – no father, no mother – not even an aunt.

GABRIELE: And you – are all she needs?

ANATOL: Possibly – at the moment – *(Silence)*.

GABRIELE: It's getting late. Look how few people there are about.

ANATOL: I'm sorry if I've held you up. You really should go home.

GABRIELE: Indeed I should. I am also expected. But what are we going
              to do about this present?

ANATOL: Oh, don't worry. I'll find some trifle or other –

GABRIELE: Who knows, who knows. But I am quite determined to buy
              your – to buy this girl – a little present.

ANATOL: But my dear lady –

GABRIELE: What I would really like would be to be there when you give
              her the present. I would love to see this little room and this
              sweet girl. She does not realise how privileged she is –

ANATOL: !

GABRIELE: Now give me back my parcels. It's getting late –

ANATOL: It is indeed. Here you are – but –

GABRIELE: Please – hail me that cab over there –

ANATOL: Why this hurry all of a sudden?

GABRIELE: Please – *(He waves to the cabman.)* Thank you so much.
              But what are we going to do about this present? *(The cab
              has stopped; Anatol is about to open the door.)*

              Wait. I should – like to give her a present myself.

ANATOL: You. You – my dear lady.

GABRIELE: But what? Here – take these – these flowers – just these
              flowers – it is just a way of giving her my best wishes – and
              nothing more – but you will have to give her a message from
              me –

ANATOL: My dear lady – you are too kind –

GABRIELE: You must simply promise me to pass it on – in exactly my
              own words –

ANATOL: I'll do that with pleasure. Why not!

GABRIELE: *(Has opened the door of the cab.)* Tell her –

ANATOL: Yes?

GABRIELE: Tell her 'These flowers, my – sweet girl, are from a woman
              who perhaps can love as much as you, but never had the
              courage.'

ANATOL: My – dear lady –

(Gabriel has got into the cab, which departs. There is almost nobody in the street. Anatol watches the cab disappear round a corner. He waits for a moment, then looks at his watch and hurries away.)

CURTAIN

EPISODE

Anatol, Max, Bianca.

Max's room.

Generally dark; dark red wallpaper and drapes. Doors rear centre and left. Large desk in the middle of the room; shaded lamp on it; books and papers. Large window down right. Fireplace in the right-hand corner. Two armchairs, firescreen.

MAX: *(Sitting at his desk reading a letter and smoking a cigar.)* 'My dear Max, I'm back. We are here for three months – you probably saw it in the paper. The first evening is for friends. I'll be over later. Bibi.' Bibi – that's Bianca – well, I'll be ready for her. *(There is a knock at the door.)* Is that her already? Come in!

ANATOL: *(Enters gloomily, with a large parcel under his arm.)* Good evening.

MAX: Hello – what have you got there?

ANATOL: My past – seeking asylum.

MAX: And what is that supposed to mean?

> *Anatol holds out the parcel.*

Well?

ANATOL: This is my past, my entire youth: keep it for me.

MAX: With pleasure. But won't you tell me why?

ANATOL: May I sit down?

MAX: Certainly. Why are you being so solemn?

ANATOL: *(Sitting)* May I light a cigar?

MAX: There! Take one – this year's crop.

ANATOL: *(Lighting the cigar.)* Ah – excellent!

MAX: *(Pointing to the parcel which Anatol has put on the desk.)* Well then –

ANATOL: I can't live with my youth any longer. I'm leaving Vienna.

MAX: Ah!

ANATOL: I'm starting a new life – which may or may not last. I need to

be free and alone, and so I am cutting myself off from the
past.

MAX: You've found a new girl.

ANATOL: No – I've just lost the old one for the time being – *(Breaking
off and pointing to the package.)* – and all this nonsense will
be safe in your hands, my dear friend.

MAX: Nonsense! So why don't you burn it?

ANATOL: I can't.

MAX: That's childish.

ANATOL: Oh no – it's my way of keeping faith. I can forget none of
those I have loved. When I rummage through these letters,
flowers, locks of hair – you'll have to let me come to you
from time to time for a rummage – I'm with the girls again,
they come to life again, and I adore them again.

MAX: So you want to use my room to meet your former girlfriends?

ANATOL: *(Hardly listening.)* There's an idea that often comes to me –
if there were a word of power – that could summon up them
all! If I could conjure them up out of nothing!

MAX: There would be varying degrees of nothing.

ANATOL: Yes, yes – and so I say the word of power –

MAX: Perhaps you could find one that would work – like 'my only
beloved'.

ANATOL: So I say 'my only beloved' – and then they appear, one from
a little house in the suburbs, another from her husband's
magnificent salon – another from the wardrobe in the theatre
where she works –

MAX: Several!

ANATOL: Very well – several. One from a fashionable shop –

MAX: One from her new lover's arms –

ANATOL: One from beyond the grave – one from here, one from there
– and then they are all together –

MAX: I beg you – do not speak the word. The meeting could be
somewhat uncomfortable. They might all have fallen out of
love with you – but still feel they ought to be jealous.

ANATOL:	How right you are – so rest in peace, my darlings.
MAX:	So now we have to find a place for this rather bulky package.
ANATOL:	You'll have to split it into bits. *(He opens the parcel, which contains numerous bundles tied with ribbon.)*
MAX:	Ah!
ANATOL:	I sorted them out rather carefully.
MAX:	Using their names?
ANATOL:	Oh no. Each package has its own inscription – a verse, a phrase, a remark which would call the whole experience back to mind. No names – anybody could be called Marie or Anna.
MAX:	Show me.
ANATOL:	Will I know them all again? I haven't looked at some of them for years.
MAX:	*(Picks up one of the packages and reads the inscription.)* 'Fairest and loveliest queen of misses, Come, fall into my arms; Mathilde, necks were made for kisses – Foretaste of sweeter charms!' That's quite a name isn't it – Mathilde!
ANATOL:	Yes, Mathilde – she wasn't actually called that, but I really did kiss her neck.
MAX:	Who was she?
ANATOL:	Don't ask. I have held her in my arms – that is enough.
MAX:	Right – we can forget Mathilde. It's not a very large package anyway.
ANATOL:	It just contains a lock of hair.
MAX:	No letters?
ANATOL:	From her? She would have found that quite a problem. Where would we be if all our girls wrote us letters! Right – let's leave Mathilde!
MAX:	*(As above.)* 'In one respect all women are the same: they have a lot to say for themselves if you catch them lying.'
ANATOL:	That is absolutely true!
MAX:	Who was she? It's a very heavy package.

ANATOL:	Eight pages of lies. Away with it!
MAX:	And did she have a lot to say for herself?
ANATOL:	When I caught her. Away with her.
MAX:	Away with the liar with a lot to say for herself.
ANATOL:	I won't hear a word against her – I have held her in my arms – this makes her holy.
MAX:	At least that's a good reason. Let's get on with it. *(As above.)* 'To cheer me up when life seems black I think of your intended; That always makes my smile come back His foolishness cannot be mended.'
ANATOL:	*(Smiling)* I know which that one was.
MAX:	Ah – what's in here then?
ANATOL:	A photograph. The girl and her fiancé.
MAX:	Did you know him?
ANATOL:	Of course I did, otherwise I couldn't have found him funny. He was a complete idiot.
MAX:	*(Seriously)* She has held him in her arms. He is holy.
ANATOL:	Stop that.
MAX:	Away with this dear sweet child and her preposterous fiancé. *(Taking a new package.)* What is this? Only four words?
ANATOL:	And what are they?
MAX:	'Slap on the face'.
ANATOL:	Oh, yes – I remember.
MAX:	That was the end, was it?
ANATOL:	No, no – the beginning.
MAX:	I see! Now this one 'It is easier to change the direction of a flame than to light it.' What does that mean?
ANATOL:	Well, I changed the direction of the flame. Someone else lit it.
MAX:	Away with the flame. 'She always brings her curling tongs.' *(He looks at Anatol, puzzled.)*

ANATOL:	Yes, yes. She always had her curling tongs with her – just in case. But she was very pretty. Incidentally, all I have is a piece of her veil.
MAX:	Yes, that's what it feels like. *(Reading on.)* 'How did I lose you?' Well, how did you lose her?
ANATOL:	That's just it. I don't know. She just suddenly went – out of my life. You know what it's like when you put your umbrella down somewhere and don't remember it until a few days later – you aren't sure when and where it was.
MAX:	Farewell, oh lost one. *(As above.)* 'You were a sweet and lovely thing.'
ANATOL:	*(Continuing dreamily.)* 'Lady with the pin-pricked fingers'.
MAX:	That was Cora, wasn't it?
ANATOL:	Yes – of course, you knew her.
MAX:	Do you know what happened to her?
ANATOL:	I did meet her once more – she married a master carpenter.
MAX:	Do you mean it?
ANATOL:	Yes, that always happens to girls with pin-pricked fingers. They love in the city and marry in the suburbs – she was adorable!
MAX:	Farewell! And what is this? There's nothing in it – just dust!
ANATOL:	*(Taking the envelope.)* Dust? That was once a flower.
MAX:	Why is it labelled 'Episode'?
ANATOL:	Oh, that's nothing. Just a chance thought. It was just an episode, a two-hour love story – nothing! Yes, dust! That so little remains of something so sweet, that really is sad. No?
MAX:	Yes, certainly, it is sad. But what made you choose that word? You could have used it for all these girls.
ANATOL:	Of course – but it only really came into my head on that occasion. Quite often, when I was with one of my girls, especially in the early days, when I thought I was quite something, I felt like saying – your poor child; you poor child – !
MAX:	And why was that?
ANATOL:	Well, I felt like an intellectual giant, trampling over these

girls and women with my great bronze strides. Universal law, I thought – I dwell so far beyond them.

MAX: You were the mighty wind that blew away the flowers – yes?

ANATOL: Yes. I roared above them. And that's why I thought – you poor, poor child. I was mistaken at the time. I know now that my place is not among the great, and the sad thing is – I've come to terms with it. But then!

MAX: Well then – this episode.

ANATOL: Well, it was like this. This was a being who chanced across my path.

MAX: And whom you crushed.

ANATOL: You know, when I come to think about it – I really did crush her.

MAX: Ah!

ANATOL: Yes, just listen. It really was the most beautiful of all my experiences. I can't possibly tell you about it.

MAX: Why not?

ANATOL: Because the story couldn't be more ordinary. It is – nothing. You would not feel the beauty that informs it. The secret is – that I – lived it.

MAX: And – ?

ANATOL: Well, I was sitting at my piano – it was in the little room where I lived at the time – in the evening – I'd known her for two hours – my lamp with the green and red shade was burning – I mention the lamp because it's part of the story.

MAX: Well?

ANATOL: Well! There I am at the piano, with her at my feet. That meant I couldn't reach the pedals. Her head was in my lap, and her tousled hair gleamed red and green from the lamp. I was extemporising on the piano, but only with my left hand. Her lips were pressed to my right –

MAX: Well?

ANATOL: That 'well?' holds such a world of expectation. There's really no more to tell. I'd known her for two hours, and I also knew that I should probably never see her again after the evening was over – she told me that – and I felt intensely loved at that particular moment. This love was like a carapace about me, the air was drenched and fragrant with it. Can you understand that? *(Max nods.)* And suddenly this foolish, godlike thought came to me again – you poor, poor child! I was so clearly aware that the whole thing was – an episode. As I felt her warm breath on my skin, the incident was already a memory, complete, finished. It was in fact already over. She was another of the girls over whom I had to stride. Even the word occurred to me – that rather dry word – episode. And at the same time I was myself – immortal. I also knew that the 'poor child' would never be able to forget this hour – it was clearer in her case than any of the others. It's commonplace to think – she'll have forgotten me tomorrow morning. But this was different: for the girl at my feet, I was a world; I felt a holy, everlasting love shining from her and quite enfolding me. This is something deeply felt, no-one can take it from me. I am certain that at that moment she could think of nothing else but me – just me. But for me she was already past, fleeting – an episode.

MAX: What type of girl was she then?

ANATOL: What type of girl? Well, you knew her. We met her one evening at some party or other, you already knew her, you told me so at the time.

MAX: Well, who was she then? There are a lot of girls I know from the past. You make her sound like something in a fairy-tale, shining in the light of your lamp.

ANATOL: In real life she wasn't quite like that. Do you know what she did? This is going to destroy the vision completely.

MAX: What was she?

ANATOL: *(Smiling)* She worked in the – the –

MAX: Theatre?

ANATOL: No, the circus.

MAX: I don't believe it!

ANATOL: Yes, it was Bianca. I never told you I saw her again – after that first evening, when I took no notice of her at all.

MAX: And you really think Bibi was in love with you?

ANATOL: She more than anyone else. Eight or ten days after that party

	we met in the street. She was setting off for Russia with the troupe the next day.
MAX:	And so that was your moment of truth.
ANATOL:	I was quite sure. And now I've destroyed things for you. You have never lived in love's true mystery.
MAX:	And what then is your solution to the riddle of love?
ANATOL:	Atmosphere.
MAX:	Ah – you need twilight, the red and green lamp, your piano-playing.
ANATOL:	Precisely. And that's why life for me can hold so much and be so various – a colour can transform the world for me. What could this girl with the shining hair, this lamp that you find so amusing, have been for you, for thousands of others? A bareback rider and a piece of red and green glass with a light behind it. Seen like that, the magic's gone; it's a way of life, but not a way of living. You stumble into an adventure, clumsily, with your eyes open, but with your mind and senses closed, and the experience is colourless. But my soul, my deepest being, sparkles a thousand lights and colours over the scene, so I can feel – and you can just enjoy.
MAX:	A magic spring indeed, your atmosphere. All those you love dive into it and up splashes a rare perfume of adventure and mystery, and you get quite intoxicated on it.
ANATOL:	Take it like that if you wish.
MAX:	I hope you're not trying to tell me that your bareback rider felt the same as you under the red-green light.
ANATOL:	But I must have felt the same as she felt in my arms.
MAX:	Well, I knew her too, your friend Bianca, better than you, in fact.
ANATOL:	Better?
MAX:	Better, because we weren't in love. She's not a fairy-tale princess for me; just one of the thousands of cheap girls to whom a dreamer's imagination lends a new cloak of purity. For me she's no better than a hundred others who jump through hoops or stand in a tutu in the last row of the chorus.
ANATOL:	I see – I see –

MAX: And she was just like that. It's not that I failed to see what she was, but that you saw what she wasn't. You projected phantasies of youth and fire from the rich and beautiful world of your soul into her worthless heart, then basked in the glow of their reflection.

ANATOL: No. It's true there have been times when that has happened. But not that time. I don't want to make her better than she was. I was not the first and not the last – I was –

MAX: Well, what were you? One among many. And she was the same in your arms as in everyone else's. Woman at the moment of truth!

ANATOL: Why did I let you into the secret? You don't see what I mean.

MAX: No no. Don't misunderstand me. I only meant that you may well have felt the most delightful magic, whereas for her it was just the same as all the previous times. Did she see the world in a thousand colours?

ANATOL: You knew her very well?

MAX: Yes, we often used to meet at the place I took you to once.

ANATOL: And that was all?

MAX: That was all. But we were good friends. We enjoyed talking to each other.

ANATOL: And that was all?

MAX: That was all.

ANATOL: And yet – she loved me –

MAX: Let's go on looking at these. *(Picking up a package.)* 'If only I could find the meaning of your smile, girl with green eyes –'

ANATOL: Did you know incidentally that the circus troupe is back in town again?

MAX: Yes. And so is she.

ANATOL: I would have thought so.

MAX: Definitely. I'm seeing her tonight.

ANATOL: What? You? Do you know where she lives?

MAX: No. She wrote to me. She's coming here.

ANATOL: *(Jumping up.)* What? Why didn't you say?

MAX: Why should it concern you? You want to be 'alone and free'.

ANATOL: Stop that.

MAX: And nothing is sadder than yesterday's magic warmed up.

ANATOL: You mean – ?

MAX: I mean that you ought not to see her again.

ANATOL: Because she might be dangerous for me again?

MAX: No, because it was so good at the time. Take your beautiful memories home. You mustn't try to bring them back to life.

ANATOL: You're not seriously suggesting that I should miss seeing someone again when it's being made so easy for me?

MAX: She is more sensible than you. She didn't write to you – possibly just because she's forgotten you, by the way.

ANATOL: Nonsense.

MAX: You don't think that's possible?

ANATOL: It's a joke.

MAX: Not all memories drink from the life-giving well of atmosphere, which makes yours forever fresh and clear.

ANATOL: When I think of that hour!

MAX: Well?

ANATOL: It was an immortal hour!

MAX: I can hear someone coming.

ANATOL: It must be her.

MAX: Go out through my bedroom.

ANATOL: What a fool I was.

MAX: Go on – why destroy the magic.

ANATOL: I'm staying. *(There is a knock on the door.)*

MAX: Come over here then, so that she can't see you as soon as she comes in – over here. *(He pushes him towards the fireplace so that he is partly hidden by the screen.)*

ANATOL: *(Leaning on the mantelpiece.)* Anything you say. *(There is a knock at the door.)*

MAX: Come in.

BIANCA: *(Enters, lively.)* Good evening my dear friend. Here I am again.

MAX: *(Holding out his hands to her.)* Good evening my dear Bianca, it really is so good of you to come.

BIANCA: So you got my letter? I only wrote to you – no-one else at all.

MAX: And you can imagine how proud I am.

BIANCA: And how are all the others? Our little group that used to meet? Do they still get together? Shall we see each other every evening after the show?

MAX: *(Helping her out of her coat.)* But there were evenings when you were nowhere to be found.

BIANCA: After the show?

MAX: Yes, you disappeared immediately after the show.

BIANCA: *(Smiling)* Oh yes – of course – it's lovely when someone can say that like you just did – without a hint of jealousy! I wish more of my friends were like you –

MAX: Indeed, indeed.

BIANCA: Friends who can love without tormenting.

MAX: That can't have happened to you very often.

BIANCA: *(Noticing Anatol's shadow.)* You're not alone.

ANATOL: *(Emerges and bows.)*

MAX: An old friend.

BIANCA: *(Raising her lorgnon.)* Ah –

ANATOL: *(Coming closer.)* Good evening –

MAX: Well, Bibi, isn't this a nice surprise?

BIANCA: *(Somewhat embarrassed, trying to remember.)* Oh, of course, we know each other –

ANATOL: Of course – Bianca.

BIANCA: Of course, we know each other very well.

MAX: Do you remember?

BIANCA: Certainly – I do indeed – it was in St. Petersburg – ?

ANATOL: *(Rapidly letting go of her hand.)* It was – not in St. Petersburg, Bianca. *(He turns to go.)*

BIANCA:	*(Anxiously, to Max.)* What's the matter? Have I offended him?
MAX:	He's slipping away. *(Anatol has disappeared through the door into the background.)*
BIANCA:	Well, what was all that about?
MAX:	Did you really not recognise him?
BIANCA:	Well, I recognised him. But I couldn't say where and when I met him.
MAX:	But Bibi, it was Anatol.
BIANCA:	Anatol? Anatol?
MAX:	Anatol, piano, lamp – red and green – here – three years ago –
BIANCA:	*(Hand to brow.)* What was I thinking of. Anatol! *(Going to door.)* I must fetch him back *(Opening the door.)* Anatol! *(Runs out on to the landing.)* Anatol! Anatol!
MAX:	*(Follows her to the door and stands there, smiling.)* Well?
BIANCA:	*(Returning)* He must be out of the building. May I? *(Quickly opening the window.)* He's down here, look.
MAX:	*(Behind her.)* Yes, that's him.
BIANCA:	*(Calls)* Anatol!
MAX:	He can't hear you.
BIANCA:	*(Stamping her foot.)* How stupid – please apologise to him for me. I've hurt him, poor old chap.
MAX:	So you do remember him?
BIANCA:	Of course I do. But he is terribly like someone I knew in Petersburg.
MAX:	*(Reassuringly)* I'll tell him that.
BIANCA:	And when you've not seen someone for three years – and then there they are – you can't remember everything just like that.
MAX:	I'll just close the window. There's a cold draught. *(Closes the window.)*
BIANCA:	Will I see him again while we're here?

MAX:	Perhaps. But I want to show you something. *(Picks up the envelope from the desk and passes it to her.)*
BIANCA:	What's this?
MAX:	The flower – the flower you were wearing that evening.
BIANCA:	You mean he kept it?
MAX:	As you see.
BIANCA:	So he was in love with me?
MAX:	Fiercely, immeasurably, eternally – as with all these others. *(Pointing to the packages.)*
BIANCA:	What – all these? Are they all flowers?
MAX:	Flowers, letters, locks of hair, photographs. We were just sorting them out.
BIANCA:	*(Irritated)* Into categories.
MAX:	Yes, that's right.
BIANCA:	And into which category did I come?
MAX:	I think – this one. *(Throwing the envelope into the fireplace.)*
BIANCA:	Oh!
MAX:	*(Aside)* That's the best revenge I can arrange, my dear friend Anatol. *(Aloud)* Right, now don't be cross – sit down by me and tell me about St. Petersburg.
BIANCA:	I'm really in the mood for that. What a reception!
MAX:	I'm your friend. Come on, Bianca, tell me about it.
BIANCA:	*(Allowing herself to be pulled down into an armchair.)* What?
MAX:	*(Sitting opposite her.)* Tell me about the boy in Petersburg who looked like him.
BIANCA:	You're intolerable!
MAX:	Go on –
BIANCA:	*(Annoyed)* What do you want to know about him?
MAX:	Just start – once upon a time, once upon a time there was a great big city –
BIANCA:	*(Sulkily)* And a great big circus.
MAX:	And a tiny little bareback rider.

BIANCA: Who jumped through a great big hoop – *(Laughs softly.)*

MAX: You see – you can do it! *(The curtain begins to fall very slowly.)* And that evening – that evening – in one of the boxes –

BIANCA: That evening a beautiful, beautiful – oh!

MAX: Well – then – ?

CURTAIN

JEWELS AND MEMORIES

Anatol, Emilie.

Emilie's room, furnished with elegance and taste. Evening twilight. The window is open, view of a park; the top of a tree with very few leaves on it shows in the window.

EMILIE:	So here you are – at my desk. What are you doing? Rummaging through my desk? Anatol!
ANATOL:	And I was right to do so, as I have just discovered.
EMILIE:	Well, what have you found? Your own letters!
ANATOL:	What! What's this then?
EMILIE:	This?
ANATOL:	These two small stones – a ruby and this, darker one? I've not seen either of them before, I didn't give them to you –
EMILIE:	No – I had – forgotten –
ANATOL:	Forgotten? They'd been put away most carefully, in the corner of this bottom drawer. Admit it straight away, instead of telling lies, like all the rest. Well then – nothing to say – an easy show of indignation – it's so easy to say nothing when you're guilty and annihilated but now I'm going to carry on looking. Where have you hidden the rest of your jewellery?
EMILIE:	I haven't any more.
ANATOL:	Right. *(Beginning to open the other drawers.)*
EMILIE:	Don't do that – I swear I haven't any more.
ANATOL:	And what about these – what is the meaning of these?
EMILIE:	I was wrong – perhaps –
ANATOL:	Perhaps! Emilie! Tomorrow I am going to make you my wife. I really thought the past had been obliterated – completely – together we burned it all in the fireplace, together we burned the letters, the fans, the thousand trifles which reminded me of the time before we met – the bracelets, the rings, the pendants – we gave them away, flung them away, over the bridge and into the river, through the window into the street. You prostrated yourself before me and swore: 'It's all over – and it was not until your arms closed round me that I learned

what love really is –'. And I of course believed you – because we men believe everything that women tell us, from the first lie that fills our hearts with joy.

EMILIE: Do you want me to swear again?

ANATOL: And what would be the use? I have finished. Finished with you. That was a good performance you gave. Feverish, as though you wanted to wash away every trace of your past – you stood here in a fever as the letters and ribbons and knick-knacks glowed and burned. And how you sobbed in my arms that day when we were strolling by the river and threw that valuable bracelet into the murky water and watched it sink – how you wept then – purged and penitent with tears. Foolish play-acting. Can't you see that it was all in vain? That I still mistrusted you? And that I was right to go through your desk? Why don't you answer? Why aren't you defending yourself?

EMILIE: Because you're going to leave me anyway.

ANATOL: But I want to know the significance of these two stones – why you kept these, and no others.

EMILIE: You don't love me any more – ?

ANATOL: The truth, Emilie – I want to know the truth.

EMILIE: What's the point if you don't love me any more?

ANATOL: Perhaps the truth might show us something.

EMILIE: Like what?

ANATOL: Something which might help me to understand. Listen Emilie, I don't want to have to think of you like this.

EMILIE: Can you forgive me?

ANATOL: You must tell me about these stones.

EMILIE: And then will you forgive me – ?

ANATOL: This ruby, what does it mean, why do you keep it?

EMILIE: – and listen to me quietly?

ANATOL: Yes – but tell me.

EMILIE: This ruby – came from a locket – it – dropped out –

ANATOL: Whose was this locket?

EMILIE: That's not the point – I was just wearing it on a particular
            day – on a simple chain – round my neck.

ANATOL: Who gave it to you?

EMILIE: That's not important – I think it was my mother – you see, if
            I were as you think I am I could have told you that I kept it
            because it was my mother's, and you'd've believed me. But I
            kept this ruby – because it dropped out of the locket on a day
            – which I want to remember –

ANATOL: Go on.

EMILIE: It's so simple. Would you laugh at me if I was jealous of your
            first love?

ANATOL: Why do you ask?

EMILIE: And yet, the memory of that is sweet, a pain which feels like
            a caress. And you see – it matters to me to remember the day
            on which I first knew the feeling which now binds me to you.
            You cannot love as I now love you without having learned to
            love. If we had found each other at a time when love was new
            to us, who knows – we might not even have noticed each
            other. Don't shake your head, Anatol; that is true, and you
            once said the same yourself.

ANATOL: I said that?

EMILIE: Perhaps that's right, that's what you said, we both needed
            a certain maturity to reach this peak of passion!

ANATOL: Yes. That's the kind of consolation we always need when we
            love a fallen woman.

EMILIE: This ruby, and I'm telling you the truth, reminds me of the
            day when –

ANATOL: Say it, say it –

EMILIE: You already know, Anatol, reminds me of the day – oh, I was
            a silly girl of sixteen!

ANATOL: And he was twenty – tall and dark!

EMILIE: *(Innocently)* I can't remember, darling. All I can remember
            is the forest rustling around us, the spring sky laughing
            above the treetops – I can even remember a sunbeam
            striking through the bushes and glittering on a bank
            of yellow flowers –

ANATOL: And you do not curse the day that took you from me before
            I even knew you?

EMILIE: Perhaps it gave me to you. No Anatol, whatever else may be
            I cannot curse that day and I should be ashamed to lie to you
            and say I ever did. Anatol, you know that I love you as I have
            never loved anyone else – and as you have never been loved –
            but even though every hour I'd spent before was cancelled by
            your first kiss – every man I'd ever met was wiped from my
            memory – can I for this reason forget the minute which made
            me a woman?

ANATOL: And you still say you love me?

EMILIE: I can hardly remember the man's face – or the look in his
            eyes –

ANATOL: But you can remember that is was in his arms that you
            laughed love's first sigh – that it was from his heart that
            warmth first flowed to you, warmth which made the
            innocent girl into a feeling woman, that's what your grateful
            soul cannot forget. And you cannot see that this confession
            will drive me mad, now that you've woken up the sleeping
            past. Yes, I now know that you can dream of kisses kissed
            which are not mine, and when you close your eyes in my
            embrace, the face they see may not be mine!

EMILIE: That is not what I meant at all. Perhaps you are right to say
            that we should separate –

ANATOL: And what exactly do you mean by that?

EMILIE: Girls who can lie to you are lucky. No – you cannot bear the
            truth! Just tell me one thing more: why have you always
            begged me not to lie? 'I can forgive you anything except a
            lie!' I can just hear you saying it now. And I – I – who told
            you everything, abased myself, crawled in front of you,
            shouted into your face 'Anatol, I'm a lost woman, but I love
            you – !' I didn't use any of the stupid excuses that the others
            always use. No, I told you the truth: Anatol, I have led a life
            of pleasure, Anatol, I was lascivious, hot-blooded – I sold
            myself, gave myself away – I am not worthy of your love.
            Do you remember, I said all that before you even kissed my
            hand? Yes, I wanted to run away from you because I loved
            you so much, and you followed me – you begged for my
            love – and I didn't want you, because I didn't want to sully
            the man, who was more, who was different – well, was the
            first man I loved. And then you took me, and I was yours.

How I shuddered, trembled, wept. And then you raised me up so high, gave everything back to me again, piece by piece, everything that they had taken from me – in your impassioned arms I became what I had never been: pure – and happy – you were so generous – you could forgive – . And now –

ANATOL: And now?

EMILIE: And now you're driving me away because I'm just like the rest after all –

ANATOL: No – no, you're not like them.

EMILIE: *(Gently)* So what do you want? Shall I throw it away – the ruby – ?

ANATOL: I'm not generous, no, no – I'm very petty – throw away the ruby. *(Looking at it.)* It dropped out of a locket – lay in the grass – among the yellow flowers – a shaft of sunlight played around it – and there it glittered. – *(Long pause.)* Come, Emilie – it's getting dark, let's go for a walk in the park –

EMILIE: Isn't it too cold?

ANATOL: No, no, the scent of spring's already in the air.

EMILIE: As you wish, my darling.

ANATOL: Yes, and this little stone –

EMILIE: Oh, that one –

ANATOL: Yes, the black one – what about that one – what is that one – ?

EMILIE: Do you mean, what sort of a stone is it?

ANATOL: Well –

EMILIE: *(With a proud, covetous look.)* A black diamond!

ANATOL: *(Getting up.)* Ah!

EMILIE: *(Still looking at the stone.)* Very rare!

ANATOL: *(Suppressing his rage.)* Why – er – why did you keep this one?

EMILIE: *(Still looking at the jewel.)* Because it's worth a quarter of a million!

ANATOL: *(Yelling)* Ah! *(He throws the stone into the fire.)*

EMILIE: *(Shouting)* What are you doing? *(She bends down and tries to find the stone in the fire with the tongs.)*

ANATOL: *(Watches her for a few seconds as she kneels with glowing cheeks in front of the fire, then says, calmly.)* Whore. *(Exit)*

CURTAIN

FAREWELL SUPPER

Anatol, Max, Annie, a waiter.

A private dining room in the Sacher restaurant. Anatol is standing by the door and giving orders to a waiter. Max is sitting in an armchair.

MAX:	Surely that's all we need?
ANATOL:	Just a moment. Now, is that quite clear? *(Exit waiter.)*
MAX:	*(As Anatol comes back into the room.)* What if she doesn't turn up?
ANATOL:	What do you mean – not turn up! It's – it's ten o'clock. She couldn't possibly be here yet.
MAX:	The ballet finishes at nine.
ANATOL:	But she has to take her make-up off – and change – I'm going over there – to meet her.
MAX:	You spoil her too much.
ANATOL:	Spoil her?! If you only knew –
MAX:	All right, all right, you're brutal with her – but don't pretend that isn't just another way of spoiling her.
ANATOL:	That's not what I meant at all. If you only knew –
MAX:	I wondered when you'd get round to it.
ANATOL:	This is a very solemn occasion.
MAX:	Don't tell me you're getting engaged?
ANATOL:	No, much more solemn than that.
MAX:	You're going to marry her tomorrow?
ANATOL:	No, what a superficial person you are! You forget that the soul has inner depths which are unaffected by the trivialities of everyday life.
MAX:	I see, you've found a hitherto undiscovered corner of your inner world, have you? And you think she'll be interested in that?
ANATOL:	You're not even warm. I'm celebrating – the end.
MAX:	Ah!
ANATOL:	The farewell supper

MAX: So what am I doing here?

ANATOL: You're here to close the eyelids of our affair.

MAX: Oh, please!

ANATOL: I've been putting this supper off for a whole week.

MAX: You'll be ready to eat it by now then.

ANATOL: I mean – we've had supper together every evening – every
            evening this week – but – I couldn't find the words – the
            right words. I just daren't say it – you've no idea what a
            strain it has been.

MAX: But what am I here for? Are you expecting me to prompt?

ANATOL: You're here to deal with anything that might happen – to
            give me support if needed – to soothe – to calm – to help me
            understand.

MAX: And could you possibly tell me why all this has come about?

ANATOL: With pleasure. She bores me.

MAX: In other words there's someone else.

ANATOL: Yes.

MAX: I see. I – see.

ANATOL: She's a very special someone else.

MAX: What type?

ANATOL: She's not a type. She's something new, unique.

MAX: Quite – the type you always meet near the end of a previous
            affair.

ANATOL: Imagine a girl – how can I put it – in three-four time –

MAX: You are still thinking about the ballet!

ANATOL: I can't put it any other way – she reminds me of a slow
            Viennese waltz – sentimental and light-hearted –
            mischievous, smiling melancholy – that's what she's like –
            charming little blonde curls – you know – so – oh, it's hard
            to explain – she makes me feel warm and content – when I
            give her a bunch of violets she has a tear in the corner of her
            eye.

MAX: Try giving her a necklace.

ANATOL: My dear Max, you simply do not understand. I could never bring her to supper here. She likes cosy little cafés in the suburbs – with tasteless wallpaper and civil servants at the next table. I've spent the last few evenings with her in places like that.

MAX: What? You just said that you and Annie –

ANATOL: And so we did. I had supper twice every evening this week – once with the girl I'm trying to start an affair with and once with the girl I'm trying to finish an affair with. So far I've succeeded in doing neither.

MAX: I've got an idea. Take Annie to one of your suburban cafés and the new girl with the charming little blonde curls to a smart place in town – perhaps that'll work.

ANATOL: You're finding it difficult to understand because you don't know her. She's so easy to please, honestly, this girl – you should see her if I try to order a slightly better wine – the fuss she makes.

MAX: A tear in the corner of her eye, perhaps?

ANATOL: She just won't have it – under any circumstances – won't have it at all.

MAX: So you've been drinking Markersdorfer recently?

ANATOL: Yes. Until ten. Then champagne, of course. C'est la vie.

MAX: No – I'm sorry – c'est not la vie.

ANATOL: Just think of the contrast. But I've had enough of it now. It's one of the occasions on which I realise that I am a profoundly honest person.

MAX: Really?

ANATOL: I can't go on leading this double life. I'm losing all my self-respect.

MAX: Hey, it's me, Max. You don't have to put on an act for me.

ANATOL: Why not, since you're here. But seriously, I'd be a hypocrite to pretend to a love that I don't feel any more.

MAX: You're only a hypocrite when you are in love.

ANATOL: I told Annie quite frankly, straight away, right at the beginning – as we were swearing eternal love: Annie darling, if ever one of us feels that it's all over between us, we must say so.

MAX:	You arranged that at the very moment you were swearing eternal love – very good.
ANATOL:	I've said to her over and over again: we have no obligations to each other, we're free. We simply part when the time comes – but no deception, I couldn't stand that.
MAX:	In that case things should be very easy – tonight.
ANATOL:	Easy! Now I've got to say it I don't feel I can. She'll be so hurt. I can't stand weeping. I shall fall in love with her all over again if she weeps – and then I'll be deceiving the other girl!
MAX:	No, no deception, I couldn't stand that.
ANATOL:	It'll all be so much easier with you here. You have an air of serenity and control which will temper the passion of our parting. In your presence no-one weeps.
MAX:	Well, I'm here whatever happens – but that's all I can do for you. I couldn't try to talk her into anything – that would be against my better judgement – you're too nice a person.
ANATOL:	Look, Max – to a certain extent you could perhaps do that too – you could tell her that she won't be losing all that much by losing me.
MAX:	Mm, that might be all right.
ANATOL:	That she could find a hundred others who're better-looking – richer –
MAX:	Cleverer –
ANATOL:	No, no, please don't exaggerate –

> *The waiter opens the door. Annie enters with a raincoat slung over her shoulders, and a white boa; she is carrying her yellow gloves, and wearing a striking broad-brimmed hat which she has put on carelessly.*

ANNIE:	Oh – good evening.
ANATOL:	Good evening, Annie. I'm sorry.
ANNIE:	What a reliable man you are! *(She throws off her raincoat.)* I looked everywhere – up the street – down the street – nobody there.
ANATOL:	Luckily you didn't have very far to come.
ANNIE:	You should keep your word. Good evening, Max. *(To*

	Anatol.) You could at least have had them serve supper in the meantime.
ANATOL:	*(Embracing her.)* You're not wearing a bodice?
ANNIE:	Is there any point in getting really dressed – for you?
ANATOL:	It doesn't bother me – you should apologise to Max.
ANNIE:	Whatever for? It won't worry him. He's not jealous. *(The waiter knocks.)* Come in! Today – he knocks. It usually doesn't enter his head. *(The waiter enters.)*
ANATOL:	You may serve! *(Exit waiter.)*
ANNIE:	You weren't at the performance tonight?
ANATOL:	No – I had to –
ANNIE:	You didn't miss much. It was very slack today.
ANATOL:	What was the opera beforehand?
ANNIE:	I don't know. *(They sit at the table.)* I went to my dressing room – then on to the stage – I noticed nothing else – nothing at all. By the way – I've got something to tell you, Anatol.
ANATOL:	Really, my dear? Something important?
ANNIE:	Yes, fairly. It will perhaps surprise you. *(The waiter starts to bring in the food.)*
ANATOL:	Now you've made me curious. I've also –
ANNIE:	Well – just a moment – it's not meant for him.
ANATOL:	*(To the waiter.)* Thank you. We'll ring. *(Exit waiter.)* Now, what is it?
ANNIE:	My dear Anatol, this is going to surprise you – but why should it actually – it won't surprise you at all – in fact it mustn't surprise you.
MAX:	Your wages have been increased?
ANATOL:	Don't interrupt her!
ANNIE:	That's right. Dear Anatol. I say, are those Ostend or Whitstable?
ANATOL:	What a time to talk oysters. They're Ostend.
ANNIE:	I thought so. I'm fond of oysters. I find they're the only thing you really can eat every day.

ANATOL:	Can? Should! Must!!
ANNIE:	N'est-ce pas? That's just what I mean.
ANATOL:	You said you had something important to tell me – ?
ANNIE:	Yes, it's certainly important – perhaps even very important. Do you remember something you once told me?
ANATOL:	Something I told you? When? How am I expected to know what you're talking about?
MAX:	He's right there.
ANNIE:	Well, this is what I mean – wait – what was it exactly – Annie, – you said, we'll never deceive each other.
ANATOL:	Yes – yes – well –
ANNIE:	Never deceive each other. Better to tell me the truth straight away.
ANATOL:	Yes, I meant –
ANNIE:	But what if it's too late?
ANATOL:	What do you mean?
ANNIE:	Oh, it's not too late! I'm telling you at just the right time, precisely the right time. Tomorrow would probably be too late.
ANATOL:	Annie, have you gone mad?
MAX:	What?
ANNIE:	Anatol, you must eat your oysters – otherwise I'm saying nothing – nothing at all.
ANATOL:	'I must.' What's all this?
ANNIE:	Eat your oysters.
ANATOL:	I want to know – this really isn't funny.
ANNIE:	Well – we agreed – that we shouldn't hesitate to tell each other – if the moment should come – and now the moment has come.
ANATOL:	Which means?
ANNIE:	Which means – that today is unfortunately the last time that I shall be having supper with you.
ANATOL:	Would you be so kind as to – explain yourself a little more fully.

ANNIE:	It's all over between us – it has to be.
ANATOL:	But – what –
MAX:	This is excellent.
ANNIE:	What's so excellent about it? Excellent or not – it is the way things are.
ANATOL:	My dear child – I still don't quite understand. Do you mean you've had a proposal of marriage?
ANNIE:	That wouldn't be a reason for finishing with you.
ANATOL:	Finishing with me?
ANNIE:	Yes, I have to say it. I'm in love – Anatol – madly in love.
ANATOL:	And may one ask – with whom?
ANNIE:	Max, whatever do you find so amusing?
MAX:	It's too funny!
ANATOL:	Don't worry about him. We have to talk to each other, Annie! Surely you owe me an explanation –
ANNIE:	Right, here it is, then – I've fallen in love with someone else, and I'm telling you, because that's what we arranged.
ANATOL:	Yes – but blast it all – who is he?
ANNIE:	Now, my darling – there's no need to be vulgar.
ANATOL:	I insist, I absolutely insist.
ANNIE:	Max, do please ring, I'm so hungry.
ANATOL:	What next! Hungry! Hungry during a conversation like this!
MAX:	*(To Anatol.)* Remember, it's her first supper today. *(Enter waiter.)*
ANATOL:	What do you want?
WAITER:	You rang, sir.
MAX:	Carry on. *(The waiter begins to clear.)*
ANNIE:	Catalini is going to Italy – that's definite.
MAX:	Is she – and they're just letting her go – without any fuss.
ANNIE:	Well, I wouldn't exactly say, without any fuss.
ANATOL:	*(Stands up and paces about the room.)* Where the devil is the wine? Jean! You're half asleep today.

WAITER: I'm sorry, sir, your wine.

ANATOL: I don't mean the bottle that's already on the table – you should be able to work that out for yourself, you idiot. I mean the champagne. You know that I like it served before the meal. *(Exit waiter.)*

I am waiting for an explanation.

ANNIE: It really is quite impossible to believe anything you men say – quite impossible. When I think how beautifully you put it to me: as soon as one of us feels that it's all over – we should say so, and agree to part.

ANATOL: Will you please tell me –

ANNIE: And now the moment has come.

ANATOL: But, my dear girl, you must be able to see that I'm interested in who exactly –

ANNIE: *(Sipping her wine slowly.)* Ah!

ANATOL: Drink your wine. Drink it.

ANNIE: You never drink your wine qu-

ANATOL: You usually drink yours in one –

ANNIE: But my dear Anatol, I'm saying goodbye to the claret as well – and who knows for how long?

ANATOL: For heaven's sake – what are you talking about?

ANNIE: There'll be no more claret – no more oysters – no more champagne. *(The waiter comes in with the next course.)* And no more fillet steak with truffles. That's all in the past now –

MAX: My goodness, what a sentimental stomach you have. *(As the waiter is serving.)* May I help you to this?

ANNIE: That's very kind of you. Now –

ANATOL: *(Lights a cigarette.)*

MAX: Have you finished eating?

ANATOL: For the moment. *(Exit waiter.)* Now, will you please tell me who this lucky man is!

ANNIE: His name won't mean anything to you.

ANATOL: Well, what sort of a person is he? How did you meet him? What does he look like?

ANNIE:	Handsome – beautiful! I must admit that's all –
ANATOL:	Well, it seems to be enough for you.
ANNIE:	Yes, there'll be no more oysters –
ANATOL:	So you've said –
ANNIE:	And no more champagne –
ANATOL:	But, damn it, he must have something about him other than not being able to buy you oysters and champagne.
MAX:	He's right there – that's hardly enough in itself.
ANNIE:	Well, what does it matter if I love him? I'll give up everything – it's something new, something I've never experienced before.
MAX:	But Annie, Anatol could buy you a bad meal from time to time.
ANATOL:	What is he – a kitchen boy – a chimney sweep – a paraffin salesman?
ANNIE:	All right – there's no need to be insulting.
ANATOL:	Then will you please tell me what he does.
ANNIE:	He's an artist.
ANATOL:	What sort of an artist? Trapeze, I suppose! That's the kind of thing you like. A circus boy! A bare-back rider!
ANNIE:	Stop attacking him. He's a colleague of mine.
ANATOL:	I see, an old acquaintance? Someone you've seen every day for years – and probably a number of nights, as well.
ANNIE:	If that had been true I wouldn't have said anything. I relied on your promise – and that's why I'm telling you everything now, before it's too late.
ANATOL:	But you've been in love with him – for God knows how long? So you've been unfaithful to me in spirit for a very long time.
ANNIE:	You can't stop me doing that.
ANATOL:	You are a –
MAX:	Anatol!
ANATOL:	– do I know him?
ANNIE:	Well, you probably won't have noticed him – he's only corps de ballet – but he's going to go a long way.

ANATOL:	How long – have you been keen on him –
ANNIE:	Since tonight.
ANATOL:	Don't lie to me.
ANNIE:	It's the truth. Today – I felt – that it was my fate.
ANATOL:	Her fate! Do you hear that Max, her fate!
ANNIE:	Yes, something pleasant can be one's fate too.
ANATOL:	Now listen. I want to know everything – I have a right to know. At this moment you're still my lover. I want to know how long things have been going on – how it began – when he dared –
MAX:	Yes, you really should tell us that –
ANNIE:	And that's what I get for being honest! Really, I should have done what Fritzi did with her baron – he still doesn't know a thing – and she's been carrying on with a lieutenant from the Fifth Hussars for three months.
ANATOL:	The baron will find out soon enough.
ANNIE:	It's quite possible! But you would never have found out, never! I'm far too clever for that – and you're far too stupid. *(She pours herself a glass of wine.)*
ANATOL:	Will you please stop drinking!
ANNIE:	Not tonight. I want to get tipsy. It's as if it were the last –
MAX:	For a week.
ANNIE:	For ever. You see, I'm going to stay with Karl because I'm really fond of him – because he's happy, even if he hasn't got any money – because he won't leave me in the lurch – because he's a sweet, sweet boy.
ANATOL:	You have not kept your word. You have been in love with him for a very long time. All this business about tonight is a stupid lie.
ANNIE:	You don't have to believe it if you don't want to.
MAX:	Come on, Annie – do tell us the story – the whole story or none of it. If you want to part friends, you should at least do Anatol that favour.
ANATOL:	And then I've got something to tell you, too.
ANNIE:	Well, it all started like this – *(Enter waiter.)*

ANATOL:	Go on – go on – *(He sits next to her.)*
ANNIE:	It was about a fortnight ago – maybe longer – he gave me some roses at the stage door. I had to laugh. He looked all shy and confused.
ANATOL:	Why didn't you tell me?
ANNIE:	There was nothing to tell. *(Exit waiter.)*
ANATOL:	Go on – go on!
ANNIE:	Then he started hanging around me at rehearsals – and – well, I noticed – at first it annoyed me – and then I began to like it –
ANATOL:	Perfectly simple.
ANNIE:	Well – then we spoke to each other – and I liked everything about him so much –
ANATOL:	What did you find to talk about?
ANNIE:	All sorts of things – how he got thrown out of school – and how he was supposed to start an apprenticeship – but the theatre got into his blood –
ANATOL:	I see. And I never heard anything about all this.
ANNIE:	Well, and then we found out, that we two, when we were little – that we lived two doors away from each other – we were neighbours.
ANATOL:	Ah! Neighbours! That is touching. Touching.
ANNIE:	Yes – yes. *(Drinks)*
ANATOL:	Tell me more.
ANNIE:	There's nothing more to tell. That's it. It's my fate, and because it's my fate – I can do nothing more – because it's my fate – I – can – do – nothing –
ANATOL:	I want to know what happened tonight.
ANNIE:	Well – what – *(Her head nods.)*
MAX:	She's practically asleep.
ANATOL:	Wake her up! Move the wine away from her. I must know what happened tonight. Annie – Annie – tonight!
ANNIE:	Tonight he told me – that he's fond of me –
ANATOL:	And you –

ANNIE: I said – that I was glad – and because I don't want to let him down – I'm telling you – adieu –

ANATOL: Because you don't want to let him down! So it's not for my sake! It's for his sake! It's for his sake!

ANNIE: Well, what about it? Things aren't the same between us any more.

ANATOL: Very well, then! Fortunately that does not bother me any longer.

ANNIE: I see!

ANATOL: I am also in the happy position – of being able to do without you from now on.

ANNIE: I see. I see.

ANATOL: She's a girl for whom I'd give up a thousand women like you – do you understand?

ANNIE: *(Laughs)*

ANATOL: Don't laugh! Ask Max –

ANNIE: But it's just too funny! Trying to tell me that now.

ANATOL: It's true I tell you. I have not loved you for some time. I haven't even been thinking about you when we've been together and when I kissed you, I was kissing the other girl – the other girl – the other girl –

ANNIE: Right, we're quits then.

ANATOL: Really. You think so?

ANNIE: Yes, quits. That's wonderful.

ANATOL: You think so? We are not quits – oh no – by no means! It's not the same thing at all – your experience – and mine. My story is a little less – innocent –

ANNIE: What? *(Becoming more serious.)*

ANATOL: Well – I – I have been unfaithful to you –

ANNIE: *(Stands up.)* What?

ANATOL: I have been unfaithful to you – as you have deserved – day after day – night after night – I came straight from her to you – and went back to her when I left you –

ANNIE: Horrible – that is – horrible!

She goes to the hat stand and puts on her raincoat and boa.

ANATOL: You have to act very quickly when dealing with girls like you – or they get there first. Fortunately, I have no illusions.

ANNIE: There it is again! Yes!

ANATOL: There it is, isn't it? There it is.

ANNIE: Yes, a man is a hundred times more ruthless than a woman –

ANATOL: Yes, we can see – how ruthless I have been.

ANNIE: *(Now has her boa round her neck and her hat and gloves in her hand. She places herself in front of Anatol.)* Yes, ruthless. That – is the one thing I have not told you. *(She is about to leave.)*

ANATOL: What? *(Following her.)*

MAX: Leave it as it is. You won't get any further with her now.

ANATOL: The one thing that you haven't told me. What? That you – that you – that –

ANNIE: *(In the doorway.)* I would never have told you that – never. Only a man could be as ruthless as that.

WAITER: *(Enters with a crème.)* Oh!

ANATOL: Go to the devil with your crème!

ANNIE: What? Vanilla crème? Well –

ANATOL: And you would too, wouldn't you –

MAX: Just leave it. She has to say goodbye to the crème too – for ever!

ANNIE: Yes. With pleasure. To the claret, to the champagne, to the oysters – and above all, to you, Anatol! *(Suddenly she leaves the doorway, and with a common smile goes to the cigarette box on the shelf under the mirror and stuffs a handful of cigarettes into her handbag.)* They're not for me. They're for him.

ANATOL: *(Follows her, then stops in the doorway.)*

MAX: *(Calmly)* There we are – that wasn't difficult, was it?

CURTAIN

AGONY

Anatol, Max, Else.

Anatol's room, just before nightfall. Enter Anatol and Max.

MAX:	Right. So now I have been up there with you as well.
ANATOL:	Don't go yet.
MAX:	I thought I'd be in the way.
ANATOL:	Please stay! I don't want to be on my own – and anyway, she might not come.
MAX:	Ah!
ANATOL:	Seven times out of ten she doesn't.
MAX:	I couldn't stand that.
ANATOL:	And sometimes you even have to believe the excuses – they're actually the truth.
MAX:	Seven times out of seven?
ANATOL:	How should I know! I can tell you, there's nothing worse than being a married woman's lover.
MAX:	Well – I should think it's preferable to being her husband.
ANATOL:	It's been going on for – however long is it? Two years – no, nonsense – more – it was two years at carnival – and that is 'our love's third spring'.
MAX:	What is the matter with you?
ANATOL:	*(Has thrown himself into an armchair by the window, still wearing his overcoat and carrying his stick.)* Oh, I'm tired – on edge, I don't know what I want.
MAX:	Go away for a while.
ANATOL:	Why?
MAX:	To make the end a little shorter.
ANATOL:	What do you mean – the end?
MAX:	I've seen you like this before – last time, do you remember how long it took you to make your mind up to say goodbye to a certain stupid creature, who wasn't even worth all the misery she caused you.

ANATOL:	You mean, I don't love her any more?
MAX:	Oh no! That would be wonderful – by then the suffering is over. No, what you're going through now is much worse than death – this is the terminal illness.
ANATOL:	You say the nicest things to your friends! But you're right – it's agony!
MAX:	But it's comforting to talk about it. And we don't even need philosophy to do it. We do not need to generalise at all – it is enough to perceive the innermost core of the particular case.
ANATOL:	I can think of greater pleasures than the one you're suggesting.
MAX:	I didn't mean it like that. It's been clear to me all afternoon, even down there in the Prater, you were impossibly pale and boring.
ANATOL:	She intended to drive into town today.
MAX:	But you were pleased we didn't meet her carriage. You no longer have at your disposal the particular smile with which you greeted her two years ago.
ANATOL:	*(Standing up.)* And why is that? Just tell me why that is! So is that what I've got to look forward to yet again – this gradual, slow, inexpressibly sad fading of the glow? You can't imagine how much that frightens me.
MAX:	That's why I suggested you go away for a while. Or have the courage to tell her the whole truth.
ANATOL:	What truth? And how?
MAX:	Well, quite simply: it's over.
ANATOL:	Truths of that kind are nothing to be proud of; it is just the brutal honesty of exhausted liars.
MAX:	Of course! You'd rather use a thousand cunning tricks to keep from each other that things are not as they were than make a clean break. And why is this?
ANATOL:	Because we don't believe it ourselves. Because in the middle of this endless desert of agony there are strange, deceptive moments in which everything is more beautiful than ever before. There is no longing for happiness like that of the last few days of a love – and if there should be some whim, some intoxication, some nothing disguised as happiness, we are not inclined to look behind the mask. Those days are full of

moments when one is ashamed that one could ever think that all the delicious joys are past – you apologise to each other for so much, wordlessly. You are so weary with the fear of death – and then, quite suddenly, life is back again – warmer, glowing more brightly than ever – and more treacherous than ever.

MAX: There's one thing you mustn't forget: the end often begins sooner than we think. Much happiness is already dying with the first kiss. You must have met people who're seriously ill, but see themselves as healthy until the very last minute.

ANATOL: I'm not as fortunate as that – definitely not! I have always been a hypochondriac in love. Perhaps my feelings weren't even as sick as I thought they were – so much the worse. I sometimes think that I am a fulfilment of the legend of the evil eye – but mine is turned inwards, making my finest feelings sicken and die.

MAX: In that case you should glory in your evil eye.

ANATOL: No, no. I envy the others. You know, those fortunate people for whom each phase of life is a new victory. I always have to make a deliberate attempt to cope with something; I pause for rests – I think, I rest again, I drag myself along. The others conquer effortlessly, just by living through the incident; it's one and the same for them.

MAX: You've no need to envy them, Anatol – they don't conquer, they just pass through.

ANATOL: And isn't that fortunate in itself? At least they don't have this strange feeling of guilt which is the secret of the pain of parting.

MAX: What guilt is that?

ANATOL: Did we not commit ourselves to make those few years or hours in which we loved them contain the eternity we promised? And we were never able to do it, never. We leave each one of them with this sense of guilt – and our melancholy is simply a quiet admission of that fact. That is for us the final honesty.

MAX: And sometimes the first as well –

ANATOL: And all this hurts so much.

MAX: My dear friend, these long-term relationships don't suit you at all. Your nose is too good.

ANATOL: What can you mean by that?

MAX: Your present always contains a great burden of the past,
            unprocessed. And now you've reached the point at which the
            first years of your love are starting to rot, and your soul does
            not have the power to eject them completely. And what is the
            natural consequence of this? Even the healthy, vibrant here
            and now is tainted with the perfume of this rotting process –
            and your present is irrevocably poisoned.

ANATOL: That may well be.

MAX: And that is why you always have this jumble of then and now
            and later inside you; they are fixed, but blurred, transitions!
            What is past is not a simple, rigid fact, which can be
            separated from the mood in which it was experienced
            – no, the moods are still heavily superimposed upon it, they
            just become paler and more faded – and then they die.

ANATOL: Yes, I see. And the painful fragrance which often drifts
            through my happiest moments comes from this circling mist.
            I should like to shake myself free of it.

MAX: It always amazes me that no-one can ever avoid making a
            major statement! Well, now it's my turn: be strong, Anatol –
            heal thyself!

ANATOL: You're laughing even as you say it. It is possible that I could
            do that. What's missing is something much more important
            – I don't want to. I sense that I should lose so much if one
            fine day I was to find that I am 'strong'. There are so many
            diseases, but only one way of being healthy. You have to be
            precisely as healthy as everybody else – but you can be ill in
            so many different ways.

MAX: That's surely just vanity?

ANATOL: And if it is? Again, you're quite convinced that vanity is
            wrong, are you not?

MAX: All that is really just to say that you're not going away for a
            while.

ANATOL: Perhaps I will go away – yes, all right. But I have to surprise
            myself by doing it – it mustn't be planned – planning spoils
            everything. That's the awful part – packing – ordering a
            carriage – having to say: the station, please.

MAX: I'll do all that for you. *(As Anatol has suddenly rushed to the
            window and is looking out.)* What's the matter?

ANATOL:	Nothing –
MAX:	Of course – I quite forgot – I'm on my way.
ANATOL:	You see, at this moment I feel as though –
MAX:	–
ANATOL:	– I adore her again.
MAX:	There's quite a simple explanation for that – you really do adore her – at this moment.
ANATOL:	Goodbye then – don't order the carriage yet!
MAX:	Don't be so presumptuous. The Trieste express doesn't leave for four hours – and you can always have your luggage sent on.
ANATOL:	Thank you very much!
MAX:	*(In the doorway.)* I can't possibly leave without an aphorism.
ANATOL:	And?
MAX:	Women are a riddle!
ANATOL:	Oh!!
MAX:	Let me finish. Women are a riddle – so it is said. What sort of a riddle would we be for women if they were sensible enough to think about us?
ANATOL:	Bravo!
MAX:	*(Bows and exits.)*
ANATOL:	*(Is alone for a short time, paces up and down the room, smoking a cigarette. The sound of a violin is heard from an upper storey. Pause. Footsteps in the corridor. Anatol becomes alert, stands up, puts the cigarette in an ashtray and moves over to meet Else, who enters, heavily veiled.)*
	At last!
ELSE:	It is late. You're quite right. *(Takes off her hat and veil.)* I simply couldn't come any earlier.
ANATOL:	Couldn't you have let me know? I get so on edge when I have to wait! But – you are staying –?
ELSE:	Not long, angel. My husband –
ANATOL:	*(Turns away, disgusted.)*
ELSE:	There! You're always like this. I can't help it.

ANATOL:	Well, I don't suppose you can. This is the way it is – and we just have to make the best of it. Come along darling – come here. *(They go to the window.)*
ELSE:	Someone might see me.
ANATOL:	It's dark – and we're hidden by the curtain. It's just annoying that you can't stay long. I haven't seen you for two days now. And it was only a few minutes last time as well.
ELSE:	Do you love me, then?
ANATOL:	You know I do – you're everything to me. If only we could always –
ELSE:	– be together – I agree.
ANATOL:	Come on *(Pulling her down on to the sofa with him.)* give me your hand. *(He puts it to his lips.)* Can you hear the old man playing up there? It's beautiful – isn't it?
ELSE:	My darling!
ANATOL:	Yes – to be with you by Lake Como – or in Venice –
ELSE:	I went there on my honeymoon.
ANATOL:	*(Biting back his anger.)* Did you have to bring that up?
ELSE:	But you're the only one I love! The only one I've ever loved. No-one else – even my husband –
ANATOL:	*(Clasping his hands together.)* Please. Can't you be at least mentally unmarried for a few seconds? Drink in the delights of this minute – just think – we two are alone in the world – *(Bells ring.)*
ELSE:	What time is that?
ANATOL:	Else, Else, don't ask! Forget everybody else – you're with me.
ELSE:	*(Tenderly)* Haven't I forgotten enough for you?
ANATOL:	Darling. *(He kisses her hand.)*
ELSE:	My dear Anatol –
ANATOL:	*(Gently)* What's the matter now, Else?
ELSE:	*(Indicates with a gesture and a smile that she has to go.)*
ANATOL:	You mean?
ELSE:	I have to go.
ANATOL:	You have to?

ELSE:	Yes.
ANATOL:	Have to? Now? Now? Go on then! *(He moves away from her.)*
ELSE:	You are quite impossible.
ANATOL:	I'm quite impossible! *(Pacing around the room.)* And you can't see that this way of life is driving me mad.
ELSE:	And this is all the thanks I get.
ANATOL:	Thanks, thanks! Why do you deserve thanks? Haven't I given you as much as you have given me? Do I make you less happy than you make me? Love – madness – pain! But gratitude – where did that stupid word come from?
ELSE:	So do I deserve no – absolutely no – gratitude from you? I have sacrificed everything for you.
ANATOL:	Sacrificed? I want no sacrifices – and if it was one, then you never loved me.
ELSE:	That too? I don't love him – the man for whom I deceived my husband – I, I do not love him!
ANATOL:	That is not what I said.
ELSE:	Oh, what have I done!
ANATOL:	*(Standing in front of her.)* Oh, what have I done! That splendid remark is the only thing that was missing. What have you done? I'll tell you – seven years ago you were a stupid girl, then you married, simply because one does. Then you went on your honeymoon. You were happy – in Venice.
ELSE:	Never!
ANATOL:	Happy – in Venice – on Lake Como – that was love, too – at certain moments, anyway.
ELSE:	Never!
ANATOL:	What – did he never kiss you – embrace you? Were you not his wife? Then you came back – and you got bored – of course – because you are beautiful, elegant – and a woman! And he is simply an idiot. Then came your years as a coquette – a mere coquette, I believe. You loved no-one before me, you say. Well, that cannot be proved – but I accept it – because the opposite would be unpleasant for me.
ELSE:	Anatol – a coquette – I a –

ANATOL: Yes – a coquette! And what does being a coquette entail?
            Being lascivious and a liar at the same time.

ELSE: And that's how you see me?

ANATOL: Yes, that's how I see you. And then came the years of
            conflict. You weren't sure? Shall I never find the love I seek?
            You became more and more beautiful – and your husband
            more boring, more stupid and more ugly! Finally, it has to
            come. You found yourself a lover. And, quite by chance, I am
            that lover.

ELSE: By chance – you!

ANATOL: Yes, I am he, by chance. Because if it wasn't me, there would
            have been somebody else. You felt unhappy in your
            marriage, or at least not happy enough – and you wanted to
            be loved. You flirted with me a little, dribbled on a bit about
            la grande passion – and one fine day, when you saw one of
            your lady friends driving past you in a carriage, or perhaps
            a coquette in the next box to yours, well, then you thought:
            why should I not have a little pleasure too – and so you
            became my mistress! That is what you did. That is all – and
            I cannot see why fine words are needed to describe this little
            adventure.

ELSE: Anatol, Anatol! Adventure!

ANATOL: Yes!

ELSE: Take back what you've just said – I implore you.

ANATOL: What do you want me to take back. What do you see
            differently?

ELSE: And you really believe that?

ANATOL: Yes!

ELSE: Right – then I must go.

ANATOL: Go – I shall not stop you. *(Pause)*

ELSE: You're sending me away?

ANATOL: Yes, I'm sending you away. Two minutes ago you said:
            'I have to go'.

ELSE: Anatol – I do have to! Can't you see that –

ANATOL: *(Firmly)* Else!

ELSE: What is it?

ANATOL: Else, you love me? At least you say you do –

ELSE: I say I do – for heaven's sake – what proof do you require of me?

ANATOL: Shall I tell you? Very well! Perhaps I will be able to believe
            that you love me –

ELSE: Perhaps? You can say that today!

ANATOL: You love me – ?

ELSE: I adore you –

ANATOL: Then – stay with me.

ELSE: What?

ANATOL: Run away with me – yes? – with me – to another town – to
            another world – I want to be alone with you.

ELSE: What can you be thinking of?

ANATOL: What can I be thinking of? The only natural thing to do –
            yes! – how can I ever let you go – to him – how have I ever
            been able to do that? How can you ever bring yourself to do it
            – when you 'adore' me! Well? You go back to a house which
            has become alien to you since you were mine – straight from
            my arms, burning from my kisses. No – no, we've simply let
            ourselves get used to it – we've never thought how utterly
            monstrous it is! It is impossible to go on living like this. Else,
            Else, you must come with me! Well – you've nothing to say –
            Else! To Sicily – anywhere you like – the other side of the
            world if you want to – Else!

ELSE: What are you talking about?

ANATOL: Nobody between you and me any more – the other side of
            the world Else – and we will be alone.

ELSE: The other side of the world?

ANATOL: Wherever you like.

ELSE: My dear, sweet – child.

ANATOL: Are you hesitating?

ELSE: My darling – why do we need all that?

ANATOL: What?

ELSE: Going away – it's just not necessary – we can see each other
            almost as often as we wish here in Vienna.

ANATOL: Almost as often as we wish – yes, yes – it's just not necessary.

ELSE: You're just indulging your phantasies –

ANATOL: You are quite right. *(Pause)*

ELSE: Cross? *(Bells)*

ANATOL: You have to go!

ELSE: For heaven's sake! Is it as late as that?

ANATOL: Now – off you go –

ELSE: I'll see you tomorrow. I'll be here by six.

ANATOL: As you wish.

ELSE: Aren't you going to kiss me?

ANATOL: Oh yes –

ELSE: I'll make it all right with you – tomorrow.

ANATOL: *(Going to the door with her.)* Adieu!

ELSE: *(At the door.)* Another kiss!

ANATOL: Why not – there. *(He kisses her; she goes, and he comes back into the room.)* With that kiss I made her what she deserves to be – one more! *(He shakes himself.)* Stupid, stupid –!

CURTAIN

Anatol's Wedding Morning

Anatol, Max, Ilona, Franz, Servants.

Tastefully appointed bachelor rooms; the door on the right leads to the anteroom; the door on the left, which is curtained, leads to the bedroom.

Anatol tiptoes out of the room on the left in his dressing gown and closes the door gently. He sits down on a chaise-longue and presses a bell push; the bell rings.

FRANZ:	*(Appears from the left and goes to the door at the left without noticing Anatol.)*
ANATOL:	*(Does not notice at first, then runs after him and prevents him from opening the door.)* Why are you creeping around like that? I didn't hear you come in!
FRANZ:	What do you require, sir?
ANATOL:	The samovar.
FRANZ:	Certainly, sir. *(Exit)*
ANATOL:	Quietly, you fool! Can't you move around more quietly than that. *(Tiptoes to the left-hand door and opens it a little.)* She's asleep! Still asleep. *(Closes the door.)*
FRANZ:	*(Entering with the samovar.)* Two cups, sir?
ANATOL:	Indeed! *(Bell rings.)* See who that is. Who's ringing the bell at this time in the morning? *(Exit Franz.)* I definitely don't feel like getting married today. I'd like to call it off.
FRANZ:	*(Opens the door on the left to admit Max.)*
MAX:	*(Sincerely)* My dear friend?
ANATOL:	Ssh. Quiet. Another cup, Franz.
MAX:	There are already two cups.
ANATOL:	Another cup, please, Franz – and that will be all. *(Exit Franz.)* So – and now, my dear chap, what brings you here at eight o'clock in the morning?
MAX:	It is ten.
ANATOL:	So – what brings you here at ten o'clock in the morning?
MAX:	My own forgetfulness.
ANATOL:	Quiet –

MAX:	Why should I be? Are your nerves on edge?
ANATOL:	Yes, very much so.
MAX:	Your nerves shouldn't be on edge today.
ANATOL:	What have you come for?
MAX:	You can't have forgotten I'm to be a groomsman at your wedding today – escorting your charming cousin Alma.
ANATOL:	*(Without expression.)* Get on with it.
MAX:	Well – I've forgotten to order a bouquet, and can't remember what your cousin is going to wear. Will she be in white, pink, blue, green?
ANATOL:	*(Annoyed)* Certainly not green!
MAX:	Why is that so certain?
ANATOL:	My cousin never wears green.
MAX:	*(Piqued)* How was I expected to know that?
ANATOL:	*(As above.)* Don't shout so! This can all be sorted out quite calmly.
MAX:	So you don't actually know what colour she'll be wearing?
ANATOL:	Pink or blue.
MAX:	But they're quite different colours!
ANATOL:	Oh – pink or blue – it makes no difference.
MAX:	But it makes a difference to my bouquet!
ANATOL:	Order two; then you can make a buttonhole from the one she doesn't use.
MAX:	I didn't come to listen to jokes.
ANATOL:	I'll be making a worse one at two this afternoon.
MAX:	You're in a fine mood on your wedding day.
ANATOL:	I am on edge.
MAX:	You're keeping something from me.
ANATOL:	No I'm not.
ILONA'S VOICE:	*(From the bedroom.)* Anatol!
MAX:	*(Looks at Anatol in amazement.)*

ANATOL:	Excuse me just for a moment. *(He goes to the bedroom door and disappears inside for a moment; Max watches him, wide-eyed; Anatol kisses Ilona in the doorway without Max being able to see, then closes the door and rejoins Max.)*
MAX:	*(Indignant)* You might have drawn the line at that.
ANATOL:	Listen, my dear Max, and then pass judgement.
MAX:	I heard a girl's voice and hereby pass judgement: you're starting to deceive your wife rather early.
ANATOL:	Sit down and listen to me, you'll soon see things differently.
MAX:	Never. I'm no paragon of virtue. But that –
ANATOL:	So you're not going to listen to me?
MAX:	Go on then. But quickly. I'm invited to your wedding. *(Both sit.)*
ANATOL:	*(Sadly)* Well then –
MAX:	*(Impatiently)* Well?
ANATOL:	Well, yesterday I had a final bachelor party at my future parents-in-laws' house.
MAX:	I know. I was there.
ANATOL:	Of course, you were there. There were a lot of people there. It was all very relaxed, we drank champagne, lots of toasts –
MAX:	Yes, I proposed a toast – to your happiness.
ANATOL:	Yes, so you did – to my happiness. *(Pressing his hand.)* Thank you so much.
MAX:	You thanked me yesterday.
ANATOL:	So – it was all a great deal of fun until midnight –
MAX:	As I know.
ANATOL:	For one moment I thought I was happy.
MAX:	After your fourth glass of champagne.
ANATOL:	*(Sadly)* No – not until after the sixth – it is sad, and I can only with difficulty understand it.
MAX:	We've talked about it often enough.
ANATOL:	The boy was there who I know for sure was my fiancée's first love.

MAX: Oh, young Ralmen.

ANATOL: Yes – some sort of poet, I believe. One of those boys who seem destined to be many girls' first love, but nobody's last love.

MAX: I'd be happier if you came to the point.

ANATOL: In fact his presence was a matter of indifference to me; he made me smile, more than anything else. The party broke up at midnight. I bade my fiancée farewell with a kiss. She kissed me too – coolly – as I went down the steps, I shivered.

MAX: Aha.

ANATOL: One or two more people congratulated me at the gate. Uncle Edward was drunk, and put his arms around me. A doctor of law sang a student song. The first love, that's the young poet, turned up his collar and disappeared down a side street. Somebody teased me, suggesting I'd spend the rest of the night pacing up and down under my beloved's window. It had started to snow. People gradually drifted away – I was alone –

MAX: *(Regretfully)* Oh dear.

ANATOL: *(More warmly.)* Yes, I was alone in the street – in the cold winter night, with the snowflakes whirling round me. In a way it was – horrible.

MAX: Please Anatol – come to the point and tell me where you went.

ANATOL: *(Importantly)* I had to go – to the masked ball.

MAX: Ah!

ANATOL: You're – surprised?

MAX: I can work out the rest for myself.

ANATOL: Oh no you can't, my friend. As I stood there in the cold winter night –

MAX: Shivering!

ANATOL: Freezing. It was as though a great pain came over me, I was no longer a free man, I was about to say a last farewell to my sweet, wild bachelor days. This is the last night, I said to myself, when you can come home without being asked where

you've been. The last night of freedom, of adventure –
perhaps the last night of love.

MAX: Oh!

ANATOL: And so I found myself in that whirling mass of people.
            All around me the swish of silk and satin dresses, shining
            eyes, nodding masks, the fragrance of white and gleaming
            shoulders – the whole breath and madness of the carnival.
            I plunged into all this movement, let it rush around my soul.
            I had to drink it in, had to bathe in it!

MAX: Come to the point. We're short of time.

ANATOL: I am carried here and there among the crowd, and after my
            head had drunk in its impressions to the full my breath
            drank in the swirling perfumes all around me. They swirled
            around me as they'd never swirled before. The carnival was
            giving a farewell party for me – for me alone.

MAX: I'm waiting for the third thing you drank in.

ANATOL: I drank it in – it went straight to my heart.

MAX: To your senses.

ANATOL: The heart – all right, the senses – now, do you remember
            Katharine – ?

MAX: *(Loudly)* Oh – Katharine –

ANATOL: Ssh!

MAX: *(Pointing to the bedroom door.)* Ah – is it her?

ANATOL: No indeed, it is not her. But she was there – and so was a
            charming brunette whose name I will not mention – and
            then Theodore's little blonde Lizzie – but Theodore wasn't
            there – and so it went on. I recognised them all despite their
            masks – by their voices, the way they walked, by some little
            movement. But, strange to say, there was one girl I didn't
            recognise at once. I followed her or she followed me. There
            was something so familiar about her. Anyway, we simply
            kept on meeting. At the fountain, at the buffet, by the front
            box – over and over again. Finally she took my arm, and I
            knew who it was. *(Pointing to the bedroom.)* Her!

MAX: An old friend?

ANATOL: Oh Max, can't you guess? You must remember what I told
           her six weeks ago when I got engaged – the old fairy-tale: I'm
           going away, I'll soon be back, I shall always love you.

MAX: Ilona – ?

ANATOL: Ssh!

MAX: Not Ilona – ?

ANATOL: Yes, but please be quiet. So you're back again, she whispered
           in my ear. Yes, I replied at once. When exactly? Just this
           evening. Why no letter? Nowhere to post it. Where was that
           then? Dreadful village. And now –? Happy, back again, been
           faithful. And so have I – and so have I – bliss, champagne
           and yet more bliss.

MAX: And yet more champagne.

ANATOL: No – no more champagne. No, then we drove home in a
           carriage, just as we always did. Her head on my chest. And
           now we'll never part again – she said –

MAX: *(Standing up.)* Wake up, old friend, and finish the story.

ANATOL: 'Never part' *(Standing up.)* And today at two o'clock I am to
           be married.

MAX: To another girl.

ANATOL: Well yes, men always marry another girl.

MAX: *(Looking at his watch.)* I think it's about time – *(Indicating
           that Anatol should ask Ilona to leave.)*

ANATOL: Yes, yes, I'll see if she's ready. *(To the door, stops, turns back to
           Max.)* But don't you think it's sad?

MAX: It is immoral.

ANATOL: Yes, but sad.

MAX: Just go.

ANATOL: *(Goes to the bedroom door.)*

ILONA: *(Putting her head out, then entering in an elegant domino.)*
           Oh, it's only Max!

MAX: *(Bowing)* Only Max.

ILONA: *(To Anatol.)* And you didn't tell me. I thought it was a
           stranger, otherwise I'd have joined you ages ago. How are
           you, Max! What do you think of this young rascal?

MAX:	Rascal is the word.
ILONA:	I've been weeping over him for six weeks. He's been – yes, where have you been?
ANATOL:	*(With a grandiose gesture.)* Where –
ILONA:	Didn't he write to you either? But I've got him back now. *(Taking his arm.)* No more going away – no partings. Give me a kiss.
ANATOL:	But –
ILONA:	Oh, don't worry about Max. *(Kisses Anatol.)* What sort of a face is that? Now I'm going to pour tea for the two of you, and a cup for myself, if I may.
ANATOL:	Please do –
MAX:	My dear Ilona, I can, alas, not accept your invitation to take breakfast – and I also don't understand –
ILONA:	*(Busying herself with the samovar.)* What don't you understand?
MAX:	Anatol should really –
ILONA:	What should Anatol be doing?
MAX:	*(To Anatol.)* You really should be –
ILONA:	What should – ?
MAX:	You should be dressed by now!
ILONA:	Oh, don't be so ridiculous, Max, we're staying at home today, we're not going out.
ANATOL:	My dear child, unfortunately that will not be possible.
ILONA:	Of course it will be possible.
ANATOL:	I'm invited –
ILONA:	*(Pouring the tea.)* Put them off.
MAX:	He can't do that.
ANATOL:	I am invited to a wedding.
MAX:	*(Makes encouraging gestures.)*
ILONA:	That doesn't make any difference.
ANATOL:	It does make a difference – I'm – fairly close to the groom.
ILONA:	And is the lady you're escorting in love with you?

MAX:	That is beside the point.
ILONA:	But I love him, and that is the point – please don't keep interrupting.
ANATOL:	My dear – I must go.
MAX:	Yes, he must go – please believe him – he must go.
ANATOL:	You must just give me a few hours off.
ILONA:	Now will you both please sit down. How many lumps of sugar, Max?
MAX:	Three.
ILONA:	*(To Anatol.)* And you?
ANATOL:	It really is getting late.
ILONA:	How many lumps?
ANATOL:	You know how many. I always take two.
ILONA:	Cream, rum?
ANATOL:	Rum. You know that too.
ILONA:	Rum and two lumps of sugar *(To Max.)* A man of principle!
MAX:	I must go.
ANATOL:	*(Quietly)* You're leaving me on my own?
ILONA:	Max, you haven't finished your tea.
ANATOL:	My dear, I must dress now.
ILONA:	For goodness sake – when exactly is this wretched wedding?
MAX:	In two hours.
ILONA:	You're invited too, I suppose?
MAX:	Yes.
ILONA:	Close to the groom as well?
ANATOL:	Yes, he is.
ILONA:	Who actually is getting married?
ANATOL:	You don't know him.
ILONA:	But what's he called? Surely it can't be a secret.
ANATOL:	It is a secret.
ILONA:	What?

ANATOL:	The wedding is taking place in secret.
ILONA:	Don't be ridiculous!
MAX:	It's because the parents mustn't know about it.
ILONA:	*(Sipping her tea, calmly.)* Gentlemen, you are lying to me.
MAX:	Please.
ILONA:	Goodness knows where you're both invited – but we're not going to get anywhere on that subject. You, of course, may go anywhere you wish, my dear Max, but he's staying here.
ANATOL:	Impossible, impossible. I can't fail to turn up at my best friend's wedding.
ILONA:	*(To Max.)* Shall I give him leave to go?
MAX:	My very dear Ilona, you absolutely must.
ILONA:	Which church is it?
ANATOL:	*(Uneasily)* Why do you ask?
ILONA:	I'd just like to see the performance.
MAX:	But that is not possible –
ILONA:	Why not?
ANATOL:	Because the wedding is taking place in – a chapel deep under the ground.
ILONA:	But there must be a way of getting to it.
ANATOL:	No – I mean, of course there's a way of getting to it.
ILONA:	I'd like to see the lady you're escorting, Anatol. I've heard stories of bridesmaids meeting their future husbands at weddings. And, listen carefully, Anatol, I do not want you to be someone's husband.
MAX:	What will you do – when he marries?
ILONA:	*(Calmly)* I shall make a scene at the wedding.
ANATOL:	I – see.
MAX:	And how will you do that?
ILONA:	I'm undecided. I'll probably cause a scandal at the church door.
MAX:	That's nothing.

ILONA: Oh, I'd find a new and subtle approach.

MAX: Such as – ?

ILONA: I should simply drive up as the bride – with a bouquet of myrtle – surely that would be – unusual?

MAX: Extremely – *(Standing up.)* I must go now. Goodbye, Anatol.

ANATOL: *(Stands up; with determination.)* I'm sorry, my dear Ilona; but now I absolutely must dress.

FRANZ: *(Enters with a bouquet.)* The flowers, sir.

ILONA: What sort of flowers are they?

FRANZ: *(Looking at Ilona, surprised and in a somewhat familiar fashion.)* The flowers, sir.

ILONA: You've still got Franz. *(Exit Franz.)* I thought you were going to get rid of him.

MAX: These things aren't always so easy.

ANATOL: *(Holding the bouquet, which is wrapped in tissue paper.)*

ILONA: Let's see what sort of taste you have.

MAX: The bouquet for your bridesmaid?

ILONA: *(Taking off the tissue paper.)* This is a bridal bouquet!

ANATOL: My God, now they've sent me the wrong bouquet – Franz, Franz! *(Exits rapidly with the bouquet.)*

MAX: The poor groom will get his.

ANATOL: *(Returning)* Franz is on his way.

MAX: And now you must excuse me – I must go.

ANATOL: *(Accompanying him to the door.)* What can I do?

MAX: Confess.

ANATOL: Impossible.

MAX: Well, anyway, I'll come back as soon as I can.

ANATOL: Please do – yes!

MAX: And my colour?

ANATOL: Blue or red – something like that – goodbye.

MAX: Adieu Ilona. *(Softly)* I'll be back in an hour.

ANATOL: *(Coming back into the room.)*

ILONA:	*(Falls into his arms.)* At last. Oh, how happy I am.
ANATOL:	*(Mechanically)* My angel.
ILONA:	How cold you are.
ANATOL:	I just said: my angel.
ILONA:	But have you really got to go to this stupid wedding?
ANATOL:	In all seriousness, darling, I must.
ILONA:	Well, I could come with you in your carriage to collect your bridesmaid.
ANATOL:	What can you be thinking of. We'll meet again this evening. You have to be at the theatre.
ILONA:	I'll say I'm ill.
ANATOL:	No, no – I'll call for you. And now I really must change. *(Looks at the clock.)* It's getting late. Franz! Franz!
ILONA:	What are you going to do?
ANATOL:	*(To Franz as he enters.)* Have you laid everything out in my room?
FRANZ:	Sir means his morning coat, white tie –
ANATOL:	Of course –
FRANZ:	I will make sure. *(Exit to bedroom.)*
ANATOL:	*(Pacing up and down.)* Right – Ilona – tonight then – after the theatre – yes?
ILONA:	I should so like to spend the day with you.
ANATOL:	Don't be so childish – I too have – responsibilities, you must understand that.
ILONA:	I love you, that's all I understand.
ANATOL:	It is absolutely essential.
FRANZ:	*(Returning from the bedroom.)* Everything is ready, sir. *(Exit)*
ANATOL:	Good. *(He goes into the bedroom, and speaks from behind the door. Ilona remains in the room.)* I mean, it is absolutely essential that you understand.
ILONA:	So you really are getting changed?

ANATOL: I can't go to a wedding like this.

ILONA: But why are you going?

ANATOL: Please don't start again. I must.

ILONA: This evening, then.

ANATOL: Yes. I'll wait for you at the stage door.

ILONA: Just don't be too late.

ANATOL: No. Why should I be late?

ILONA: Don't you remember? I once waited a good hour after the theatre?

ANATOL: Really? I don't remember that *(Pause)*

ILONA: *(Walks around the room, examines the ceiling and wall.)* Anatol, you've got a new picture.

ANATOL: Yes, do you like it?

ILONA: I don't know anything about pictures.

ANATOL: It's a very beautiful picture.

ILONA: Did you bring it back with you?

ANATOL: What do you mean? Where from?

ILONA: From your travels.

ANATOL: Yes, right, I bought it on my travels. No, actually, it's a present. *(Pause)*

ILONA: Er, Anatol?

ANATOL: *(On edge.)* What is it?

ILONA: Where have you actually been?

ANATOL: I've already told you.

ILONA: You haven't said a word.

ANATOL: I told you yesterday evening.

ILONA: Then I have forgotten again.

ANATOL: I was somewhere around Bohemia.

ILONA: Whatever were you doing in Bohemia?

ANATOL: I wasn't in Bohemia, just around there –

ILONA: Oh, I see, you were probably in a shooting party.

ANATOL:	Yes, I shot hare.
ILONA:	For six weeks?
ANATOL:	Yes, uninterruptedly.
ILONA:	Why didn't you say goodbye to me?
ANATOL:	I didn't want to make you miserable.
ILONA:	Anatol, you were trying to get rid of me.
ANATOL:	Don't be silly.
ILONA:	Well, you tried that once before.
ANATOL:	Tried, yes, but I didn't succeed.
ILONA:	What? What are you saying?
ANATOL:	Well, yes, I wanted to tear myself away from you; you know that.
ILONA:	What nonsense. You can't tear yourself away from me.
ANATOL:	Ha ha!
ILONA:	What did you say?
ANATOL:	I said ha ha.
ILONA:	Do not laugh, my darling. Last time you came back to me again.
ANATOL:	Well, yes – last time.
ILONA:	And this time, too. You see, you love me.
ANATOL:	Unfortunately.
ILONA:	What?
ANATOL:	*(Loudly)* Unfortunately.
ILONA:	You're very brave when you're in another room. You wouldn't dare to say that to my face.
ANATOL:	*(Opens the door and sticks his head out.)* Unfortunately.
ILONA:	*(Going to the door.)* What are you trying to say, Anatol?
ANATOL:	*(Behind the door again.)* I'm trying to say that we can't go on like this for ever.
ILONA:	What?
ANATOL:	We can't go on like this for ever; it cannot last for ever.

ILONA:	Now it's my turn to laugh – ha ha.
ANATOL:	What?
ILONA:	*(Opening the door.)* Ha ha!
ANATOL:	Close the door. *(She closes the door.)*
ILONA:	No, my darling, you love me and you cannot leave me.
ANATOL:	Do you think so?
ILONA:	I know.
ANATOL:	You know?
ILONA:	I feel it.
ANATOL:	You mean that I will lie at your feet for all eternity.
ILONA:	You'll never marry, I know that.
ANATOL:	You must be mad, child. I love you, that's all very fine – but we are not bound to each other for eternity.
ILONA:	Do you think I'll ever go away?
ANATOL:	There will come a time when you have to.
ILONA:	Have to? When?
ANATOL:	When I get married.
ILONA:	*(Hammering on the door.)* And when will that be, my darling?
ANATOL:	*(Taunting)* Soon, my darling.
ILONA:	*(More agitated.)* But when?
ANATOL:	Stop banging on the door. By this time next year I'll have been married for some time.
ILONA:	You fool.
ANATOL:	I could be married in two months.
ILONA:	There's someone waiting in the wings!
ANATOL:	Yes – now – waiting at this very moment.
ILONA:	In two months, then?
ANATOL:	I sense that you don't believe me –
ILONA:	*(Laughs)*
ANATOL:	Don't laugh – I'm getting married next week.
ILONA:	*(Laughs even more.)*

ANATOL: Stop laughing, Ilona.

ILONA: *(Sinks on to the couch, laughing.)*

ANATOL: *(At the door, enters in morning dress.)* Stop laughing!

ILONA: *(Laughing)* When are you getting married?

ANATOL: Today.

ILONA: *(Looking at him.)* When?

ANATOL: Today, my darling.

ILONA: *(Standing)* Anatol, please be serious.

ANATOL: I am serious, my child, I'm getting married today.

ILONA: You must be mad.

ANATOL: Franz!

FRANZ: *(Entering)* Sir?

ANATOL: My bouquet *(Exit Franz.)*

ILONA: *(Placing herself threateningly in front of Anatol.)* Anatol!

FRANZ: *(Brings the bouquet.)*

ILONA: *(Turns, makes a rush for the bouquet, Anatol quickly takes it out of Franz's hand; Franz exits slowly, smiling.)*

Ah! So it's true.

ANATOL: As you see.

ILONA: *(Tries to take the bouquet out of his hand.)*

ANATOL: What are you trying to do? *(He has to run away from her; she runs around the room after him.)*

ILONA: You wretched, wretched man.

MAX: *(Enters with a bunch of roses, stops in the doorway, surprised.)*

ANATOL: *(Has taken refuge, standing on an armchair, holds his bouquet in the air.)* Help me, Max.

MAX: *(Hurries towards Ilona, holding her back; she turns to him, takes the bouquet from him, throws it on the floor, tramples it to bits.)*

Ilona. Have you gone mad? What am I going to do?

ILONA: *(Bursts into tears and sits down on a chair.)*

ANATOL: *(Embarrassed, looking for words, from the armchair.)* She
                 provoked me – yes, Ilona, now you're crying, of course –
                 why did you laugh at me – she was scornful – do you
                 understand, Max – she said – I wouldn't dare to marry – and
                 so now, understandably I'm getting married – to make my
                 point. *(Tries to come down from the chair.)*

ILONA: You hypocrite, you deceiver.

ANATOL: *(Stands on the chair again.)*

MAX: *(Has picked up his bouquet.)* My bouquet.

ILONA: I meant it for his. But you don't deserve any better. You're
                 guilty too.

ANATOL: *(Still on the chair.)* Now be sensible.

ILONA: Yes, that's what you all say when you've driven someone to
                 this. But now you're really going to see a performance! It's
                 going to be a fine wedding! *(Stands up.)* Goodbye for the
                 time being.

ANATOL: *(Jumping off the chair.)* Where – ?

ILONA: You'll soon see.

ANATOL AND
MAX: Where?

ILONA: Let me go.

ANATOL AND
MAX: *(Barring her path.)* Ilona, what are you doing – what do you
                 want?

ILONA: Leave me alone. Let me out.

ANATOL: Be sensible. Please calm down.

ILONA: You won't let me out. Right. *(She runs around the room and
                 knocks the tea things off the table in her rage. Max and Anatol
                 are at a loss.)*

ANATOL: Now I ask you – why does one need to marry when one is so
                 deeply loved?

ILONA: *(Sits, broken, on the couch; weeps; pause.)*

ANATOL: She's calming down now.

MAX: We must go – without a bouquet, in my case.

FRANZ: *(Entering)* The carriage, sir. *(Exit)*

ANATOL: The carriage, the carriage – what am I going to do? *(To Ilona, stepping behind her, kissing her hair.)* Ilona.

MAX: *(From the other side.)* Ilona – *(she continues to weep quietly, with her handkerchief to her eyes.)* You go now and leave it to me.

ANATOL: I really must go – but how can I –

MAX: Go –

ANATOL: Will you be able to keep her away?

MAX: I'll whisper to you as the ceremony begins 'Everything's all right'.

ANATOL: I'm afraid.

MAX: Just go.

ANATOL: Oh – *(He turns to go, tiptoes back, kisses Ilona's hair lightly, goes quickly off.)*

MAX: *(Sits down opposite Ilona, who is still crying with her handkerchief to her eyes; he looks at the clock.)* Hm, hm.

ILONA: *(Looking around her, as though waking from a dream.)* Where is he?

MAX: *(Taking both her hands.)* Ilona –

ILONA: *(Standing)* Where is he?

MAX: *(Keeping hold of her hands.)* You wouldn't be able to find him.

ILONA: But I want to.

MAX: Do be sensible, Ilona, you don't want a scandal –

ILONA: Let go of me.

MAX: Ilona.

ILONA: Where is the wedding to be?

MAX: That is beside the point.

ILONA: I'm going there – I must.

MAX: You will not do that – what can you be thinking of?

ILONA: Oh, the contempt – the deception.

MAX: It is neither of those things, it is just life.

ILONA:	Be quiet, spare me your fine phrases.
MAX:	You're being childish, Ilona, otherwise you would see that this is all pointless.
ILONA:	Pointless?!
MAX:	Pointless nonsense.
ILONA:	Nonsense?
MAX:	You would make a laughing-stock of yourself, and nothing more.
ILONA:	Insults now, too?
MAX:	You will get over it.
ILONA:	You do not know me very well.
MAX:	Well, if he went to America.
ILONA:	What do you mean by that.
MAX:	If you'd really lost him.
ILONA:	What do you mean?
MAX:	The real point is – that you are not the person who has been betrayed.
ILONA:	!
MAX:	It is possible to come back to you, to leave the other lady.
ILONA:	Oh – if that – were – *(There is a wild, joyful expression in her eyes.)*
MAX:	You are elated. *(Pressing her hand.)*
ILONA:	I want my revenge – that's why I'm pleased at what you said.
MAX:	You are one of the people 'who sting when they love'.
ILONA:	Yes, I am.
MAX:	Now you seem magnificent – like someone who wants to avenge her whole sex on us –
ILONA:	Yes, I do want to do that.
MAX:	*(Standing)* I have just time to take you home. *(Aside)* Otherwise there'll be another unfortunate incident. *(Offering his arm.)* Now say goodbye to these rooms.
ILONA:	No, my dear friend – not goodbye. I shall return.

MAX: Now you think you're a daemon – and you're just a woman. *(Ilona makes an irritated gesture.)* But that is precisely what you need to be. *(He opens the door for her.)* After you, dear lady.

ILONA: *(Turns round before leaving, with affected magnificence.)* Au revoir! *(Exit with Max.)*

CURTAIN

A FAMILY AFFAIR

Alexander Ostrovsky
Adapted by Nick Dear

'All the characters are first class villains. The dialogue is filthy. The entire play is an insult to the Russian merchant class.'

What better recommendation can there be for this remarkable, 'scabrous and irreverent satire' coming, as it does, from the government censor's report on Ostrovsky's first full length play (1850).

'Mixing farce and fury, A Family Affair is an exasperated and contemptuous moral tale.'
THE INDEPENDENT

£4.50

TURCARET

Alain René-Lesage
Translated and adapted by John Norman

Fraud, theft, extortion and sexual corruption: a society which sells off and farms out the power of taxation into private hands reaps its own harvest. Not a future nightmare but a classic eighteenth century French comedy. In the age when the Sun King's coffers were empty and the state machinery colluded with its tax gatherers to defraud itself, financiers made tremendous fortunes. Turcaret is one of these men – fingers in all monetary pies, legitimate and illegitimate, speculating wildly to increase his fortunes, loaning money at usurious rates, at the same time aspiring towards respectability through marriage and nobility. To such men a myriad of rogues attach themselves.

'Turcaret is generally accepted as one of the best of French comedies, few people in this country can ever have seen it . . . an unjustly neglected foreign classic.'
THE SUNDAY TELEGRAPH

£4.50

PAINS OF YOUTH

Ferdinand Bruckner
Translated by Daphne Moore

Pains of Youth, written in 1926, was the play that established Ferdinand Bruckner. It is the sort of play that is written once in every generation, voicing the frustration and disillusionment of youth in a world that is hopelessly out of joint.

The play depicts with unprecendented candour the moral corruption and cycnicism of a group of medical students. For these young people, youth itself is a fatal disease and the idea of death by suicide is always present in their minds.

'Discovery of the Year . . .'
THE GUARDIAN.

£4.50

THERESE RAQUIN

Emile Zola
Translated by Pip Broughton

Zola's own dramatisation of his famous novel is a taut psychological thriller, an intense story of adultery, murder and revenge, full of passion and obsession streaked with social satire. It is Zola's finest play which today retains its fascination for audiences and proved a great success in this translation by Pip Broughton, when it was premièred at the Liverpool Playhouse and later revived at the Warehouse Theatre, Croydon.

'Pip Broughton's fine translation confirms this
as a mesmerising drama of obsessive crime and
passion committed in the stultifying ambience of the Paris
petit bourgeoisie.'
TIME OUT

£3.95

THUNDER IN THE AIR

August Strindberg
Translated by Eivor Martinus

August Strindberg's *Thunder In The Air* takes place in late summer. The heat is oppressive, two elderly gentlemen are planning a leisurely evening walk along the avenue, the baker is jam-making, a young relative is busy around the house, suddenly there is a rush of movement when a young dishevelled woman appears. Old passions flare up as balanced reason is toppled and the younger generation is almost swept away by the emotional storm that ensues. *Thunder In The Air* (1907) was the first of Strindberg's five chamber plays, written when he had his own small theatre in Stockholm. At the time of publication this play has not been given a major production in Great Britain, despite being regarded as one of the masterpieces of world theatre.

'It is a sulphurous, atmospheric work full of summer lightning . . . why doesn't someone here prove August is for the people?'
THE GUARDIAN

£4.50

¿CÓMO DUERMEN LOS BEBÉS?

SOFIA AXELROD

¿CÓMO DUERMEN LOS BEBÉS?

**Un método respetuoso basado
en la ciencia para que tu bebé
duerma toda la noche**

URANO

Argentina – Chile – Colombia – España
Estados Unidos – México – Perú – Uruguay

Título original: *How Babies Sleep – The Gentle, Science-Based Method to Help Your Baby Sleep through the Night*
Editor original: ATRIA
An Imprint of Simon & Schuster, Inc., New York
Traducción: Rut Abadía Sánchez

1.ª edición Marzo 2021

Copyright © 2020 *by* Sofia Axelrod, PhD
Published by arrangement with the original publisher, Atria books,
a Division of Simon & Schuster, Inc.
All Rights Reserved
Ilustraciones: Danielle Ward
© 2021 de la traducción *by* Rut Abadía Sánchez
© 2021 *by* Ediciones Urano, S.A.U.
  Plaza de los Reyes Magos, 8, piso 1.º C y D – 28007 Madrid
  www.edicionesurano.com

ISBN: 978-84-17694-01-2
E-ISBN: 978-84-17981-53-2
Depósito legal: B-1.469-2021

Fotocomposición: Ediciones Urano, S.A.U.
Impreso por: Rotativas de Estella – Polígono Industrial San Miguel Parcelas E7-E8
31132 Villatuerta (Navarra)

Impreso en España – *Printed in Spain*

A todos los padres privados de sueño.

Índice

Introducción

Mientras contemplaba a mi mentor, el biólogo Michael Young, aceptando su Premio Nobel por descubrir los genes que guían nuestro comportamiento de sueño en la Real Academia de Estocolmo en 2017, me preguntaba si mi marido, allá en Nueva York, se habría acordado de encender la luz roja a la hora de acostar a nuestra hija. ¿Por qué? Porque es la razón por la que Young, junto con sus colegas Michael Rosbash y Jeff Hall, ganaron el premio que me inspiró a probar algo nuevo. Su investigación en el laboratorio de genética de la Universidad Rockefeller de la ciudad de Nueva York, donde realicé mi posdoctorado y luego trabajé como investigadora asociada desde 2012, demostró que hay genes que regulan nuestros ciclos de vigilia y sueño, y que podemos sensibilizarlos de una manera sencilla: controlando nuestra exposición a la luz y, por extensión, la de nuestro bebé.

Te preguntarás qué tiene que ver esto con mi marido y una luz roja en la habitación de mi hija, así que déjame explicarte. Verás, soy una científica del sueño, pero también soy madre de dos hijos. Así que sé de primera mano el sufrimiento que comporta la privación de sueño cuando tu bebé no duerme durante la noche, y lo agotador que es cuidar de un recién nacido que se despierta cada pocas horas. Todas las madres hemos pasado por ello. Son las dos de la madrugada, duermes profundamente y el penetrante y desesperado llanto de tu bebé te despierta. Mareada y desorientada, miras el reloj y suspiras al ver la hora que es, pero te levantas y caminas a tientas hasta la habitación del bebé, tratando de averiguar por qué está tan alterado cuando no es posible que vuelva a tener hambre. Yo fui esa madre, demasiadas veces para contarlas. Estaba viviendo en un constante estado de niebla cerebral debido a la privación crónica de sueño, y fue terrible. De hecho, odiaba tanto sentirme así que usé las últimas células cerebrales que me quedaban para conseguir que mi bebé durmiera. Y funcionó... Porque usé la ciencia del sueño.

En nuestro laboratorio de la Universidad de Rockefeller, estudiamos los fundamentos del sueño. Exploramos por qué dormimos, cómo se regula el sueño, e incluso las consecuencias de la privación de sueño. Gracias a los avances científicos y a la investigación de nuestro laboratorio y de otros expertos en sueño de todo el mundo, ahora sabemos mucho sobre esta ciencia. Este libro incluye un programa basado en la ciencia para ayudar a tu bebé a dormir toda la noche y establecer de forma natural las bases para toda una vida de hábitos de sueño saludables, sin recurrir a los típicos métodos de «entrenamiento del sueño» que pueden ser difíciles para los nuevos padres. Debido a que este programa está basado en la ciencia, trabajarás con la necesidad natural del bebé de dormir, no contra ella. Te sentirás intuitiva y amorosa, en lugar de forzada y desafiante.

Utilizando el método descrito en este libro, podrás hacer que tu hijo duerma toda la noche durante al menos siete horas seguidas a las dieciséis semanas de edad. ¿Cómo puedo saberlo? Porque lo he probado yo misma con mis dos hijos y con clientes de mi consulta de entrenamiento de sueño para bebés y lo he visto funcionar una y otra vez. Cuando nació mi primera hija, Leah, no tenía ni idea de cómo ayudarla a dormir por la noche. Pero de forma natural empecé a incorporar aspectos de la investigación del laboratorio en la rutina de sueño de Leah, y usé lo que había aprendido para minimizar su vigilia nocturna y ayudarla a dormirse más rápidamente después de darle de comer. Funcionó sorprendentemente bien. Cuando Leah creció y tuve otro hijo, continué refinando mi proceso y destilando los conocimientos de la investigación científica junto con mis observaciones personales en un método sencillo. Ahora, dos bebés, cinco años y muchas historias de éxito después, creo firmemente que la ciencia del sueño puede ayudar a tu bebé a dormir toda la noche más rápido y más fácilmente de lo que te imaginas. He trasladado la ciencia del sueño a un programa que funciona para padres reales en el mundo real, y ahora estoy emocionada por poder compartirlo contigo.

El hecho de que este libro esté basado en la ciencia nos da una gran ventaja para abordar los problemas de sueño del bebé. ¿Cuáles son esos problemas? Escuchemos directamente a los padres que entreno:

«Ha sido imposible ponerlo a dormir la siesta.» «Se despierta cada hora por la noche y quiere que le dé de comer.»

«Mi hijo de tres años fue un gran dormilón desde el primer día, pero no he tenido tanta suerte con el nuevo bebé! ¡Ayuda!»

«Estoy tan cansada que sigo olvidando las cosas importantes.» «Llevarlo a dormir es una lucha diaria.»

¿Te resulta familiar? ¿Son estas afirmaciones las que usas para describir el sueño de tu bebé? ¿Y qué te parecen las siguientes?

«Hoy se ha despertado a las cinco de la mañana.»

«La he dejado dormir esta mañana.»

«Ayer se saltó la siesta de la tarde.» «Anoche se fue a la cama una hora antes.» «Lo acuesto cuando está cansado.» «¡Es el fin de semana! Todo vale.» «¡Estamos de vacaciones! Todo vale.»

«Está aprendiendo a caminar, así que está durmiendo peor».

«Todos los bebés son diferentes. Lo único que le pasa a mi hijo es que le cuesta dormir».

Este tipo de problemas de sueño son muy comunes. Los escucho todos los días en mi consulta. Todos indican una falta de rutinas, un ritmo circadiano mal establecido y una falta de comprensión sobre la naturaleza del sueño en sí. Los horarios de sueño erráticos que cambian de un día para otro son frecuentes y afectan mucho a los padres. Este libro te ayudará a entender y a solucionar todos estos problemas.

Una nueva solución basada en la ciencia

Aunque hay una gran cantidad de libros, artículos y blogs sobre el tema, este libro está basado en investigaciones científicas que te ayudarán a entender qué factores afectan al sueño del bebé y cuáles no. Hay un sinfín de consejos, a menudo contradictorios, sobre cómo «hacer que un bebé duerma toda la noche» y «qué es lo mejor para el bebé». Mientras que algunos expertos abogan por la alimentación y el sueño «dirigidos por el bebé», otros creen en rutinas estrictas. El colecho, la lactancia materna o dejar que el bebé llore son métodos promovidos por sus defensores con una fe casi religiosa, lo que demuestra lo importantes que son estas prácticas para la salud y el bienestar del bebé.

La razón por la que los padres están confundidos en cuanto a lo que deben hacer no es la falta de información. La información está ahí fuera: en internet y en las librerías, disponible para que todo el mundo la lea. Muchos padres hacen justamente eso. Leen mucho. ¡Yo fui una de esas madres! El problema es que la información muchas veces no es coherente y no conduce a una imagen clara de cuál es la mejor manera de conseguir que el bebé siga un horario o que duerma toda la noche. Cada autor de un libro, blog o artículo de revista sobre bebés presenta su consejo con convicción, pero todos tienen una opinión diferente. Los padres terminan probando cosas diferentes que no necesariamente funcionan, y saltan de un enfoque a otro porque no les convence ninguno en particular. Eso es porque, en lo relativo al sueño del bebé, el conocimiento científico aún no se ha trasladado al conocimiento común.

Es hora de que comprendamos cómo duermen los bebés de acuerdo con los últimos avances de la ciencia. A mí me recuerda a la historia de la higiene. Durante años, nadie conocía la verdadera causa de muchas enfermedades y dolencias, porque los gérmenes no se podían ver a simple vista. Hace sólo doscientos años, la gente todavía pensaba que lavarse con agua era malo, ¡porque se consideraba tóxica! Pero hoy, gracias a nuestros avances en la ciencia y la tecnología, sabemos que los gérmenes nos enferman. Y sabemos que podemos prevenir la enfermedad lavándonos las manos regularmente. ¡El conocimiento es poder!

Este libro te proporcionará el conocimiento que necesitas para ayudar a tu bebé a dormir por la noche. Mi programa se basa en la biología y los descubrimientos científicos de los últimos cincuenta años de investigación sobre los ritmos circadianos y el sueño. Mi propio trabajo en el laboratorio de Michael Young me dio una visión de primera mano de la gran cantidad de datos que tenemos sobre el tema del sueño, lo que no deja dudas sobre ciertos aspectos claves de su regulación. Todo lo que tenemos que hacer es trasladar estos datos a nuestra vida cotidiana. La mejor parte: es fácil.

Para tener éxito en el entrenamiento del sueño de tu bebé, necesitarás dos ingredientes: un método eficaz y disciplina. ¿Por qué debes creer que mi método es el único que te ayudará milagrosamente a regular los horarios del bebé y a que duerma tranquilamente por la noche? A diferencia de otros enfoques, que pueden basarse en las opiniones personales de la gente en el peor de los casos y en consideraciones de salud de los pediatras en el mejor, mi método se basa en la biología fundamental de nuestros cuerpos y cerebros. La ciencia ha revelado importantes secretos sobre nuestro funcionamiento interno, y algunos de ellos se remontan a millones de años de evolución. Simplemente estoy dando el siguiente paso y aplicando esos secretos al sueño del bebé.

Para establecer rutinas de sueño efectivas para el bebé, todo lo que necesitamos es aprovechar este conocimiento científico. Hay dos factores principales que afectan al sueño: las condiciones ambientales (específicamente, la luz) y nuestro comportamiento. El ambiente y nuestras conductas afectan conjuntamente a la duración y calidad de nuestro sueño. Además de destilar la ciencia en consejos fáciles de seguir, también te ayudaré a cuidar la herramienta más importante para alcanzar el éxito en el entrenamiento del sueño: la disciplina.

Una vez que entiendas la ciencia y la metodología que hay detrás de este programa, verás por qué el método «Cómo duermen los bebés» es el camino más adecuado para conseguir que toda la familia duerma tranquilamente.

Lo que sabemos sobre el sueño

Nuestro laboratorio estudia los ritmos circadianos y el sueño, y mi mentor, Mike Young, ganó el Premio Nobel de Medicina y Fisiología en 2017 por el trabajo de toda una vida. Hace treinta y cinco años, Young y su equipo de investigadores descubrieron que hay genes que regulan diferentes aspectos del comportamiento circadiano en la mosca de la fruta, *Drosophila melanogaster*, incluyendo el tiempo de sueño. A lo largo de los años, la investigación de nuestro laboratorio contribuyó a dibujar un mapa detallado de los mecanismos moleculares que gobiernan nuestro comportamiento de sueño.

Una de las revelaciones más sorprendentes de esta investigación fue que los genes que regulan el sueño de la mosca de la fruta están presentes en todos los animales y plantas de la Tierra. De hecho, estos genes evolucionaron para adaptarse al giro del planeta sobre su eje y a las revoluciones alrededor del sol. Se llaman genes reloj y funcionan en la mayoría de las células de nuestro cuerpo. ¿Cómo saben estos relojes corporales qué hora es? Una parte especial de nuestro cerebro llamada núcleo supraquiasmático (NSQ) es responsable de contar el tiempo en nuestro cuerpo y por eso se le ha llamado «marcapasos» o «reloj maestro». Los genes del reloj maestro le dicen a todas las células de nuestro cuerpo qué hora es, regulando nuestra fisiología y comportamiento, incluyendo el sueño.

Lo que es particularmente interesante cuando se trata de regular el sueño, tanto el nuestro como el de nuestros bebés, es el efecto que la luz tiene en el reloj maestro. Esta parte del cerebro está sincronizada con el ciclo luz/oscuridad a través de células especializadas en nuestros ojos, que le dicen a nuestro cerebro qué hora es. La forma de funcionar de este mecanismo es la misma en los bebés, que en realidad son aún más sensibles a la luz que los adultos. Por lo tanto, gran parte de mi método consiste en controlar la exposición a la luz del bebé. En el capítulo «La ciencia del sueño», entro en muchos más detalles sobre los factores que nos afectan a la hora de dormir, que forman la columna vertebral de este programa.

La importancia de las listas

Cuando nació mi primer bebé, antes de desarrollar el programa que estás leyendo ahora mismo, me sentí abrumada por toda la información confusa que había. Teníamos una niñera para Leah, una mujer rusa muy dulce llamada Nadia (nombre cambiado para proteger la privacidad), que cuidaba del bebé mientras yo iba a trabajar. Nadia empezó a trabajar para nosotros cuando Leah tenía tres meses. En ese momento, las siestas y las horas de dormir de Leah todavía eran algo erráticas, y yo dudaba en imponerle horarios. Cuando Nadia me dijo que lo más importante para los bebés es tener un horario, fruncí el ceño. ¡Pero ahora sé que tenía toda la razón!

A las madres no siempre nos parece algo natural imponer un horario a nuestros bebés. A veces nos preocupa que despertar al bebé de una siesta lo prive de sueño, o que retrasar la alimentación para cumplir un horario le haga pasar hambre. La realidad es que cumplir con un horario a partir de unas semanas de edad no sólo es posible sino que ayudará al bebé (y a los padres) a saber lo que está pasando y lo que va a suceder a continuación. Es importante seguir un horario fijo, con horas regulares de siesta, sueño nocturno y vigilia. En este libro explico por qué la disciplina es tan crucial, y por qué la repetición y la rutina son necesarias para alcanzar nuestro objetivo: conseguir que el bebé duerma durante la noche. Estos mismos principios se aplican a los adultos, y si poco a poco vas aplicando los consejos de este libro, también mejorará enormemente tu propio sueño y el de todos los miembros de tu familia. Además, tus hijos aprenderán a disfrutar de una vida ordenada, tranquila y descansada, que seguirán manteniendo en las últimas etapas de la infancia y en la edad adulta.

Cómo usar este libro

Mi objetivo con este libro es ofrecer todas las herramientas necesarias para ayudar a los bebés a dormir toda la noche a las dieciséis semanas de edad. Muchos de mis consejos son muy sencillos de seguir, incluso aquellos que no se encuentran habitualmente en otros libros. Por ejemplo, ajustar el tipo de iluminación que se utiliza en la habitación del bebé y el tiempo de exposición a la luz puede cambiar radicalmente el sueño de tu hijo.

Las tres primeras secciones de este libro forman la base de mi filosofía del sueño infantil. Primero, explico la ciencia del sueño, y elaboro un mapa de los consejos que vendrán. Mi programa tendrá mucho sentido una vez que entiendas por qué y cómo dormimos y qué interrumpe el sueño. En el paso 1, proporciono pautas fáciles de seguir para ayudar a optimizar el tiempo de sueño del bebé con el fin de crear buenos hábitos. En el paso 2, explico cómo crear un horario para reforzar estos hábitos y ayudar al bebé a establecer una rutina que le ayude a dormir bien.

En el paso 3, explico mi método de entrenamiento de sueño, muy suave y con base científica. Mi objetivo como madre y consultora de sueño es hacer que este proceso sea lo menos doloroso posible para ti y para tu bebé. Así que, aunque estoy a favor del entrenamiento del sueño, no creo que sea necesario dejar que el bebé llore durante un largo período de tiempo. En esta etapa ya habrás hecho muchos cambios ambientales y de estilo de vida para ayudar a tu bebé a reconocer cuándo es de día y cuándo es de noche. Estos cambios contribuirán a que el proceso sea efectivo y, en la mayor medida posible, «sin lágrimas».

Las últimas tres secciones están dedicadas a personalizar el programa y solucionar problemas. Hablo de problemas comunes, como las regresiones, cómo ajustar el programa a medida que el bebé crece y cada vez necesita dormir menos, y cómo prepararse para los viajes y otros eventos que pueden interrumpir la rutina, especialmente cuando se cruzan zonas horarias. También nos desharemos de mitos comunes, por ejemplo, demostrando por qué es bueno despertar a un bebé si sus largas siestas le impiden dormir bien por la noche.

A lo largo del libro he incluido historias de éxito de familias a las que he ayudado. Son relatos reales sobre los problemas de sueño de diferentes bebés (con nombres cambiados para proteger su privacidad), y describo cómo los resolvimos usando este método.

Las he incluido para animarte en el camino, y también para ayudarte a convertirte también en una investigadora del sueño del bebé. Al leer esas historias comprobarás lo mucho que has aprendido. Además, es probable que encuentres los problemas de tu propio bebé en algunas de las historias y aprendas lo que funciona y lo que no. Lo más importante es saber que siempre aplicaremos los mismos tres pasos: ajustar la iluminación y crear un entorno de sueño ideal, crear un horario adecuado y, a continuación, realizar el *Entrenamiento Suave de Sueño para el bebé*, sin importar su edad ni sus problemas de sueño específicos. Mi método es universal, y quiero que lo conozcas porque te permitirá resolver los problemas de sueño de tu bebé hoy y en el futuro. Quiero que aprendas cuáles son los patrones recurrentes (y sus soluciones) para que tomes las medidas adecuadas para que tu hijo duerma mejor y sientas que sabes qué hay que hacer en cada momento.

Para cuando termines este libro, serás una verdadera experta en cómo duermen los bebés. En lugar de imponer unas reglas estrictas, mi objetivo es ofrecerte el conocimiento y las herramientas que te permitan establecer la mejor rutina y hábitos para tu bebé y para ti con total confianza. Mis pautas están diseñadas para que tu bebé duerma toda la noche lo más rápido y fácilmente posible. Pero, si sigues mis consejos, es importante que confíes en tu intuición y sepas cuándo modificar mis pautas para adaptarlas a las necesidades de tu hijo.

Confía en tu intuición

Cuando estaba embarazada de mi primer bebé, le pedí consejo a mi hermana, madre de cuatro hijos. Esperaba que me recomendara un libro o un método en particular. Pero en lugar de eso me dijo que siguiera mi intuición. No sabía lo que quería decir en ese momento; pero, después de que naciera mi hija, empecé a entenderlo.

Durante el embarazo experimentamos los efectos de un cóctel hormonal que produce cambios en la conectividad y la actividad del cerebro. ¿Qué hacen estos cambios? Las madres y los padres primerizos escuchan el llanto de su bebé recién nacido de una forma mucho más fuerte que las mujeres y los hombres que no tienen un bebé por primera vez. Un interesante estudio de unos investigadores de la Universidad de Nueva York en 2015 reveló cómo funciona este mecanismo. Las crías de ratón, al igual que los bebés humanos, lloran para llamar a su madre. Los ratones vírgenes ignoran el llanto de las crías, mientras que las nuevas madres inmediatamente acuden junto a los ratoncitos y empiezan a cuidarlos. Resulta que la oxitocina procedente del asta dorsal de la médula espinal responde a este comportamiento. Los padres recientes (tanto entre los ratones como los seres humanos) tienen altos niveles de esta hormona. El estudio muestra que es específicamente activa en la corteza auditiva del cerebro, donde aumenta la respuesta a la llamada de las crías. Inyectando oxitocina en la corteza auditiva de los ratones vírgenes cambia completamente su comportamiento: ya no se quedan indiferentes, sino que muestran la misma reacción de preocupación que las madres reales, acudiendo a atender a las crías.

Vivo en Nueva York y, como nuestro apartamento es ruidoso, duermo con tapones para los oídos por la noche. Cuando tuvimos a nuestra primera hija y la trasladamos a su propia habitación, que está separada de nuestro dormitorio por un pasillo, no estaba segura de que debiera dormir con tapones, porque me preocupaba no oírla llorar. Resultó que, por muy cansada que estuviera, por muy profundamente que durmiera, el más mínimo llanto era como una sacudida en mi cerebro y me despertaba completamente, a pesar de los tapones.

Las nuevas mamás afirman que se han vuelto mucho más sensibles al llanto de los bebés. Yo soy testigo. Cuando escucho a un bebé llorando, aunque no sea el mío, es muy difícil para mí ignorarlo. Recuerdo claramente la época en que me molestaban los niños llorones y me daban ganas de alejarme para no oír aquel sonido. ¡Ahora me provoca deseos de ayudar al bebé!

Aunque esta mayor sensibilidad puede parecer inquietante, en realidad es una herramienta importante para facilitar el vínculo entre la madre y el bebé. Al escuchar el llanto con tanta intensidad, se siente mucha empatía por el niño, se despierta el deseo de ayudarlo y se presta mucha más atención a sus necesidades. El aumento de la sensibilidad también nos vuelve más observadores. La atención se dirige hacia el bebé y lo observamos de cerca, tratando de entender lo que quiere. Pronto aprendemos a leer las señales de nuestro bebé y a saber lo que necesita, aunque todavía no pueda hablar, señalar ni controlar sus movimientos. Cada vez es más fácil separar las señales importantes de las aleatorias, y nuestra percepción del estado del bebé es cada vez mejor. Hay muchos ensayos y errores que ocurren en los primeros días y semanas de vida de los niños, pero, lo que al principio fue un proceso de pensamiento activo (¿Tiene hambre? ¿Tiene sueño? Tal vez tenga frío...), se convierte en una profunda comprensión de esa personita que tenemos delante. Poco a poco, nuestra intuición nos ayuda a saber lo que el bebé quiere, al menos la mayor parte del tiempo.

Recuerdo cuando Leah tenía sólo un mes o dos. Estaba acostada en su balancín en la sala de estar, y de repente empezó a llorar. Mi madre estaba allí e intentó jugar con ella para distraerla, pensando que a lo mejor estaba aburrida. Miré a Leah y me di cuenta al instante de que estaba cansada. Estaba llorando porque quería dormir. No era una corazonada; estaba segura de que estaba cansada y necesitaba dormir. No lo supe por hacer una deducción lógica, sino que fue un conocimiento intuitivo. De hecho, casi sentí que me estaba hablando. No estaba escuchando voces, no estaba alucinando. Pero el tono de su llanto, su expresión facial, su comportamiento... Todo me hablaba tan claramente como si estuviera diciendo «Mami, tengo sueño. Llévame a la cama».

Cuándo modificar mis pautas

La naturaleza ideó una forma ingeniosa de asegurarse de que cuidemos de nuestra descendencia, y la forma más segura y fácil de conseguirlo es utilizar los recursos que aparecen cuando nos convertimos en padres o madres.

¿Qué implica esto en el cuidado de un bebé? Significa que nadie conocerá a su bebé tan bien como tú, y si sientes que necesita algo, o que ocurre algo malo, no debes reprimir esa sensación, aunque alguien te diga lo contrario.

Ser padre o madre primerizos es una negociación constante entre proteger y dejar ir, y nada ilustra mejor esto que el proceso para conseguir que el bebé duerma toda la noche. Las pautas de este libro están diseñadas para facilitar el ritmo natural de sueño del bebé. Pero puede haber muchas razones por las que un bebé no pueda dormir o llore mucho que no tengan nada que ver con los ritmos de sueño o la falta de rutinas. Puede que tenga demasiado calor o frío, que le moleste la ropa, que esté enfermo o que se encuentre mal por culpa de las vacunas. Todas estas cosas (y muchas más) pueden hacer que el bebé llore y no pueda dormir. Los padres, de forma natural, intentan detectar cualquier cosa que impida el bienestar del bebé y eliminar esas perturbaciones. Por eso, no debes seguir mis pautas si sientes que algo no va bien, o si te produce ansiedad o preocupación.

He tenido en cuenta estas posibilidades al crear todas las directrices de este libro, que pueden modificarse si es necesario. Por ejemplo, si el bebé está enfermo, puede que necesite consuelo, atención y lactancia. También es normal que un bebé enfermo necesite dormir más. Es posible que quiera dormir mucho más durante el día y la noche cuando su organismo está combatiendo una infección. Si este es el caso, en lugar de seguir mi horario, debes permitir que tu bebé haga una siesta más larga, se acueste más temprano y duerma más tiempo; en otras palabras, pon mis pautas en espera durante un tiempo. Cuando, después de unos días, vuelva a estar sano y lleno de energía, regresa al horario normal de sueño y vuelve a tu rutina. Lo más importante es que no te asustes por tener que interrumpir el entrenamiento de sueño en esos momentos. Cambiar el horario de sueño de tu bebé durante unos días debido a una enfermedad no afectará a su horario normal y, por lo general, volverá directamente a su rutina habitual tan pronto como esté sano.

Gracias por haber elegido este libro y confiar en mí para ayudar a tu bebé a dormir. ¡Y ahora es el momento de empezar! Me siento emocionada por poder compartir las fascinantes investigaciones que han conducido a la creación del método «Cómo duermen los bebés», para que los lectores puedan entender mejor cómo funciona este sistema y por qué es tan efectivo.

Una nota para mis lectores: para simplificar las cosas, a lo largo de este libro me dirigiré a las madres en lugar de a los padres. Por favor, sentíos bienvenidos si no sois madres. Este libro es para todos los que cuidan o están interesados en cuidar de bebés y niños pequeños, sin importar el género, la orientación sexual o el estado civil.

INTRODUCCIÓN
Puntos clave

★ La investigación ganadora del Premio Nobel de nuestro laboratorio apunta a la luz como un importante regulador del sueño.

★ Comprender la ciencia del sueño empodera a los padres.

★ El cerebro de los padres se altera biológicamente para desarrollar la intuición necesaria para comprender las necesidades del bebé.

La ciencia del sueño

Para ayudar a tu bebé a dormir durante la noche, en primer lugar es importante entender qué causa el sueño y qué lo interrumpe. Así que, en esta primera parte, explicaré lo que la investigación científica ha descubierto sobre nuestros ritmos de vigilia y sueño, y cómo aplicar este conocimiento a través de reglas específicas y fáciles de seguir que mejorarán el sueño de tu bebé. Después de leer esta parte, comprenderás por qué la luz afecta profundamente a nuestro organismo, y que el momento dormir y la cantidad de horas de sueño dependen de muy pocos factores, sobre los que tenemos un control total.

Para que comprendas esta información, te conduciré al fascinante mundo de la investigación del sueño y te mostraré cómo científicos de todo el mundo abordan algunas de las cuestiones más importantes de la biología humana. Nuestra excursión científica nos mostrará investigaciones realizadas hace muchos años en pequeños insectos y, tan recientemente como el año 2019, en humanos. Después de un curso intensivo de biología hormonal, sabrás que nuestro objetivo es conseguir que la melatonina del bebé, una poderosa hormona del sueño, esté activada por la noche, y entenderás qué hay que hacer para lograrlo.

Cuando comprendas la ciencia del sueño, podrás aplicar todo este conocimiento a la vida cotidiana del bebé. Aprenderás cómo aprovechar el poder de la luz y establecer horarios que faciliten la vida a toda la familia. Paso a paso, transformaremos el conocimiento científico general en prácticas sencillas, y condensaremos los amplios resultados de la investigación en tres áreas específicas: luz y ambiente de sueño, siestas y horarios, y dormir toda la noche. Unos pequeños ajustes en casa mejorarán drásticamente el sueño del bebé, ya que se basan en las áreas que sabemos que son cruciales para dormir mejor.

Pero, primero, vamos a sumergirnos en lo que sabemos sobre el sueño mismo.

1

El reloj circadiano

El día que supo que había ganado el Premio Nobel de Medicina en 2017, Mike Young compartió una interesante anécdota en una celebración improvisada en el club de la facultad de la Universidad Rockefeller: su idea de que existe un reloj molecular que cronometra nuestro sueño y otros comportamientos fue inicialmente ridiculizada. «¿Genes que regulan el comportamiento? Nadie lo creyó». Sin embargo, más de treinta y cinco años de investigación han revelado que nuestros ciclos de vigilia y sueño (junto con la mayoría de los demás comportamientos fisiológicos) están efectivamente regulados por este reloj molecular que él y otros identificaron por primera vez en las moscas de la fruta. Este reloj es la base del método que presento en *Cómo duermen los bebés* y, en este capítulo, expondré los descubrimientos científicos que lo respaldan, incluyendo información sobre los componentes del reloj, dónde está situado y qué factores le afectan.

Cada uno de nosotros tiene un reloj interno. Este reloj nos ayuda a organizar nuestro día regulando nuestro comportamiento y nuestras funciones corporales, como se muestra en la ilustración del «reloj circadiano» de la página 31. Nos dice que nos vayamos a dormir por la noche y que nos levantemos por la mañana. Nos dice que desayunemos, almorcemos y cenemos, y prepara nuestro cuerpo para absorber y digerir la comida de manera óptima. Regula nuestra temperatura corporal y nuestro sistema inmunológico. Todas las facetas de nuestro estado mental, incluyendo el estado de ánimo, la alerta y la conducta, cambian a lo largo del día y están reguladas por el reloj circadiano interno. Pero ¿qué es el reloj circadiano y cómo se controla?

De acuerdo con este ritmo natural, no sólo hay un momento ideal para dormir, por la noche, sino también un momento ideal para la actividad física, por la tarde, y un momento ideal para las evacuaciones intestinales, por la mañana. El nombre científico de este ritmo diario es el ritmo circadiano, del latín *circa*, «sobre» y *diem*, «día». Significa «a lo largo de un día», porque esa es la duración total de cada uno de nuestros ciclos: el día. Casi todos los procesos fisiológicos de nuestro cuerpo están gobernados por un ritmo circadiano.

Todos los animales, e incluso las plantas, tienen un reloj circadiano que contribuye a que toda la vida en la Tierra se prepare para la luz del sol y el calor durante el día y la oscuridad y el frío de la noche. Las plantas necesitan orientar sus hojas para poder comenzar la fotosíntesis tan pronto como los primeros rayos de luz las alcancen. Los depredadores usan este reloj para saber cuándo cazar y dónde encontrar a su presa; por ejemplo, si la gacela está siempre en el río al atardecer, el león debe ponerse en camino antes de que llegue para no perderla. Los animales de latitudes más extremas necesitan buscar refugio antes de que se ponga el sol para protegerse del frío por la noche. Estos son sólo algunos ejemplos del reino animal que ilustran la función del reloj circadiano: anticiparse a los cambios en nuestro entorno.

¿Qué pasa si pones una planta en una habitación completamente oscura, donde no entra nunca la luz del sol? Seguirá girando sus hojas hacia su esperada fuente de luz solar, y las moverá de un lado a otro durante el «día», y cerrará sus hojas para preservar la humedad durante la «noche». Todo en completa oscuridad. Lo más sorprendente es que la planta seguirá haciéndolo mientras viva, cosa que no durará mucho sin luz solar.

Interesante, se podría decir, pero ¿qué tiene que ver eso conmigo y mi bebé?

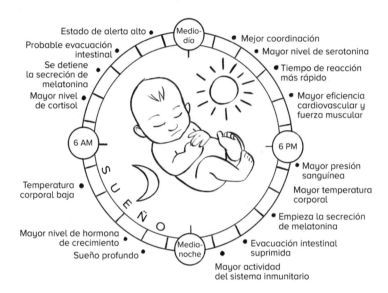

Estado de alerta alto
Probable evacuación intestinal
Se detiene la secreción de melatonina
Mayor nivel de cortisol

Medio-día

Mejor coordinación
Mayor nivel de serotonina
Tiempo de reacción más rápido
Mayor eficiencia cardiovascular y fuerza muscular

6 AM

6 PM

Temperatura corporal baja

Mayor presión sanguínea
Mayor temperatura corporal
Empieza la secreción de melatonina
Evacuación intestinal suprimida
Mayor actividad del sistema inmunitario

Mayor nivel de hormona de crecimiento
Sueño profundo

SUEÑO

Media-noche

El reloj circadiano

Nuestro reloj interno crea ritmos diarios de sueño, alerta, estado de ánimo, digestión, ritmo cardíaco y otros parámetros fisiológicos, incluyendo el funcionamiento del sistema inmunológico y la secreción hormonal. Nuestro reloj se asegura de que a lo largo del día estemos óptimamente preparados para los cambios en nuestro entorno, como estar cansados por la noche cuando es hora de dormir, y tener hambre y estar listos para digerir cuando es hora de comer.

El poder del reloj

Digamos que normalmente me voy a la cama a las 11 p.m. y me levanto a las 7 a.m. Si me encierro en un apartamento sin ventanas ni luz solar, televisión, relojes, internet o cualquier otro elemento que indique la hora, pero con luz eléctrica y comida a voluntad, libros y tantas películas como quiera, y puedo pasar el día decidiendo cuándo quiero apagar las luces e irme a la cama, ¿qué pasará?

En realidad este experimento se ha realizado repetidas veces con varios grupos de personas en diferentes países. Resulta que seguiré exactamente el mismo ritmo que llevaba en mi vida normal. Seguiré yendo a la cama a la hora de dormir y me despertaré a la hora de levantarme, todos los días, mientras me mantenga en estas condiciones. Ese es el poder del reloj, y es evidente que sería muy deseable que nuestro pequeño bebé se durmiera a las 11 p.m. y se despertara a las 7 a.m. todos los días.

Cómo funciona el reloj

¿Cómo funciona el reloj y cómo usamos este conocimiento para que el bebé duerma toda la noche? Debido a la rotación de la Tierra sobre sí misma y alrededor del sol, que tiene una duración de veinticuatro horas, nuestro reloj interno ha evolucionado para producir un ritmo circadiano que dura aproximadamente el mismo tiempo. La duración de un ciclo es de veinticuatro horas, y esta duración se llama período. Si la rotación de la Tierra fuera más lenta, los días serían más largos y nuestros períodos serían probablemente de más de veinticuatro horas.

¿Qué impulsa nuestro reloj interno, y qué nos dice qué hora es? Hace casi cincuenta años, los científicos descubrieron que el reloj se rige por un conjunto de genes, los llamados «genes reloj». Trabajando en el Instituto Tecnológico de California a principios de la década de 1970, los genetistas Ron Konopka y Seymour Benzer se preguntaron lo siguiente: ¿hay genes que son necesarios para ciertas conductas que normalmente sólo ocurren a ciertas horas del día? Fueron capaces de encontrar una respuesta utilizando como modelo la pequeña mosca de la fruta *Drosophila melanogaster*.

Los experimentos de la cueva y el búnker

El primer investigador que puso a prueba el comportamiento humano en ausencia del ciclo de actividad social de veinticuatro horas fue Nathaniel Kleitman, que estudió los ritmos circadianos alojando a un grupo de personas durante un mes en la Cueva del Mamut de Kentucky entre junio y julio de 1938. Les impuso un régimen artificial: en lugar de veinticuatro horas, la duración del día era de veintiuna o veintiocho horas. Al monitorizar la temperatura corporal y el ritmo cardíaco de los sujetos del experimento, esperaba que su ritmo corporal cambiara fácilmente, ajustándose a veintiuna o veintiocho horas.

Pero descubrió que los sujetos mantenían su ritmo de veinticuatro horas, incluso aunque su entorno externo les dijera lo contrario, prueba clara de la existencia de un ritmo circadiano endógeno.

Investigadores alemanes que trabajaban con el doctor Jürgen Aschoff llevaron a cabo experimentos similares en la década de 1960, situando un laboratorio en un búnker subterráneo de la Segunda Guerra Mundial en la ciudad bávara de Andechs. Se pidió a los participantes que encendieran y apagaran las luces a voluntad y continuaran con sus rutinas normales de día y noche. Muchos estudiantes participaron en el experimento con el fin de aprovechar el tiempo para prepararse para los exámenes. A principios de la década de 1980, cuando el programa finalizó, más de trescientos voluntarios habían participado en los «experimentos del búnker». La conclusión fue clara: incluso en ausencia de luz, los humanos mantenemos un ritmo natural cercano a las veinticuatro horas, lo que proporciona una prueba más de la existencia de un reloj circadiano interno.

Durante su desarrollo natural, los huevos de mosca se convierten en larvas, que comen mucho y crecen con rapidez. Siete días más tarde, durante la metamorfosis, cada larva fabrica una pequeña cápsula, llamada envoltura pupal. Mientras está en la cápsula, la larva se transforma en una mosca adulta que, una vez desarrollada, abandona su envoltura en un proceso llamado eclosión, diez días después de que su madre pusiera el huevo. Curiosamente, la eclosión sólo suele ocurrir a una hora determinada del día, a primera hora de la mañana, probablemente para que las moscas recién nacidas puedan desplegar sus alas en un ambiente cálido y se acostumbren a sus nuevos cuerpos mientras hay luz y calor.

Para averiguar si existen genes encargados de detectar el momento del día ideal para la eclosión de las moscas, Konopka y Benzer las expusieron a un producto químico dañino para el ADN, y de ese modo perturbaron la función de los genes. Luego esperaron a ver si esta perturbación genética alteraba el momento de la eclosión. De hecho, se produjo una pequeña mutación que hizo que la eclosión de las moscas fuera arrítmica: en vez de eclosionar todas por la mañana, las moscas mutantes lo hacían en momentos aleatorios del día y la noche. Además, los investigadores descubrieron otras dos mutaciones que, en lugar de hacer que las moscas se volvieran arrítmicas, acortaron o alargaron sus ciclos de eclosión a diecinueve y veintiocho horas, respectivamente.

Durante la investigación de la *Drosophila*, los científicos bautizaron cada gen según el problema que causaban al desaparecer. Konopka y Benzer descubrieron que algunos genes mutantes causaban alteraciones en la periodicidad del comportamiento, y por eso llamaron a las moscas mutantes arrítmicas «períodos», y a las otras dos «períodos cortos y largos», respectivamente. Años más tarde, mi mentor, Michael Young, fue el primero en clonar el gen «período», describiendo así su identidad genética.

Fue este hallazgo (clonar el primer gen reloj) el que les otorgó a dos colegas y él el Premio Nobel de Medicina en 2017. El descubrimiento del gen «período» abrió la puerta a la comprensión de la base genética de los ritmos circadianos.

Sobre la base de este trabajo de investigación, nuestro laboratorio y muchos otros han descubierto una red de genes reloj que son responsables de monitorizar el tiempo en nuestros cuerpos. Los genes reloj se expresan en la mayoría de las células de nuestro cuerpo. Cada célula tiene su propio reloj. ¿Cómo se sincronizan los relojes a una hora específica? Tenemos una estructura en nuestro cerebro llamada núcleo supraquiasmático (NSQ) que se considera el reloj maestro de nuestro cuerpo. La tasa de disparo de las neuronas del NSQ varía a lo largo de las horas: es mayor durante el día y menor durante la noche. Esta tasa indica al resto del cerebro y a todos nuestros órganos y tejidos qué hora es.

2

La luz reinicia el reloj

Así que si todos tenemos genes reloj y al NSQ orquestando nuestros ritmos, ¿cómo se reinicia este reloj maestro? Y, para empezar, ¿cómo sabe qué hora es? La respuesta es complicada y depende de un número de factores que llamamos *Zeitgebers* (*Zeitgeber* significa «temporizador», en alemán), pero el más importante es la luz. Cuando nos levantamos por la mañana y abrimos las persianas, las células ganglionares retinianas intrínsecamente fotosensibles (ipRGC), situadas en la parte posterior de nuestros ojos, se activan por la luz y transmiten la información al reloj maestro, el NSQ. Curiosamente, las ipRGCs no son necesarias para la visión. De hecho, las personas ciegas suelen mostrar ritmos circadianos normales porque sus ipRGC siguen funcionando, aunque no los conos y bastones de los ojos, unos receptores fotosensibles que son necesarios para ver.

Una vez que los ipRGCs se activan, transmiten la información de la luz al NSQ, diciéndole al reloj maestro que el día ha comenzado. El reloj se reinicia, y empieza a contar desde ese momento durante veinticuatro horas. Las personas con un reloj circadiano bien «arrastrado», que somos la mayoría de los que nos acostamos y nos despertamos a la misma hora todos los días, aunque una mañana la alarma no suene, nos despertaremos a la hora habitual, nos levantaremos, haremos café, desayunaremos, evacuaremos nuestro intestino, iremos a trabajar, etc.

«Arrastre» es el término científico que usamos para describir el proceso de alinear el reloj con un ritmo determinado. Para que el reloj esté bien arrastrado, tenemos que ofrecerle *Zeitgebers*. El principal *Zeitgeber* es la luz, pero ¿cualquier tipo de luz? La respuesta es no. No toda la luz es igual. Hay tres aspectos de la luz que son cruciales para la fotoconcentración, o para que nuestro reloj circadiano ajuste su ritmo:

1. Hora del día de exposición a la luz
2. La intensidad de la luz
3. La longitud de onda de la luz o el color

Terminología científica

Ritmo circadiano: El ciclo de veinticuatro horas de un parámetro de comportamiento o fisiológico. Ejemplos de comportamientos que siguen un ritmo circadiano son el sueño, la actividad, la alimentación y los movimientos intestinales. Ejemplos de parámetros fisiológicos que siguen un ritmo circadiano son la temperatura corporal, los niveles de cortisol, la presión sanguínea y los niveles de melatonina y testosterona.

Período: La duración de un ciclo en el ritmo circadiano. El período humano es de 24,2 horas en promedio, con pequeñas diferencias individuales.

Zeitgeber: En alemán significa «temporizador», un factor externo que reajusta el período en un momento determinado. La luz es el *Zeitgeber* más fuerte; otros son la temperatura y la alimentación.

Fase: La relación del período con el tiempo real u otro parámetro variable.

Cambio de fase: El ajuste de la fase ante un factor *Zeitgeber* diferente, generalmente la luz. Viajar en avión atravesando los husos horarios causa un cambio de fase, durante el cual el organismo se adapta a la nueva hora. Cuando esto sucede, experimentamos *jet lag*. Los trabajadores nocturnos pasan al ciclo normal de luz y oscuridad.

Arrastre: El proceso de alinear la fase con un *Zeitgeber*, normalmente la luz. Durante el *jet lag* nos vemos «arrastrados» a una nueva fase. La fase del cuerpo está desalineada con la fase horaria local hasta que se completa el arrastre. El tiempo que lleva la inducción a una fase diferente depende principalmente de la intensidad y la duración del estímulo de la luz.

Amplitud: La fuerza del ritmo circadiano. Una gran amplitud se ve en las personas que se acuestan y se despiertan a la misma hora todos los días, incluso sin despertador.

Células ganglionares retinianas intrínsecamente fotosensibles (ipRGCs): Células situadas en la parte posterior de nuestros ojos que son activadas por la luz y transmiten información al NSQ.

Núcleo supraquiasmático (NSQ): Parte del hipotálamo, una estructura anatómica en el cerebro anterior de los mamíferos. El NSQ recibe la información de la luz de los ipRGC, haciendo que sus células se activen y transmitan la información de la hora del día al resto del cuerpo, por lo que también se le llama reloj maestro.

Intensidad de la luz y hora del día de exposición a la luz

Para probar los efectos de las diferentes intensidades de luz en nuestro ritmo circadiano, Charles Czeisler y sus colegas de la Escuela de Medicina de Harvard intentaron cambiar los ritmos de los participantes exponiéndolos a luces de diferentes intensidades y a diferentes horas del día. Resultó que el brillo de la luz al comienzo de la noche provocaba que todo su ritmo cambiara a una fase posterior, pero la luz de la madrugada causó lo contrario: un cambio a una fase anterior. Si se aplicaba una luz fuerte durante tres días consecutivos, tanto al principio como al final de la noche, se producían enormes cambios de fase de hasta doce horas, lo que demostraba el enorme poder de la luz. El ritmo de estas personas cambió como si vivieran en una zona horaria en el lado opuesto del globo, sólo por la luz que les iluminaba. Incluso cuando se les exponía una sola vez a la luz, estando el resto del tiempo en la oscuridad, se produjeron cambios de fase. La exposición a la luz al anochecer causa retrasos de fase de hasta tres horas y media, y la exposición a la luz por la mañana avanza hasta dos horas.

¿Por qué es esto importante? Estos datos nos demuestran que la exposición a la luz en un momento en que nuestro cuerpo (o el del bebé) se supone que está durmiendo, puede causar estragos en nuestro ritmo circadiano.

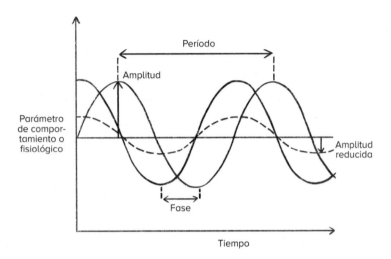

Ritmo circadiano básico

Nuestro ciclo de sueño/despertar y muchos otros parámetros de comportamiento y fisiológicos oscilan entre el día y la noche. El intervalo entre los picos de un determinado parámetro se llama período, que suele ser de veinticuatro horas. La fuerza de la oscilación (la frecuencia entre picos y depresiones) se llama amplitud, y la relación entre la hora de nuestro reloj interno y la de un reloj externo, como la hora real o la hora en una zona horaria diferente, se llama fase. La exposición a la luz en momentos inusuales, como cuando atravesamos zonas horarias, causa cambios de fase en nuestro reloj interno. Hacer las mismas cosas todos los días aumenta la amplitud del ritmo, pero los horarios erráticos, así como el *jet lag*, el trabajo por turnos (o los cambios de horario de sueño nocturno, despertar y siesta del bebé) debilitan el reloj y reducen su amplitud.

Color de la luz

Ahora hablemos del tercer parámetro necesario para un ritmo saludable: el color. La luz se compone de diferentes longitudes de onda que corresponden a diferentes colores. Por eso los prismas revelan un arco iris, y por eso se ve un arco iris después de llover cuando hace sol. Pero la mayoría de nosotros no sabemos que la composición espectral de la luz natural cambia a lo largo del día, como se muestra en la figura de la página 42.

Por la mañana, la luz del sol tiene una mayor proporción de luz azul, mientras que por la tarde la proporción de azul disminuye y la cantidad de rojo aumenta, culminando en la puesta de sol, que está casi desprovista de luz azul y baña el mundo en tonos rosados, naranjas y rojos. Ahora sabemos que, de hecho, la luz diurna enriquecida de azul es la responsable de la mayoría de los efectos sobre el sistema circadiano y el sueño. Cuando los investigadores utilizaron longitudes de onda específicas en lugar de luz blanca en sus experimentos de cambio de fase, descubrieron que la luz azul es la más potente para provocar los cambios de fase. De hecho, la luz azul es suficiente para producir desplazamientos de fase de la misma magnitud que la luz blanca, pero la luz verde, aunque sólo ligeramente diferente de la azul, no es tan potente. Las investigaciones muestran que cuanto más larga es la longitud de onda, menor es el efecto sobre el sueño: dos horas de luz naranja brillante por la noche son mucho menos perturbadoras que dos horas de luz azul tenue a la misma hora.

De hecho, el fotopigmento de los ipRGCs, que detecta la luz y activa el NSQ, reajustando así el reloj, es altamente selectivo con la luz azul. La luz natural del sol de la tarde, que es más roja y menos azul, no tiene tanta capacidad de reajustar el reloj. ¿Cómo se produce el efecto restablecedor de la luz? Se ha demostrado que el disparo de neuronas del NSQ afecta a una importante hormona que regula el sueño: la melatonina. El nivel de melatonina sólo puede aumentar en ausencia de luz, y sube de forma natural al atardecer, después de que se ponga el sol, como se muestra en la ilustración «La luz azul despierta al bebé y la luz roja estimula el sueño» de la página 43.

La luz blanca está compuesta de diferentes colores

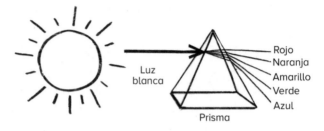

La composición de la luz cambia a medida que transcurre el día

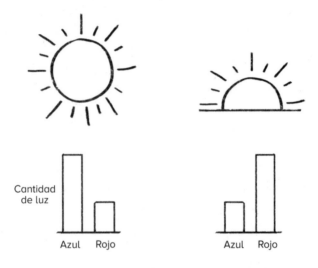

La luz blanca está compuesta de diferentes colores

Si un rayo de luz solar atraviesa un prisma, se revelará su composición espectral. La luz está compuesta de diferentes longitudes de onda que corresponden a diferentes colores. Durante el día, la luz del sol tiene una alta proporción de luz azul, que disminuye por la noche a favor de una mayor proporción de luz roja.

 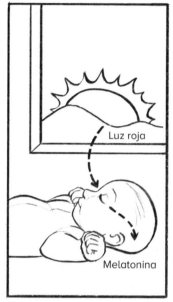

¡Estoy despierto!   Hora de dormir

La luz azul despierta al bebé y la luz roja le ayuda a dormir

La alta proporción de luz azul durante el día impide que el bebé
duerma. La luz azul aumenta el estado de alerta elevando el
cortisol y la serotonina, hormonas activadoras de la vigilia, y
suprimiendo la melatonina, la hormona del sueño. Por la noche,
la luz se vuelve menos azul y más roja, lo que permite que la
melatonina aumente y el bebé pueda dormir. Es importante
evitar la luz del sol por la mañana temprano, porque impide que
el bebé duerma.

Las luces artificiales como las bombillas incandescentes, las
LED, la televisión y las pantallas de teléfonos y tabletas emiten
luz azul en diversos grados, indicando a nuestro reloj interno
que es de día y retrasando el comienzo del sueño, así como reduciendo su calidad durante la noche. El efecto de la exposición
a la luz por la noche y específicamente la que procede de las
pantallas ha recibido una creciente atención científica y social en
los últimos años. Muchos estudios científicos muestran ahora

más allá de toda duda que las pantallas, que están enriquecidas con luz azul, suprimen significativamente la melatonina y retrasan la aparición del sueño. De hecho, en 2015, un metaanálisis de sesenta y siete estudios destinados a probar el efecto de las pantallas en los niños llegó a la conclusión de que el 90 por ciento de los estudios encontraron una correlación entre el tiempo de exposición a las pantallas por la noche y los problemas para dormir.

Además, los niños pequeños son especialmente sensibles a los efectos perturbadores que la luz tiene sobre el sueño. Cuando Monique LeBourgeois y sus colegas de la Universidad de Colorado en Boulder expusieron a niños de preescolar a una «mesa de luz», en la que jugaban durante una hora por la noche, coloreando sobre lienzos transparentes y montando puzles magnéticos para maximizar su exposición a la luz, los resultados fueron asombrosos: la melatonina de los niños (que normalmente a esta hora de la noche aumenta para permitir que duerman) desapareció debido a la exposición a la luz brillante, y sus niveles siguieron siendo bajos después de que se apagara la luz. El efecto de la luz en los niños es más fuerte de lo que se había observado anteriormente en los adultos, lo que llevó a los autores a plantear la hipótesis de que los niños pequeños tienen un riesgo mayor de perder el sueño cuando se exponen a la luz por la noche. La razón de esta susceptibilidad podría ser el hecho de que sus cristalinos, que transmiten la luz del exterior al fondo de los ojos, son más transparentes que los de los adultos, ya que van nublándose con la edad.

Aunque todavía no hay estudios científicos que demuestren que la luz azul perturba el sueño de los bebés, creo que hay suficientes pruebas para suponer que es así. Más importante aún, he puesto a prueba esta hipótesis con mis propios hijos y con las muchas familias que he entrenado, y los resultados son claros: la eliminación de la luz por la noche ayuda a los bebés a dormir.

Estos hallazgos han sido cruciales para crear el método «Cómo duermen los bebés» y conducen a una regla simple y efectiva: nada de luz azul (y, por lo tanto, blanca), por la noche.

¿Por qué subestimamos el poder de la luz?

El baño de mi casa no tiene ventanas. En su lugar, tiene unas potentes luces sobre el espejo del baño, que en total suman trescientos vatios de luz blanca. Son luces bastante corrientes y totalmente suficientes para, bueno, las cosas del baño: cepillarse los dientes, lavarse la cara, afeitarse, maquillarse y depilarse las cejas. Sin embargo, cada vez que me miro en el espejo de nuestra sala de estar, en el que entran toneladas de luz natural, me sorprende la cantidad de pequeños pelos que me he dejado en las cejas, y muchos más, digamos, «detalles», que puedo observar en mi rostro. Cuando observo mi cara a plena luz del día veo más poros, más líneas, más arrugas. Más desniveles, más personalidad. ¿Alguna vez te has mirado al espejo a plena luz del día? Es realmente sorprendente. ¿Y eso por qué? La respuesta a esta pregunta está directamente relacionada con el hecho de que los sorprendentes efectos de la luz sobre nuestro ritmo circadiano y el sueño no nos resultan familiares porque no los sentimos.

Nuestra percepción distorsiona la intensidad de la luz. Esta interpretación errónea nos ayuda a movernos sin problemas entre ambientes con iluminaciones muy diferentes.

Una vez hice una encuesta, preguntando a mis colegas: ¿Qué es más brillante, la iluminación de la oficina o un día nublado afuera? ¿La luz del salón o la del sol por la mañana temprano? Los resultados fueron realmente sorprendentes. Percibimos que la luz de diferentes intensidades es en su mayoría similar; desde la luz más tenue a la más brillante posible, desde la luz de la luna a la luz del sol brillante, percibimos como máximo una diferencia cinco veces mayor, dependiendo de las condiciones de luz ambiental. La diferencia real entre estas diferentes condiciones de iluminación es múltiple, o muchas veces mayor: la lámpara de la sala de estar es en realidad diez veces más brillante que la luz de la luna, la iluminación de la oficina es diez veces más brillante que la de la sala de estar, un día nublado es cinco veces más brillante que la iluminación de la oficina, y la luz de un día despejado es seis veces más brillante que la de un día nublado, lo que hace que la diferencia entre la sala de estar y la luz del día sea trescientas veces mayor, y no cinco veces, como pensaban mis colegas. Simplemente no percibimos la diferencia de intensidad de la luz del sol en comparación con la de la oficina, y también podemos ver bastante bien en condiciones bastante oscuras.

Wyszecki y Stiles describen en su obra *Colour Science*[1] cómo los investigadores fueron capaces de determinar exactamente por cuánto subestimamos las diferencias en la intensidad de la luz. Mostrando a los participantes de su estudio pequeñas manchas de luz de diferentes intensidades, y también teniendo en cuenta la iluminación del entorno, concluyeron que percibimos un aumento de la luminosidad multiplicado por mil, cuando la diferencia entre la luz del día y la de la luna sólo la multiplicamos por diez. Las diferencias más pequeñas, como la diferencia de diez veces entre la iluminación del baño o la cocina y un día nublado, no son perceptibles para nosotros.

Este proceso se llama adaptación, y es una bendición que nos permite ir y venir entre entornos de luz muy diferentes. En esta era de luz eléctrica omnipresente, también es una maldición, porque no percibimos la magnitud de los cambios de intensidad de la luz con los que nos cruzamos cada día, y por lo tanto intuitivamente no nos hacemos a la idea de que es la luz la

---

1. Wyszecki, G.W. y Styles, W.S., *Colour Science: Concepts and Methods, Quantitative Data and Formulae (Pure & Applied Optics S.)*, John Wiley & Sons, Nueva York 1982.

que nos impide dormir. Sin embargo, nuestro sistema circadiano, nuestras ipRGCs y el NSQ, perciben la luz como realmente es, y han evolucionado durante millones de años para responder a ella de una sola manera: como una señal de que es de día y tenemos que estar despiertos. Además, la sensibilidad a la luz del sistema circadiano es extraordinaria. Una luz tan tenue como la de las velas, que tiene una baja cantidad de luz azul, es suficiente para el arrastre, y la correlación de la luz con la sencilla iluminación de la sala de estar es suficiente para causar cambios de fase de tipo *jet lag*. ¿Qué significa todo esto para nuestros bebés? Es muy sencillo. Tenemos que excluir toda la luz azul durante el tiempo que queremos que el bebé duerma.

Sé lo que estás pensando: «Esto está muy bien si mi bebé duerme toda la noche. ¿Pero, cómo se supone que vamos a amamantar o alimentar al bebé, cambiarle los pañales y consolar su llanto por la noche si no podemos encender ninguna luz?» Hay una solución fácil: usar una luz roja, que no afecta a los ipRGCs, el NSQ, los niveles de melatonina ni el sueño. Reemplazar las bombillas normales por bombillas rojas para usarlas a la hora de dormir y cuando el bebé se despierte por la noche.

Ahora que hemos descubierto cómo manejar la luz durante la alimentación nocturna, es hora de prevenir otro problema muy común: que el bebé se despierte demasiado temprano. Al igual que hay que evitar la luz azul y blanca durante la noche, si se quiere que el bebé duerma más allá del amanecer hay que olvidar la idea de que la «tenue» luz que atraviesa las persianas en la madrugada no afectará al sueño del bebé. Para empezar, esa «tenue» luz es de cuarenta a cien veces más brillante que la de tu sala de estar, y de cien a mil veces más potente de lo necesario para reajustar el reloj de manera que el amanecer sea el comienzo del día. ¿Quieres eso? Si no, si quieres dormir hasta las ocho de la mañana como yo, consigue unas buenas persianas y cortinas opacas. No tienen por qué ser caras.

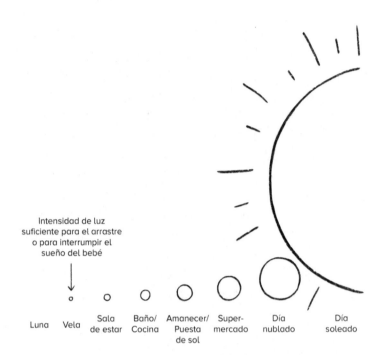

Intensidad de luz
suficiente para el arrastre
o para interrumpir el
sueño del bebé

| Luna | Vela | Sala de estar | Baño/Cocina | Amanecer/Puesta de sol | Super-mercado | Día nublado | Día soleado |

La luz es mucho más intensa y poderosa de lo que pensamos

Los círculos de este gráfico ilustran la intensidad relativa de las diferentes fuentes de luz. Nuestra visión es muy adaptable a las distintas condiciones de iluminación, permitiéndonos pasar sin problemas de ambientes más oscuros a más brillantes y viceversa. A causa de esta adaptación, somos capaces de percibir ambientes de luz totalmente diferentes y también los que están iluminados con una intensidad similar. Podríamos pensar que la luz del sol es diez veces más brillante que la de la sala de estar, pero en realidad es mil veces más brillante. También subestimamos el efecto de la luz en nuestro sistema circadiano. Una luz tan tenue como la de las velas es suficiente para cambiar nuestro ciclo de sueño/despertar; así de sensibles a la luz son nuestros ojos y nuestro cerebro. Esto significa que es importante que el dormitorio del bebé esté oscuro para evitar que la luz del sol de la mañana, mucho más brillante que la de una vela, ponga a cero su reloj.

HISTORIA DE ÉXITO:
Luz

Una colega mía, Ellen, tenía un niño de tres años, Dylan, que se despertaba a las 5 a.m. todos los días. Me dijo que en realidad estaba mucho mejor que antes, cuando se levantaba a las 4 a.m. Mi primera pregunta fue: ¿Tienes cortinas opacas? Ella dijo que no, sólo tenía cortinas translúcidas. No había considerado que la luz de la mañana en la habitación de su hijo podía ser la causa de su despertar, pero la convencí de que probara las cortinas opacas después de explicarle la base científica de mi consejo. Después de instalarlas, su hijo dormía más tiempo por la mañana, lo que permitió a sus padres recuperar horas de sueño.

La comida como señal horaria

La luz es el *Zeitgeber* más poderoso, pero hay otros que también afectan al reloj interno; de hecho, casi todo lo que hacemos podría considerarse un *Zeitgeber*. Si comemos cada día a la misma hora, ese momento será un *Zeitgeber* y nuestro cuerpo esperará poder comer a esa hora todos los días. Cuando ofrecemos comida a un perro o un gato fuera de su horario habitual, es normal que la rechace. ¡Su cuerpo sabe cuándo está preparado para comer! Esto se manifestará en la sensación de hambre cuando llegue la hora de comer, pero también en una serie de procesos fisiológicos que ocurren antes de la ingesta de alimentos.

De hecho, investigadores del Departamento de Ciencias Psicológicas y del Cerebro de la Universidad de Indiana descubrieron en 1995 que, si a las ratas, que generalmente son nocturnas, se les daba comida a mediodía, cuando normalmente duermen profundamente, empezaban a tener lo que se llama «comportamiento anticipado»: esperaban que se les diera comida, así que se despertaban y empezaban a caminar con entusiasmo. Los humanos también pueden cambiar sus ritmos metabólicos si se les da comida a una hora diferente. Investigadores británicos descubrieron en 2017 que atrasar la hora de la comida a cinco horas más tarde retrasa una hora el metabolismo.

Curiosamente, a menos que el experimento se realizara en constante oscuridad, el comportamiento, la somnolencia y los ritmos moleculares de las neuronas del NSQ se mantenían arrastrados a la fase de luz y no pasaban a la fase posterior de alimentación, en contraste con los ritmos hepáticos, que desempeñan un papel en la digestión y comenzaban a funcionar en una zona horaria diferente, causando asincronía entre el reloj maestro del cerebro y el reloj periférico del sistema digestivo. Si el ciclo luz/oscuridad sigue siendo el mismo, comer en una fase desplazada causa un cambio de fase metabólica, pero no un cambio en el sueño.

Las cosas son muy diferentes si no hay luz. Cuando las ratas fueron expuestas a un régimen de alimentación alterado en constante oscuridad, todo su ritmo cambió, incluyendo sus ciclos de sueño y vigilia. Esto demuestra que la comida puede actuar como un auténtico *Zeitgeber*, regulando el ritmo circadiano, pero sólo si no hay luz. La luz es el *Zeitgeber* más poderoso.

Entonces, ¿qué pasa cuando el ritmo de comidas está bien regulado? A la hora de comer, el estómago producirá ácido, la vesícula biliar producirá bilis, el hígado aumentará la producción de enzimas digestivas y los riñones se prepararán para la excreción de sal. Todos los sistemas corporales estarán listos para una digestión óptima de la comida. Con un ritmo de alimentación bien regulado, saltarse las comidas es especialmente molesto, y comer a horas inusuales puede interferir con la concentración o el sueño, o causar alteraciones digestivas, como la sensación de estar hinchado.

Por eso también es útil para el bebé un horario de alimentación, ya que en lugar de llorar constantemente esperando un tentempié, estará satisfecho y sólo tendrá hambre a la hora de comer. De hecho, cuando les digo a los padres que alimenten a sus bebés siempre a la misma hora, en lugar de hacerlo a voluntad, se reduce el llanto durante el día y mejora el sueño nocturno.

3
El sueño de adultos y bebés

¿Cuándo nos vamos a dormir, y qué determina cuánto tiempo dormimos?

Esta puede parecer una pregunta tonta. Después de todo, nos vamos a dormir cuando estamos cansados. ¿Pero cómo se regula el cansancio? Los científicos creen que el tiempo de sueño está determinado por dos fuentes: el reloj circadiano y un «homeostato de sueño», un sistema biológico que mide la «presión del sueño» o la intensidad con la que necesitamos dormir en un momento dado. Como hemos aprendido anteriormente, los ciclos diarios de luz y oscuridad afectan a nuestras hormonas y neurotransmisores, que a su vez dictan los ritmos de sueño y vigilia. El cortisol promueve la vigilia durante el día, y la melatonina hace que nos sintamos cansados por la noche.

Estos ritmos son el componente circadiano del horario del sueño. Sin embargo, la presión del sueño se mide de forma independiente en nuestro cuerpo, y también afecta al horario. Cualquiera que haya sido privado de sueño o haya tenido una noche de sueño interrumpido sabe lo potente que puede ser la presión del sueño. Recuerdo cuando era estudiante y pasaba toda la noche en la universidad, metiéndome información en el cerebro para la prueba de la mañana siguiente. Lógicamente, después de la prueba me quedaba dormida. Era la hora de la comida, pero estaba agotada por el esfuerzo de la noche anterior y necesitaba recuperar el sueño. Claramente mi ritmo circadiano, el cortisol, la serotonina y la melatonina trataban de decirme lo contrario, que no era hora de ir a la cama todavía, pero mi cuerpo decía: «Duerme ahora». Caía rendida y, si me dejaban tranquila, recuperaba una cantidad significativa de sueño perdido, sintiéndome mejor después de la siesta. ¿Cómo explicamos este fenómeno?

Según un modelo propuesto por los investigadores, nuestro cuerpo mide constantemente la necesidad de sueño (o la presión de sueño). Nuestra presión de sueño es más alta por la noche, coincidiendo con nuestro ritmo circadiano. Sin embargo, la privación de sueño no permite que nuestra presión de sueño baje a cero de nuevo después de dormir, por lo que al día siguiente volvemos a sentir cansancio independientemente de nuestro ritmo circadiano, porque hemos acumulado una deuda de sueño. Nos dormimos a mitad del día, lo que se llama «sueño de rebote»; estamos rebotando entre la falta de sueño y la alta presión. Nuestro cuerpo trabaja para eliminar la presión y la deuda de sueño, incluso cuando no es el momento de hacerlo.

El sueño de rebote se considera una característica del sueño. Todos los animales que duermen tendrán rebotes después de privarse de sueño. Incluso las moscas de la fruta con las que trabajo se duermen a la mañana siguiente si no las dejo dormir por la noche. ¿Cómo puedo perturbar el sueño de las moscas, te preguntarás? Tenemos dispositivos de agitación especializados que dan a las moscas un pequeño empujón cada pocos segundos, despertándolas. Nuestras moscas agotadas se duermen a la mañana siguiente, aunque esas horas suelen ser de actividad para ellas.

Para dormir fácilmente, debemos asegurarnos de que el tiempo circadiano y la presión de sueño coincidan. Podemos lograrlo si nos vamos a la cama cuando estamos cansados y dormimos lo suficiente para poder levantarnos por la mañana, pero no tanto como para no estar cansados la noche siguiente a la misma hora.

Tenemos una necesidad total de sueño diario que tiene que cumplirse durmiendo una cantidad óptima, suficiente para no perder el sueño a la noche siguiente. En los adultos, esta necesidad de sueño varía entre las personas, pero está entre cinco y diez horas, normalmente en una sola ronda por la noche. La necesidad media de sueño de una persona es de siete horas y media cada veinticuatro horas.

La necesidad total de sueño de los bebés por cada período de veinticuatro horas es mucho mayor. Y sus necesidades de sueño cambian con el tiempo a medida que se desarrollan. Estudié un metaanálisis de los datos de sueño de decenas de miles de bebés y niños para averiguar cuánto duermen los niños a ciertas edades y he reunido estos datos en la tabla de sueño de los bebés de la página 59. En los primeros días, el bebé duerme la mayor parte del tiempo. ¡Probablemente ya lo has notado! Y a medida que crecen, los bebés pasan más tiempo despiertos y menos dormidos. Cuanto más pequeño es un bebé, más rápidamente se cansa de nuevo después de dormir; su presión de sueño aumenta mucho más rápido que la de los bebés más grandes o la de los adultos. A medida que crece, la presión de sueño se acumula más lentamente: estará despierto más tiempo después de dormir y los intervalos entre siestas aumentarán. Es importante comprender que la necesidad de sueño del bebé cada veinticuatro horas se distribuye a lo largo del día y de la noche, dividida en siestas diurnas y sueño nocturno. Si el bebé satisface la mayor parte de su necesidad de sueño diaria durante las siestas diurnas, dormirá menos por la noche.

Dormir la siesta

Hay una frase común usada por los padres y los expertos en sueño de los bebés: el sueño llama al sueño. Y una siesta adecuada se considera el santo grial del entrenamiento del sueño. ¿Pero es esto correcto?

HISTORIA DE ÉXITO:
Siestas

Los padres Claudia y Alex me pidieron ayuda con su hijo de dos años, Liam. Es su tercer hijo, así que Claudia pensó que ya lo sabía todo sobre el sueño del bebé, pero la reticencia de Liam a dejar de comer por la noche la tomó por sorpresa. Liam se duerme fácilmente a las 7 p.m. pero se despierta varias veces cada noche, algunas veces cada hora. Va a la guardería y duerme una siesta de tres horas por la tarde.

Según un estudio científico (Tabla de sueño del bebé de la página 59), los niños de dos años duermen doce horas en total todos los días. Acabamos de aprender que tenemos una necesidad total de sueño diario, y si cubrimos parte de ella durante el día, dormimos menos por la noche. Aquí podemos comprobar este hecho científico en acción: Liam duerme 3 de sus 12 horas durante el día, lo que deja 12 − 3 = 9 horas para el sueño nocturno. Actualmente Liam se duerme a las 7 p.m. y se levanta a las 6 a.m., y esas once horas incluyen dos horas de vigilia nocturna, lo que concuerda perfectamente con nuestras matemáticas del sueño.

Entonces, ¿qué hacer? Tenemos que acortar las siestas y llevarlo a dormir más tarde. Si queremos que el bebé duerma once horas por la noche y queremos despertarnos a las 7 a.m., entonces tenemos que acostar a Liam a las 8 p.m., y reducir su siesta diurna a las horas recomendadas, como se muestra en la tabla de sueño del bebé de la página 59.

Investigadores de la Universidad de Tokio pusieron a prueba la antigua idea de que los bebés necesitan siestas para dormir bien por la noche. Observaron el despertar y el sueño de un grupo de cincuenta niños sanos de aproximadamente un año y medio y descubrieron algo sorprendente. Los bebés que dormían menos durante el día, se acostaban más temprano y dormían más por la noche. En cambio, los bebés que dormían siestas más largas, especialmente si la última era por la tarde, tenían problemas para irse a dormir y se despertaban con mayor frecuencia durante la noche.

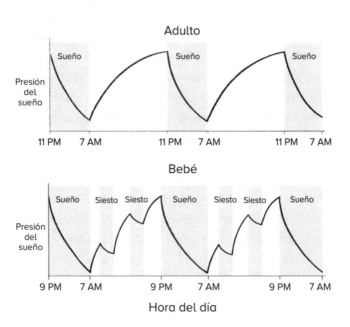

La presión del sueño nos hace dormir

Tanto en los adultos como en los bebés, durante el día la presión del sueño va en aumento hasta que estamos tan cansados que necesitamos dormir. La única diferencia entre los bebés y los adultos es que los primeros son más sensibles a la presión del sueño, lo que les hace dormir siestas, y tienen una mayor necesidad de sueño en general, lo que les obliga a dormir más horas al día. Dormir demasiadas siestas reduce demasiado la presión del sueño por la noche, de modo que a la hora de acostarlo, el bebé no está lo suficientemente cansado para dormirse y no despertarse en toda la noche. Es necesario vigilar y limitar las siestas para que el bebé pueda dormir bien por la noche.

Estos resultados desmienten la común pero científicamente incorrecta idea de que los bebés necesitan hacer varias siestas para dormir bien por la noche. Los bebés necesitan dormir siestas por una razón completamente diferente: porque su presión de sueño aumenta rápidamente cuando están despiertos, obligándolos a dormir con más frecuencia. Por supuesto que tenemos que facilitar las siestas, pero la investigación de Japón muestra una verdad incómoda: alargar la duración de la siesta está directamente relacionado con acortar el sueño nocturno, y por lo tanto tenemos que vigilar y limitar suavemente esas siestas si finalmente queremos que el bebé duerma toda la noche.

¿Cuánto sueño necesita el bebé?

Ahora que sabemos que demasiadas horas de siesta son malas para el sueño nocturno, ¿cuánto sueño es necesario y saludable para el bebé? Esta es una de las principales fuentes de confusión para los padres, pero afortunadamente la ciencia tiene una respuesta bastante clara.

Aunque hay diferencias individuales en la necesidad de sueño de los bebés, en general sus patrones de sueño se desarrollan de manera muy similar. Los recién nacidos duermen todo el tiempo, pero los niños de dos años sólo necesitan doce horas de sueño cada día. Es fundamental comprender cómo se produce esta enorme reducción de horas de sueño a lo largo del tiempo y cuánto debe dormir tu hijo durante el día y la noche a cualquier edad, ya que esto te ayudará a ajustar su horario para un sueño nocturno óptimo.

Por suerte, no he tenido que salir a registrar decenas de miles de patrones de sueño de bebés para saber cuánto duermen, otros investigadores lo han hecho. De hecho, el sueño de los bebés es un objeto de estudio tan importante y accesible que ahora hay metaanálisis que describen los hallazgos combinados de otros estudios. Barbara Galland y sus colegas de Nueva Zelanda hicieron justamente eso en 2011: reunieron treinta y cuatro estudios individuales que monitorizaban los patrones de sueño de varios grupos de niños, desde bebés hasta niños de doce años. En total, los estudios incluían a 69.544 niños de dieciocho países diferentes. Utilizando esta enorme base de datos, los investigadores pudieron determinar las normas globales del sueño en los niños, mostrando cuánto duermen de promedio cuando tienen una edad determinada. Estos datos nos dicen cuánto duermen los niños en total durante el día y la noche, cuántas veces se despiertan por la noche, cuántas siestas hacen y la duración de esas siestas. Mientras que los datos muestran que hay diferencias entre niños y entre países, también muestra que hay tendencias mundiales similares. Todos los niños pequeños duermen mucho más que los niños mayores, incluso aunque no duerman la misma cantidad de horas al día.

Podemos utilizar estos datos, que se muestran en el cuadro siguiente, para calcular las necesidades de sueño de nuestro bebé a cualquier edad: ¿Es el patrón de su sueño similar a la norma? Si es así, genial, pero si duerme mal por la noche y durante el día lo hace más que el promedio de los bebés de su edad, sabemos sin duda que hay que acortar sus siestas al menos hasta llegar a ese promedio, sabiendo que decenas de miles de bebés de su edad duermen siestas más cortas. Acortar las siestas es una forma fácil y efectiva de favorecer el sueño nocturno, y es muy útil saber que la reducción del sueño diurno del bebé está dentro de la norma.

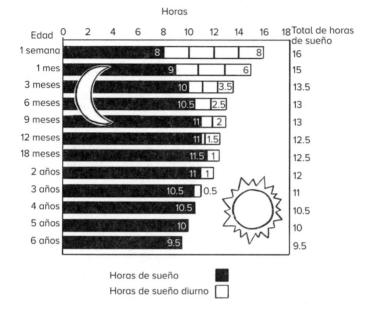

Tabla de sueño del bebé: Promedio de horas de sueño nocturno y diurno en bebés y niños pequeños

Este gráfico muestra muy claramente la cantidad de horas que el promedio de los niños duerme durante la noche (en negro) y durante el día (en blanco). Los segmentos blancos que aparecen junto a las barras de sueño diurno indican el número habitual de siestas. Para leer este gráfico, busca la edad de tu hijo y compara su sueño total con el número del extremo derecho. Si son similares, busca en las barras blancas la duración máxima del sueño diurno y ajusta las siestas del bebé en consecuencia.

Si tu bebé ya duerme menos en general, pasa al siguiente grupo de mayor edad: tu hijo está adelantado y necesita menos horas de sueño. Los niños de alrededor de tres años a menudo se resisten a dormir la siesta. Cuando la necesitan, la siesta no debe durar más de una hora. Pero si tu hijo no quiere dormir la siesta, también está bien, ya que seguramente así dormirá mejor por la noche.

4

Relojes rotos e inmaduros

¿Por qué son tan importantes los relojes circadianos? ¿Qué pasa cuando no están bien arrastrados? ¿Los bebés tienen un reloj circadiano? ¿Y qué podemos hacer para arrastrarlos de manera óptima? Aquí están las implicaciones y aplicaciones de los ritmos circadianos en la vida real.

Trastorno circadiano

Si queremos sentirnos lo mejor posible y optimizar nuestras actividades durante el día (incluyendo la digestión, el ejercicio e incluso la concentración) es esencial mantener sincronizados el reloj interno y la presión del sueño. Sin embargo, muchos de nosotros no practicamos los hábitos de sueño ideales, y es fácil que nuestro reloj interno y la presión del sueño se desincronicen. Creamos un conflicto entre el tiempo circadiano de sueño y la presión del sueño cambiando de cama, la hora de despertar y el tiempo total de sueño de un día para otro. Este es un punto clave a entender cuando se trata de ayudar al bebé o al niño pequeño a establecer buenos hábitos de sueño, así que permíteme que te lo explique con más detalle.

Por ejemplo, tal vez es la hora de ir a dormir y tu reloj interno te dice que así es, pero estás demasiado absorta en tu libro para dejarlo, así que lees durante una hora más. Por la mañana, el despertador suena a la misma hora de todos los días, pero hoy has dormido una hora menos. A la noche siguiente estás más cansada y te vas a la cama una hora antes. Dormirás más y te sentirá bien al día siguiente, que resulta ser viernes, así que te acostarás más tarde porque podrás dormir hasta tarde.

Probablemente este patrón no te parezca muy inusual. Muchos adultos varían la hora de irse a la cama y los tiempos de vigilia y sueño de esta manera. El problema es que esta conducta crea un conflicto constante entre nuestro reloj interno y el sueño. El resultado es obvio: estamos cansados en muchos momentos diferentes a lo largo del día, y nuestro cuerpo no entiende lo que está sucediendo. ¿Es de noche? ¿Es la hora del desayuno? ¿Es la hora de la cena? ¿Es la hora de acostarse?

De hecho, las investigaciones respaldan que el desorden en los horarios de sueño está directamente relacionado con dormir mal. Cuando se supervisaron los ciclos de sueño y vigilia de 160 estudiantes universitarios taiwaneses durante dos semanas, los estudiantes que tenían horarios regulares de sueño y vigilia aseguraban que dormían bastante bien, pero los estudiantes que llevaban una «vida estudiantil» (como esta autora en sus días de universidad), que se levantaban y se acostaban a diferentes horas durante la semana, tenían problemas para conciliar el sueño y no despertarse por la noche.

Otro ejemplo de desorden entre sueño y vigilia es el «*jet lag* social», que ocurre cuando te acuestas mucho más tarde el fin de semana que durante la semana y duermes hasta tarde el sábado y el domingo. Grandes sectores de la población se han autoimpuesto un desfase horario social, que amortigua su ritmo y desregula el sueño, el estado de ánimo, el metabolismo y la digestión, cosas que el reloj interno se esfuerza por optimizar. En los días laborables, aunque nos vayamos a dormir más temprano, el tiempo de sueño nocturno es más corto, creando un estado constante de privación de sueño.

Al ir a la cama a una hora específica y despertarse siempre a la misma hora durante la semana, pero también los fines de semana, te alineas con tu reloj circadiano, que hace que todas tus funciones corporales, desde la digestión hasta el sueño y el estado de ánimo, funcionen sin problemas. Al vivir en alineación con el reloj interno, dejamos que éste anticipe lo que vamos a hacer, y así el cuerpo se prepara para ello.

A las personas que tienen que hacer viajes frecuentes atravesando diferentes husos horarios les resulta difícil mantener un ritmo circadiano regular debido al continuo desfase. Al tomar el vuelo nocturno de Nueva York a París se pierde una noche de sueño, pero ese no es el principal problema. Se llega a París seis horas antes de la hora de Nueva York, y la luz del día le indica a nuestro reloj que, de hecho, no es de noche sino por la mañana. La adaptación a una nueva zona horaria no ocurre durante la noche, sino que tarda unos días, dependiendo de la nueva hora y la exposición a la luz. A medida que el arrastre se produce durante los días siguientes, los *Zeitgebers* externos, incluyendo la luz y las comidas, provocan un cambio en nuestro reloj interno.

Varios experimentos expusieron a personas a doce horas de luz y doce de sueño, y mostraron que hacen falta tres días para que el ritmo interno endógeno se ajuste a la nueva zona horaria. Durante el tiempo que el organismo se adapta completamente a la hora de París, se experimenta un choque del reloj interno, aún ajustado a la hora de Nueva York, con la hora externa y real de París. Se siente cansancio por la mañana, y es habitual despertarse por la noche o tener sensación de hambre a deshora.

La mayoría de la gente lo pasa muy mal con el *jet lag*. Esto se debe a que el cambio no ocurre de forma ordenada; no se produce un cambio de fase inmediato a una nueva zona horaria.

Las investigaciones muestran que los cambios de fase pasan por una etapa de amortiguación de la amplitud, lo que significa que el ritmo se debilita antes de reajustarse. Nuestro cuerpo está confundido, deja de prepararse para las comidas, y tenemos problemas para hacer la digestión, por lo que muchas personas reportan síntomas gastrointestinales durante el *jet lag*. Estamos cansados por la falta de sueño, pero no lo estamos en el momento adecuado, porque nuestro cuerpo no produce melatonina, la hormona que induce el sueño, en la nueva noche, que sigue siendo el día de Nueva York. La lista sigue y sigue. Las personas que se exponen con frecuencia al desfase horario son propensas a desarrollar diferentes problemas de salud, incluidos trastornos de obesidad y del estado de ánimo que pueden estar relacionados con un ritmo circadiano alterado. Las personas que trabajan por turnos se enfrentan a problemas similares a los de los viajeros frecuentes, y los estudios han demostrado que son más propensas a desarrollar trastornos del sueño, obesidad, enfermedades cardíacas, diabetes y depresión.

También se ha demostrado que las personas con ciertos tipos de trastornos del sueño, incluido el síndrome de la fase de sueño retrasada (SFSR), tienen mutaciones en algunos genes reloj que afectan al disparo del NSQ, lo que provoca una asincronía entre el tiempo corporal y el tiempo real. ¿El resultado? Dificultad para dormirse, y un cambio de ritmo que hace difícil mantener cualquier tipo de vida normal. Levantarse por la mañana para ir a trabajar es una lucha para estas personas, porque nunca pueden irse a dormir lo suficientemente temprano para satisfacer su necesidad de sueño. Viven en un estado constante de privación de sueño, lo que tiene muchos efectos adversos en su salud física y mental. En 2017 nuestro laboratorio descubrió que una de cada cien personas en todo el mundo es portadora de una mutación en un gen reloj llamado *criptocromo*, cuyo análogo funcional fue descubierto por primera vez en nuestro laboratorio en moscas de la fruta hace treinta años. Descubrimos a estos pacientes buscando personas con problemas para irse a dormir por la noche y despertarse temprano: todos ellos padecen SFSR.

La importancia del reloj

La razón por la que entro en detalles sobre los ritmos circadianos y sus trastornos es para incidir en el valor de la inducción y el de la hermosa función que tiene el reloj interno sobre nuestra salud y nuestra felicidad. Al perturbar el reloj, voluntariamente o debido a nuestro trabajo, le hacemos más difícil hacer funcionar nuestro cuerpo como si fuera una máquina bien engrasada, por así decirlo. El arrastre sólo funciona si se cumplen dos condiciones: el *Zeitgeber* tiene que presentarse a la misma hora cada día y en días consecutivos hasta que el ajuste a un ritmo particular, llamado cambio de fase, esté completo.

En nuestro laboratorio tenemos diferentes incubadoras para nuestras moscas de la fruta, con diferentes configuraciones de luz: tenemos una donde hay luz de 10 a.m. a 10 p.m., y otra con el horario contrario. También tenemos una donde amanece a las 4 p.m. y anochece a las 4 a.m. Nombramos esas incubadoras de acuerdo con las ciudades que se encuentran en tales zonas horarias, así que tenemos «Nueva York», «Sídney», «Dubái», y así sucesivamente. ¿Qué pasa cuando mueves las moscas de «Nueva York» a «Sídney»? La luz a horas inusuales reinicia su reloj, y experimentan *jet lag*, pero después de tres días su ritmo cambia completamente a la hora de Sídney. Lo mismo ocurre en los humanos: la adaptación a un cambio de fase de doce horas de diferencia lleva alrededor de tres días.

Por el contrario, cuanto más coherente sea la sincronización a lo largo de los días y cuanto más a menudo se presente el *Zeitgeber*, más fuerza tendrá el ritmo. Los pulsos de luz por la noche, cuando normalmente está oscuro, se ha demostrado que debilitan los ritmos humanos, al igual que los cambios graduales en los tiempos de vigilia y de sueño. El nombre científico de la fuerza del ritmo es amplitud. La amplitud incluye ciertos comportamientos o procesos circadianos, como el sueño o los niveles de melatonina, y mide las diferencias de ese parámetro en diferentes momentos del día. Una persona con un ritmo fuerte siempre dormirá a la 1 a.m., y nunca a las 10 a.m., mientras que una persona con un ritmo más variable dormirá un día a la 1 a.m., pero no siempre, y podría estar despierta o dormida a las 10 a.m., dependiendo del día. La primera persona tiene una amplitud de ritmo más alta que la segunda.

Tener una gran amplitud en nuestro ritmo es deseable porque nos hace menos vulnerables a las perturbaciones. Si nos olvidamos de programar la alarma del despertador, nos levantaremos igualmente y por la noche estaremos tan cansados que podremos dormir incluso en una extraña habitación de hotel en una calle ruidosa. Esto también sucede en el laboratorio. Cuando trasladamos a nuestras moscas de la fruta a una incubadora especial en la que siempre es de noche, siguen despertándose y durmiéndose a la misma hora. Su reloj interno sigue funcionando con una gran amplitud, incluso en ausencia de las señales de tiempo externas.

Este es nuestro objetivo final en lo que se refiere a los hábitos del bebé. Si su amplitud es grande, se dormirá a las 9 p.m. y se despertará a las 8 a.m. todos los días, incluso cuando lo dejes en casa de la abuela por primera vez, en una cuna diferente y con unas cortinas que no bloquean totalmente la luz por la mañana. Seguirá durmiendo incluso después de un día muy excitante en el zoológico o de uno muy aburrido sin salir de casa. Su reloj interno se asegurará de que duerma.

Al igual que ocurre con los adultos, la alineación de la presión del sueño y el tiempo circadiano es crucial para el sueño del bebé. Si un día está cansado a las 6 p.m. y lo acostamos para que duerma la siesta aunque normalmente no lo haga a esa hora, por la noche tendrá dificultades para dormirse, porque su presión de sueño será demasiado baja. Sin embargo, estará cansado, porque su ritmo le dirá que es hora de dormir. Pero la diferencia entre la presión del sueño y su ritmo interno hará que le cueste dormirse. Probablemente sabes muy bien lo que sucede cuando tu bebé está cansado pero no puede dormirse... Llorará durante mucho tiempo y tendrás que consolarlo hasta que se duerma. La coherencia y la constancia son fundamentales para alinear la presión del sueño y el ritmo circadiano.

Todo lo que hacemos refuerza o perturba el reloj interno. Cuanto más constantes sean nuestras rutinas y más procesos alineemos, mejor preparado estará nuestro cuerpo ante situaciones imprevistas. Explicándolo de otra manera, el reloj interno intenta con todas sus fuerzas alinear temporalmente los procesos fisiológicos, con el objetivo de conseguir un funcionamiento óptimo con un mínimo gasto de energía. Cuanto más interferimos en ese alineamiento temporal (yendo a dormir o levantándonos cada día a una hora diferente, saltándonos el desayuno, cambiando la hora de comer a mediodía, cenando tarde por la noche) más le cuesta al reloj interno ayudar a nuestro cuerpo a cumplir sus funciones: dormir, despertarse, digerir, estar despierto, estar cansado, y así sucesivamente. Para los adultos, un reloj débil puede tener efectos perjudiciales para la salud y el bienestar, provocando desde dificultad para dormir y fatiga hasta mal humor, problemas gastrointestinales, trastornos alimentarios y otros problemas aún más graves. Los bebés, que aún no tienen un buen ritmo, son muy vulnerables a los horarios erráticos, lo que se manifiesta en noches de insomnio y mucho llanto.

El reloj interno del bebé

Aunque no conocemos exactamente cómo se desarrollan los ritmos circadianos en el útero, sí sabemos que se forman en el tercer trimestre del embarazo. Para entender cómo afectan las condiciones ambientales a los ciclos de sueño y vigilia de los bebés, sobre todo el principal *Zeitgeber*, la luz, unos investigadores de la Universidad de Yale, dirigidos por Scott Rivkees, expusieron a un grupo de bebés prematuros de la Unidad de Cuidados Intensivos Neonatales a una luz tenue constante, o a una luz programada para encenderse durante el día y apagarse por la noche.

Cuando expusieron a los bebés a ciclos de luz y oscuridad, rápidamente desarrollaron un ritmo de actividad diaria, con un aumento de la actividad durante el día y descanso por la noche. Esto muestra lo importante que es controlar los ajustes de luz en el entorno del bebé desde su nacimiento. Otros aspectos del reloj interno del recién nacido aún no están maduros. En los adultos, los ritmos normalmente alcanzan su punto máximo después de levantarnos por la mañana, promoviendo el estado de alerta. En el útero y en los recién nacidos, los ritmos del cortisol se invierten, y los niveles más altos se detectan al final de la tarde, cuando el bebé debería estar cayéndose de sueño. Los ritmos de la melatonina no se detectan hasta los dos meses de edad. Esto significa que los recién nacidos no saben qué hora del día es; sus comportamientos y funciones corporales no están alineados de manera eficiente todavía con la hora real del día o con las horas preferidas de sueño y vigilia de sus padres.

En otras palabras, cuando los bebés nacen, sus cuerpos siguen desorganizados; nuestro trabajo como padres es ayudarles a regular su organismo de forma que la vida les resulte más fácil. ¿Cómo lo hacemos? Llevándolos a un ritmo que les ayude a anticipar lo que va a suceder a continuación. Los bebés a veces son infelices, y no entienden por qué. Estableciendo una rutina (con luz, sueño y horarios de alimentación) ayudamos al bebé a aprender que tiene hambre o está cansado en ciertos momentos y, en lugar de sentirse molesto, sabrá que su mamá lo alimentará o lo acostará. Esto no sólo facilita que el bebé se duerma durante las siestas y por la noche, sino que también ayuda con un elemento esencial del sueño del bebé: las vigilias nocturnas. A través del arrastre, el bebé aprenderá que la oscuridad o la luz roja son para dormir, y naturalmente se calmará y volverá a dormirse si se despierta durante la noche.

La clave para conseguirlo es la persistencia. En los próximos capítulos ofrezco pasos claros para crear una rutina para el bebé y mantenerla. Básicamente, habrá que prestar atención a las señales del bebé y después establecer rutinas basadas en ellas. Cuando consigas establecer una rutina, apégate a ella. Haz las mismas cosas cada día a la misma hora. Cada cosa. Cada día. A cada hora. Intenta desarrollar rutinas para cada una de las actividades a lo largo del día: abrir y cerrar las persianas, encender la luz roja (lo explicaré en el siguiente capítulo), darle de comer, acostarlo para hacer la siesta, acostarlo por la noche, despertarlo por la mañana, jugar, etc. Cuanto más reguladas y predecibles sean las cosas para el bebé, más rápido aprenderá qué va a suceder y a qué horas.

Una rutina regular también ayudará al bebé a mejorar en esas cosas (comer, dormir, etc.) porque su cuerpo se preparará para esas acciones y comportamientos. También será más fácil para él orientarse cuando lo llevemos a un lugar nuevo. Cuando ocurra algo diferente (por ejemplo, si tenéis que viajar y él debe dormir en una cuna diferente a la habitual, o si la comida no es la misma de siempre, o si lo van a cuidar otras personas) el bebé se adaptará mucho más fácilmente a estos cambios, porque sabrá qué esperar.

Basándonos en lo que ahora sabemos sobre nuestro ritmo circadiano, las necesidades de sueño del bebé y la presión del sueño, hay pasos muy claros y, afortunadamente, sencillos para ayudar al bebé a dormir durante la noche:

- *Luz:* No hay que exponer al bebé a luz azul o blanca durante la noche, y debe haber mucha luz natural en su entorno durante el día.
- *Programa:* La repetición y la constancia en la alimentación y el sueño son esenciales para arrastrar el reloj interno del bebé.
- *Siestas:* El bebé necesita dormir durante el día, pero hay que evitar que duerma demasiado para que pueda estar lo suficientemente cansado para dormir por la noche.

En los siguientes capítulos se explica cómo implementar estas reglas y lograr nuestro objetivo: un bebé que tenga unos horarios de alimentación y siesta regulares y que duerma toda la noche.

LA CIENCIA DEL SUEÑO
Puntos clave

★ El ritmo circadiano y el sueño están regulados por el reloj interno de nuestro cerebro.

★ Cualquier luz excepto la luz roja reinicia el reloj.

★ La repetición aumenta la amplitud del reloj.

★ La necesidad diaria de sueño es mayor en los bebés recién nacidos y disminuye rápidamente a medida que crecen.

Paso 1: La luz y el ambiente ideales para dormir

En los capítulos anteriores hemos conocido la ciencia del sueño y los relojes circadianos y cómo podemos mejorar fácilmente la duración y la calidad del sueño del bebé ajustando dos cosas: la exposición a la luz y las siestas. Ahora pondremos a trabajar estos principios científicos y desarrollaremos las reglas básicas para ayudar al bebé a dormir. Primero: luz y ambiente para dormir bien.

5

La luz nocturna adecuada

En el laboratorio trabajo con pequeñas moscas de la fruta para descubrir las reglas básicas del sueño y los comportamientos rítmicos que en última instancia se aplican a todos los animales, incluidos los humanos. Ya he mencionado que tenemos diferentes incubadoras que hemos nombrado según las zonas horarias de sus luces: en «París» la luz se enciende seis horas más tarde que en «Nueva York»; «Bangkok» está doce horas más adelante, y «Honolulu» está cinco horas más atrás que «Nueva York». Las moscas ubicadas en una zona horaria determinada ajustan rápidamente sus patrones de actividad y sueño a la fase de luz, y en tres días son arrastradas con fuerza a la nueva zona horaria, aunque sea de Nueva York a Bangkok. Podemos probar la robustez de su ritmo colocándolas en una incubadora completamente oscura y monitoreando su actividad allí. Cuando lo hacemos, las moscas permanecen sincronizadas con la última zona horaria a la que fueron arrastradas durante el resto de su vida (las moscas de la fruta viven hasta cuatro meses si se cuidan bien), incluso en ausencia de luz.

Debido al profundo efecto de la luz sobre el ritmo de las moscas, es imperativo restringir su exposición a la luz cuando están «libres», es decir, en completa oscuridad. Sin embargo, para poder hacer experimentos con las moscas de la incubadora oscura, tenemos que ser capaces de verlas. Nuestra investigación nos proporcionó un truco que nos permite ver en la oscuridad sin perturbar el ritmo circadiano de las moscas: la luz roja. Tenemos bombillas de luces y linternas rojas que usamos para manipular las moscas, alimentarlas y realizar nuestros controles regulares sobre ellas. Sus relojes moleculares internos son ciegos a la luz roja, lo que nos permite estudiarlas como si estuvieran en completa oscuridad.

HISTORIA DE ÉXITO:
Luz roja

Mamá Laura me contactó para pedirme ayuda porque su bebé Logan tenía problemas para dormir. Logan nació a término y tenía un mes de edad, pesaba casi cinco kilos. Se despertaba muchas veces durante la noche y Laura estaba al límite de sus fuerzas. Había conseguido dormir hasta cuatro horas de un tirón alguna noche, pero no más.

Aunque Logan era demasiado pequeño para aplicarle mi método de entrenamiento (capítulo 13), fue muy útil establecer buenos hábitos de luz. Laura me dijo que había probado las cortinas opacas pero que no las usaba siempre. Le expliqué que la constancia es la clave si queremos hacer que el reloj del bebé se ajuste para dormir por la noche. Laura comenzó a usar la luz roja a la hora de acostar a Logan y durante la noche, y a utilizar siempre las cortinas opacas, y me dijo que aunque Logan todavía se despertaba por la noche para comer, se volvía a dormir mucho más rápido. Parecía saber que era hora de dormir. Enseñar a Logan a diferenciar el día de la noche sirvió para que el entrenamiento del sueño fuera más efectivo cuando creció lo suficiente para aplicarle el método.

Cuando nació mi hija Leah, até cabos. Sabemos que nuestro reloj circadiano también es insensible a la luz roja, pero muy sensible a la luz azul, que es un componente de cualquier luz blanca, incluyendo todas las bombillas que tienes en tu casa. Compré una bombilla roja para la habitación del bebé, y la usé exclusivamente durante la alimentación nocturna y el cambio de pañales.

Al igual que mis moscas de la fruta, el bebé se adaptó casi inmediatamente al «modo nocturno» y parecía que su organismo entendía (gracias a las altas concentraciones de melatonina debidas a la ausencia de luz azul) que por la noche tenía que dormir. En este capítulo hablaremos de la característica más singular de mi método: la luz roja.

¿Qué tiene de especial la luz roja? La luz roja no suprime la melatonina y ayuda a que el bebé duerma, ¿pero eso es todo? ¿Cuándo hay que usar la luz roja? La respuesta es por la noche, pero ¿es suficiente para que el bebé duerma toda la noche? La respuesta es no, pero por muy poco. Adaptar la luz es la técnica más fácil de implementar en casa, incluso antes de que nazca el bebé.

6

Modo diurno y modo nocturno

Los recién nacidos se despiertan cada dos o tres horas para comer. No es necesario dar de comer frecuentemente a un recién nacido para asegurar que aumente de peso ni que reciba suficiente leche si se está amamantando. Pero incluso los recién nacidos pueden beneficiarse de un entorno que les ayude a estar despiertos cuando es de día y a dormir cuando es de noche, y a orientarse según la hora del día.

A estos ajustes los he llamado «modo diurno» y «modo nocturno», y el objetivo es maximizar las diferencias entre ambos para que el reloj interno del bebé se arrastre con fuerza y el niño duerma por la noche y se despierte durante el día, con siestas regulares. Recuerda: tu bebé nace con un reloj maestro pero sin tener un sentido claro del día y la noche. Es tu trabajo ayudarle a descubrir la diferencia, estableciendo hábitos de sueño saludables para toda la vida. Hay algunos aspectos claves en los dos modos, pero el más importante es la luz.

Estableciendo el modo nocturno

Cuando trabajo con recién nacidos y bebés pequeños, la principal preocupación de la mayoría de los padres es que sus hijos duerman toda la noche. Pero cuando los niños cumplen dos, tres o cuatro años, la mayor parte de la preocupación se centra en la hora de irse a dormir y la de levantarse. Muchos padres aseguran que incluso sus hijos mayores se despiertan demasiado temprano y no se vuelven a dormir, y todos en la familia sufren las consecuencias de los ritmos desparejos entre padres e hijos. Y al final muchos aceptan como norma que las 5 a.m. sea la hora de levantarse. ¡Pero no hay que hacerlo!

¿Cómo saben nuestros cuerpos cuándo levantarse por la mañana? Es la fracción azul de la luz de la mañana la que le dice a nuestro reloj interno que es hora de levantarse, como se muestra en la ilustración «La luz azul despierta al bebé y la luz roja estimula el sueño» en la página 43. En verano, esta luz puede aparecer muy temprano, alrededor de las 4 a.m. Si en la habitación del bebé entra la luz de la mañana a esa hora, el reloj del bebé recibirá la señal de que el día ha empezado y se verá arrastrado a despertar a esa hora.

¿Cómo evitarlo? Afortunadamente es simple: hay que instalar cortinas o persianas opacas que bloqueen completamente la luz. Ponlas en la habitación en la que duerme el bebé, ya sea su dormitorio o una sala de estar, así como en la zona de cambio de pañales, si está en una habitación diferente. Asegúrate de que las persianas estén bien cerradas por la noche y trata de reducir al mínimo los huecos que pueden dejar pasar la luz. Usa cinta adhesiva si es necesario para sellar totalmente la persiana y bloquear toda la luz.

Recientemente he descubierto un truco supersencillo para instalar estas persianas en cinco minutos: colocar ganchos adhesivos sobre la ventana y colgar persianas opacas portátiles encima.

Comprueba la eficacia de las persianas y cortinas por la mañana, cuando llega la luz del día. Idealmente, la cantidad de luz de la habitación con las persianas cerradas debe ser semejante a la de la noche. ¿Por qué es esto tan importante? Nuestros ojos son sumamente sensibles a la luz: somos capaces de detectar un solo fotón. Aunque un simple fotón no es suficiente para señalar «¡es por la mañana, levántate!» a nuestro reloj interno, una exposición muy corta a una luz muy tenue puede desencadenar la vigilia, como se muestra en las ilustraciones de la página 43 («La luz azul despierta al bebé y la luz roja fomenta el sueño») y la ilustración de la página 48 («La luz es mucho más intensa y poderosa de lo que pensamos»). Por lo tanto, haz que el dormitorio del bebé sea lo más oscuro posible. En el laboratorio tenemos mucho cuidado de no interrumpir nuestros experimentos circadianos exponiendo las moscas de la fruta a la luz. Aun así, los accidentes ocurren, y hemos tenido que repetir muchos experimentos porque la puerta de la incubadora no estaba totalmente cerrada: un pulso de luz tan breve como de cinco minutos es suficiente para reiniciar el reloj.

HISTORIA DE ÉXITO:
Cortinas opacas

Mi cliente Rachel, que vive en el trigésimo sexto piso de un apartamento muy luminoso en el Upper East Side de Nueva York, en principio estaba de acuerdo conmigo sobre instalar persianas en su dormitorio súper luminoso para evitar que su bebé de dos meses, Lisa, se despertara a las cinco de la mañana. Pero la inercia y la falta de sueño le impidieron cambiar las cosas, hasta que le conseguí unos ganchos para instalar una cortina opaca y una cinta adhesiva para sellar la persiana de modo que no dejara pasar la luz. Esta rápida solución convirtió su luminosa habitación en una estancia tan negra como la noche en las horas de la madrugada, permitiendo a toda la familia recuperar sus necesitadas horas de sueño.

Haciendo que la habitación del bebé sea oscura, su reloj interno sabrá cuándo es hora de levantarse, en lugar de guiarse por el sol. Su habitación deberá estar completamente oscura hasta la hora de despertarse, y así su reloj entenderá que a las 4 a.m. todavía es hora de dormir.

¿Y qué ocurre por la noche? ¿La hora de acostarse también necesita un ajuste de luz especial? La respuesta es sí. La fracción de luz azul del sol disminuye por la noche, como se miuestra en la ilustración «La luz azul despierta al bebé y la luz roja le ayuda a dormir» de la página 43. La producción de melatonina, que indica a nuestro cuerpo que es hora de dormir, depende de que la luz se vuelva menos azul y más roja. ¿Qué significa esto para nuestro bebé? No expongas al bebé a la luz azul por la noche. Usa una bombilla roja dondequiera que el bebé duerma por la noche, y en la zona de cambio de pañales y donde le des de comer. (Ver «Artículos útiles para el bebé» en la página 229 para recomendaciones sobre la luz roja.) Cuando pongas al bebé a dormir, enciende sólo la luz roja. De esta manera, en el modo nocturno, el reloj del bebé no se reajustará a la hora de la mañana y no se detendrá la producción de melatonina; en otras palabras, el bebé dormirá. La luz roja no es tan brillante como una bombilla normal, pero ilumina lo suficiente como para que puedas cambiar y alimentar al bebé y orientarte en su habitación. Cuando te levantes durante la noche porque el bebé necesita comer o está llorando, enciende sólo la lámpara roja.

Si el bebé se despierta en medio de la noche o muy temprano por la mañana y no quiere volver a dormir, recuerda que no debes dejar de seguir tu rutina. Asegúrate de mantener la habitación en total oscuridad. No enciendas la luz blanca y quédate en la habitación con el bebé con la lámpara roja encendida y las persianas cerradas.

Un experimento de acampada

Los humanos responden a la luz de manera similar a las moscas de la fruta, como lo ilustra un estudio realizado en 2017 en el que se envió a los participantes a acampar durante un fin de semana.

Antes de dividir a los participantes en dos grupos, los investigadores midieron sus niveles de melatonina y descubrieron algo peculiar: los niveles de melatonina no estaban sincronizados con los tiempos de sueño y de vigilia. En lugar de alcanzar el máximo a la hora de dormir y el mínimo justo antes de la hora de levantarse, la hormona del sueño seguía siendo alta después de que los sujetos se levantaran. La luz artificial de las bombillas y las pantallas antes de ir a dormir eran las posibles culpables. Como sabemos, la luz azul que se encuentra en la mayoría de las luces de nuestra casa (incluyendo las pantallas) suprime la melatonina. Sus efectos son dramáticos: mucha gente reporta problemas para despertarse por la mañana, están fatigados y sólo se «despiertan» del todo horas después de levantarse. A la hora de acostarse, muchos reportan problemas para dormir.

En el experimento, un fin de semana de campamento sin luz artificial ni pantallas eliminó el *jet lag* de la melatonina. En comparación con el grupo de control, que continuó su vida como de costumbre, los participantes del grupo de acampada informaron de un efecto positivo y duradero en su sueño, durmiendo más fácilmente por la noche y despertando más alerta por la mañana. Este estudio ilustra el poder de la luz solar.

Cuando no estamos acampando, y cuando es normal quedarse despierto después del anochecer y querer dormir después del amanecer, la luz del sol nos impide dormir bien, especialmente en los meses de verano, cuando el sol puede salir mucho antes de la hora a la que nos queremos despertar, dependiendo de la latitud.

En resumen: hay que aumentar la exposición a la luz durante el día y reducirla por la noche y por la mañana temprano para optimizar el sueño y la plenitud de la vigilia.

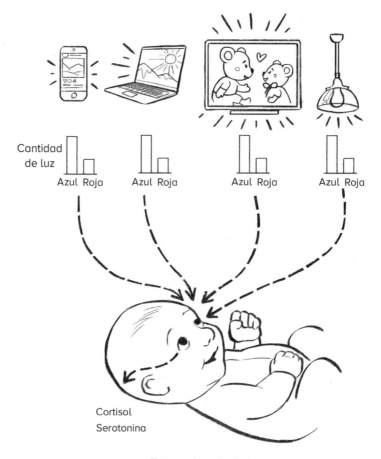

Cantidad de luz

Azul Roja   Azul Roja   Azul Roja   Azul Roja

Cortisol
Serotonina

¡Estoy despierto!

Las pantallas y la luz artificial

Las pantallas y la iluminación eléctrica tienen altas proporciones de luz azul, la cual, al igual que la luz del día, aumenta nuestro estado de alerta al elevar el cortisol y la serotonina y suprime el sueño al inhibir la secreción de melatonina. Hay que evitar que el bebé se exponga a las pantallas y a la luz por la noche, y es importante activar el modo nocturno en teléfonos y ordenadores.

Al principio, amamantar al bebé lleva mucho tiempo, y muchas mamás, incluida yo misma, usan sus teléfonos celulares para leer o enviar mensajes de texto para pasar el rato. Las pantallas de los teléfonos celulares emiten mucha más luz azul que la que contiene la luz natural de la noche, y se ha demostrado que mirar las pantallas por la noche, incluyendo las de los móviles y ordenadores, retrasa la producción de melatonina y dificulta el sueño, como se muestra en la ilustración «Pantallas y luz artificial» en la página 81.

Hay un remedio sencillo para esto. Enciende el modo nocturno (iOS) o la luz nocturna (Android) en tu teléfono o tu ordenador o instala un programa gratuito de filtro de luz azul (ver «Artículos útiles para el bebé» en la página 229). Esto evitará que tanto tú como el bebé os expongáis a la luz azul que nos mantienen despiertos, para que ambos podáis volver a dormir más fácilmente después de las tomas nocturnas. Elimina todas las fuentes de luz azul o verde de la habitación donde duerme el bebé. Utiliza cinta adhesiva para cubrir el despertador digital y el cargador con la luz indicadora verde, si es necesario. No escatimes en precauciones: la única luz permitida en la habitación del bebé y el área de cambio de pañales es la roja.

El modo diurno

Cuando sea la hora de levantarse, digamos a las 7 o las 8 a.m., dependiendo de tus preferencias personales y del horario que crearás a partir de los siguientes capítulos de este libro, asegúrate de anunciar el comienzo del día e implementar una rutina. Di «buenos días», abre las persianas y habla con un tono normal cuando despiertes al bebé por la mañana. A partir de ahora, habrá que mantener la habitación iluminada hasta que volvamos al modo nocturno, incluso durante las siestas.

	Día	Noche

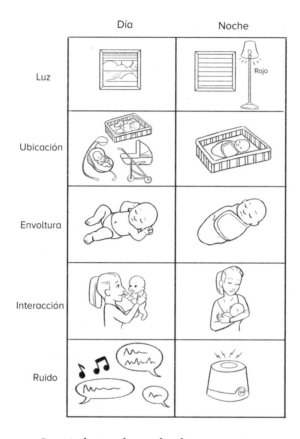

Luz

Ubicación

Envoltura

Interacción

Ruido

Dormir durante los modos diurno y nocturno

Durante el modo diurno, haz que las siestas sean tan diferentes del sueño nocturno como sea posible. Lo más importante es que no haya demasiada oscuridad durante el día. Las siestas no deben ser tan confortables para el bebé como el sueño nocturno, porque no queremos que duerma demasiado durante el día. No envuelvas al bebé para las siestas, y despiértalo cuando termine la hora de la siesta. Puedes usar un balancín para las siestas, pero no pierdas de vista al bebé. También puedes sacarlo a pasear en su cochecito para ayudarle a dormir la siesta. Durante el modo nocturno, mantén la habitación del bebé a oscuras con cortinas opacas y usa sólo la luz roja. El bebé siempre debe dormir en su cuna, y puedes envolverlo y utilizar ruido blanco para ayudarlo a dormir. Reduce al mínimo la interacción con el bebé, susurra sólo si es necesario y vuelve a colocarlo en su cuna después de darle de comer o de cambiarle los pañales. Déjaselo claro: la noche es para dormir. Mantén el modo nocturno hasta la hora de despertarse. Entonces, abre las cortinas y cambia al modo diurno.

El objetivo es establecer claramente la diferencia entre el modo nocturno y el diurno. Debe existir un gran contraste entre todas las actividades diurnas, las siestas y la alimentación, y todas las actividades nocturnas, que sólo deben ser comer, dormir y cambiar pañales. Durante el día, no te muestres demasiado inactiva cuando estés cerca del bebé. Dale de comer y cámbiale los pañales en un lugar luminoso, y procura que no haya oscuridad total a la hora de las siestas. A la mayoría de los recién nacidos no les importa cuánta luz u oscuridad hay cuando duermen una siesta durante el día pero, al exponerlos a la luz diurna, estamos indicando a su reloj circadiano que todavía es de día y aún no es hora de producir melatonina, lo cual ayudará a que duerma más tiempo por la noche. Juega con el bebé y háblale durante el día, ponle música y sácalo a pasear.

Por el contrario, evita todas las actividades diurnas, luces y sonidos durante la noche. Por la noche, cuando te prepares para acostar al bebé, inicia el modo nocturno. No dejes que el bebé salga de su dormitorio, háblale en susurros y, muy importante, mantén todas las luces apagadas y usa sólo una luz roja.

7
Ayudar al bebé a dormirse

Todos queremos que el bebé se duerma fácilmente y sin llorar, pero los bebés y especialmente los recién nacidos necesitan ayuda para dormir. Naturalmente, queremos que el bebé duerma la siesta durante el día, pero intentaremos que el sueño diurno sea menos confortable para el bebé que el nocturno, cuando se debe intentar crear el entorno de sueño más acogedor posible. ¡Es mucho más fácil tratar con un bebé malhumorado durante el día que entretener a un bebé que no está lo suficientemente cansado a las tres de la madrugada! Además, cuantas más características de los modos diurno y nocturno sean claramente diferentes, más fuerte será el ritmo de sueño del bebé. Para ayudar a dormir a tu bebé, recuerda lo que aprendimos sobre el reloj circadiano en el apartado anterior: si, por ejemplo, todos los días usamos un balancín eléctrico para que el bebé haga una siesta a las diez de la mañana, esta rutina se convertirá en un *Zeitgeber* que servirá para que el bebé duerma media hora cada mañana, y poner el bebé en su cuna envuelto en un saquito de dormir con la única iluminación de una lámpara roja, se convertirá en un *Zeitgeber* para que duerma ocho horas cada noche. Diferenciar los lugares donde duerme el bebé por la mañana y por la noche le servirá para aprender que el sueño nocturno es largo, y las siestas más cortas. En el paso 2 aprenderás a marcar un horario y determinar el momento más adecuado para acostar al bebé y despertarlo.

Hábitos de sueño seguro

Aproximadamente 3.500 lactantes mueren cada año en los Estados Unidos por problemas relacionados con el sueño, incluido el síndrome de muerte súbita del lactante (SMSL), muertes por causas desconocidas y asfixia accidental. Tras una disminución inicial en la década de 1990, la tasa de mortalidad general atribuible a las muertes de lactantes relacionadas con el sueño no ha disminuido en los últimos años. Muchos de los factores de riesgo modificables y no modificables del síndrome de muerte súbita del lactante y otras muertes infantiles relacionadas con el sueño son sorprendentemente similares. La Academia Americana de Pediatría recomienda un entorno de sueño seguro que pueda reducir el riesgo de muerte infantil relacionada con el sueño. Las recomendaciones para un entorno de sueño seguro incluyen la posición supina (boca arriba), el uso de una superficie de sueño firme, compartir la habitación sin compartir la cama y evitar almohadas y exceso de calor. Entre las recomendaciones adicionales para la reducción del síndrome de muerte súbita del lactante figuran evitar la exposición al humo, el alcohol y las drogas, la lactancia materna, la vacunación sistemática y el uso del chupete.

Se recomienda el contacto piel con piel para los recién nacidos, pero a partir de los cuatro meses hay que evitar acostar al bebé en la cama de los padres y en cunas de colecho, así como en sofás, sillones y dispositivos de asiento, y no deben utilizarse cojines ni almohadas. El fundamento de estas recomendaciones se detalla en el informe técnico que figura en https://pediatrics.aappublications.org/content/138/5/e20162938#:~:text=Recommendations%20To%20Reduce%20the%20Risk,reaches%201%20year%20of%20age

**Adaptado de la Academia Americana de Pediatría,
«SMSL y otras muertes infantiles relacionadas con el sueño».**

Aprendiendo a relajarse

Mi método te ayudará a marcar horarios de sueño que permitan que el bebé se duerma rápidamente. Sin embargo, habrá muchas veces, especialmente en los primeros meses, en que acostar al bebé será todo un desafío. El objetivo es que aprenda a calmarse solo, por eso no debes tomar al bebé: déjalo en la cuna, columpio o cochecito mientras lo tranquilizas. Consolarse a sí mismo es la habilidad más importante que el bebé necesita adquirir para dormir durante la noche, y es importante comenzar a enseñárselo desde el principio. Levantar al bebé y tomarlo debe ser solamente el último recurso para calmarlo.

El concepto de autocalma como parte esencial del entrenamiento del sueño se remonta al Dr. Richard Ferber, que desarrolló un modelo en su popular libro *Solucione los problemas de sueño de su hijo,*[2] describiendo cómo los padres interfieren en el sueño nocturno del bebé al crear asociaciones de sueño inadvertidas. Los padres a menudo responden muy rápidamente a los despertares nocturnos de los bebés, los sacan de sus cunas, los levantan y les dan de comer para que vuelvan a dormirse. Ferber sugiere que estos comportamientos promueven asociaciones de sueño específicas en los bebés. Los bebés aprenden a esperar estas intervenciones de los padres para dormirse y no aprenden a tranquilizarse. ¿El resultado? El bebé se sigue despertando por la noche, llora para que acudan sus padres, y nadie duerme.

---

2. Ferber, Richard, *Solucione los problemas de sueño de su hijo*, Medici, Barcelona 1992.

El método de entrenamiento del sueño de Ferber, que consiste en dejar que el bebé llore por la noche sin que lo levanten durante períodos de tiempo cada vez más largos hasta que el bebé aprenda a tranquilizarse por sí mismo, se hizo tan popular que a menudo se denomina Ferberización. De hecho, es probable que hayas oído hablar de ello o que hayas escuchado a otros padres hablar del método de «llorar».

El modelo de Ferber fue puesto a prueba cuando los pediatras del Hospital de la Ciudad de Boston informaron a un grupo de padres acerca de la autocalma en el chequeo de sus bebés a los cuatro meses, y compararon las pautas de sueño de este grupo con uno al que no se le dio esta información en el chequeo de los nueve meses. Según la hipótesis, enseñar a los bebés a calmarse a sí mismos resultó en una reducción de las vigilias nocturnas del 50 por ciento en el grupo informado. También podemos entender las ideas de Ferber desde la perspectiva de la inducción circadiana: responder habitualmente a las señales del bebé en medio de la noche hace que espere la intervención de los padres en lugar de que vuelva a dormirse solo.

Si bien el método de Ferber puede ser eficaz, también es criticado por ser muy duro para los padres, por lo que propongo un método de Entrenamiento Suave de Sueño más amigable, que comparto en el capítulo 13.

¿Cómo podemos ayudar al bebé a dormirse? Aquí hay algunas técnicas comunes y útiles para calmar al bebé y fomentar el descanso:

- Envolverlo.
- Acunarlo.

- Susurrarle.
- Cantarle.
- Utilizar un ruido blanco.[3]
- Acostarlo en un balancín eléctrico.
- Abrir la ventana o salir al exterior para tomar aire fresco.
- Salir a dar un paseo en el cochecito.
- Salir a pasear llevando al bebé en una mochila.
- Darle de comer (ver «El chupete humano» en el capítulo 8).
- Darle un chupete (no recomendado, ver más abajo).
- Darle una manta de muselina para que la chupe (mejor que el chupete).
- Caminar con el bebé en brazos.
- Darle un peluche (para bebés mayores o niños pequeños).
- Darle una manta (para bebés mayores o niños pequeños).

Puedes utilizar algunas de estas técnicas para ayudar al bebé a calmarse cuando llora y para ayudarle a dormirse. Recuerda que es crucial que el bebé no duerma todo el día (ver el capítulo 10), así que utiliza estas técnicas con moderación durante el día. Por ejemplo, puedes utilizar el columpio eléctrico para ayudar al bebé a dormirse, pero no lo dejes encendido durante horas para que duerma mucho tiempo. Apágalo cuando termine la hora de la siesta, para que se despierte de forma natural.

A continuación te explicaré con más detalle cómo utilizar algunos de los trucos que ayudan al bebé a hacer la siesta, pero que también promueven nuestro objetivo último: hacer que el bebé duerma toda la noche.

---

3. Se trata de sonidos planos y constantes donde ninguna frecuencia sobresale por encima de otra, como el sonido de una cascada, la lluvia o el rumor de un ventilador.

Envolturas

Envolver a un recién nacido puede ser muy útil para ayudarle a dormirse, porque está acostumbrado a la acogedora tensión del útero, donde los movimientos de brazos y piernas estaban restringidos. Los recién nacidos tienen un reflejo de caída llamado reflejo de Moro, que hace que el bebé levante los brazos instintivamente cuando siente que se está cayendo, para protegerse. Este reflejo desaparece lentamente entre los cuatro y los seis meses. Mientras los bebés duermen, los pequeños espasmos que se producen normalmente durante el sueño desencadenan este reflejo, y a veces el movimiento de los brazos asusta al bebé y lo despierta. Esto dificulta que el bebé se duerma sin interrupciones, y restringir el movimiento de los brazos ayuda a ello. Envolver al bebé recrea esa reconfortante tensión del útero y evita que se despierte por el reflejo de Moro, y muchas madres (incluida yo misma) pueden dar fe del poder de las envolturas.

Su eficacia no es sólo anecdótica; en un laboratorio del sueño de la Universidad de Washington en St. Louis se ha comprobado. Utilizando una serie de técnicas científicas, incluyendo la polisomnografía para detectar la actividad eléctrica en el cerebro durante el sueño, electromiogramas para estudiar la actividad muscular y envolturas especiales que detectan los movimientos del bebé, los investigadores fueron capaces de demostrar que envolver al bebé reduce las convulsiones y las interrupciones del sueño en un 90 por ciento.

Aunque las envolturas parecen ser la forma perfecta de promover el sueño del bebé, es clave usarlas sólo durante la noche, de lo contrario el bebé dormirá demasiado durante el día, lo que interferiría en el sueño nocturno. Utiliza otras técnicas para ayudar al bebé a dormir durante el día (como columpios, paseos en el cochecito, aire fresco) y reserva esta herramienta para cuando realmente la necesite: por la noche. Puedes usar las envolturas hasta que el bebé aprenda a darse la vuelta, lo que suele suceder alrededor de los cinco o seis meses, pero también puede ocurrir antes. En ese momento ya no es seguro envolverlo, porque el bebé puede darse vuelta sobre su estómago, pero no puede usar sus brazos para ajustar su posición. Puede que se tumbe de cara y le resulte difícil respirar de esa manera. En cuanto veas que tu bebé se da la vuelta, aunque sea una sola vez, deja de envolverlo.

A muchos padres les preocupa dejar de usar esta técnica tan útil de un día para el otro. En lugar de usar una muselina, mete al bebé en un saco de dormir, que le permitirá mover los brazos libremente. Afortunadamente, el sueño del bebé no se verá afectado después de cambiar de una envoltura a un saco de dormir, si sigues respetando todos los demás factores del modo nocturno. Esa es la ventaja de mi método: conseguirás arrastrar al bebé a un ritmo fuerte usando multitud de herramientas, incluyendo la luz, los horarios y las rutinas. Envolverlo en un arrullo sólo ha sido una pequeña parte del método. Dejar de envolver al bebé mientras sigues la misma rutina y asegurarte de que esté cansado por la noche dará como resultado un bebé que duerma felizmente incluso cuando de repente se dé cuenta de que sus brazos ya no están limitados.

Contacto visual

Evita mirar a tu hijo a los ojos cuando lo vayas a acostar. Es un hecho probado desde hace mucho tiempo por la investigación psicológica y todos hemos oído hablar de que ser observado aumenta nuestra excitación y altera nuestros patrones cerebrales. Que la madre lo mire es tan emocionante para el bebé que se vuelve más alerta. Esto es lo contrario de lo que necesita cuando es hora de dormir. Así que dirige tu mirada a su barbilla o a su vientre para que se calme más fácilmente.

Crear un espacio específico para el sueño nocturno

Si es posible, es muy conveniente poner al bebé a hacer la siesta en un lugar diferente a donde duerme por la noche. Para el sueño nocturno acuéstalo siempre en su cuna, y no lo cambies nunca de lugar. Para las siestas, utiliza una cuna o un moisés diferente, o déjalo dormir en un columpio para bebés o en su cochecito mientras salís a dar un paseo durante el día. Todas estas son estupendas opciones.

 HISTORIA DE ÉXITO:
Dormir en el cochecito

Una de mis historias favoritas es la de Max, un padre primerizo que tenía problemas para poner a su hija a dormir la siesta. Como Max me explicó, a su bebé, Olympia, le costaba mucho dormirse para la siesta de la tarde a menos que la hicieran rebotar en una mochila. Era verano y el clima era agradable, así que le sugerí que en vez de eso saliera a caminar con Olympia, todos los días a la misma hora, para ayudarla a quedarse dormida y a él a salir de la casa, una rutina muy necesaria para los padres que pasan muchas horas al cuidado del bebé. Una semana después, Max me dijo que Olympia había estado durmiendo como un tronco durante su siesta de la tarde en el cochecito, y que él y su esposa habían podido disfrutar de un descanso paseando por el vecindario. Todos salieron ganando.

Ruido blanco

Muchos padres aseguran que el ruido blanco es una herramienta muy útil para conseguir que el bebé duerma. En 1990, científicos de Londres comprobaron que el ruido blanco permite que el 80 por ciento de los recién nacidos de dos a siete días se duerman en cinco minutos, mientras que sólo el 20 por ciento de un grupo de control sin ruido blanco se durmió en ese tiempo. El ruido blanco ahoga cualquier sonido ambiental que pueda perturbar el sueño del bebé, pero también hay una cualidad calmante en el ruido mismo. Se cree que el ruido blanco imita los sonidos a los que el bebé está expuesto mientras está en el útero.

Aunque el ruido blanco es una gran herramienta para dormir, úsalo con moderación, ya que su efecto puede desaparecer. Apágalo durante las tomas nocturnas para poder usarlo de nuevo si el bebé empieza a llorar cuando lo vuelvas a acostar. No utilices el ruido blanco durante el día para las siestas. Si se usa sólo por la noche, se convertirá en otra señal para el bebé de que es de noche, y por la noche hay que dormir. Durante el día, puedes usar diferentes sonidos para ayudar al bebé a dormir. Muchos columpios para bebés tienen sonidos incorporados, como canciones de cuna o sonidos de la naturaleza, y a muchos padres les ayuda a dormir a sus hijos. Hay una gran variedad de máquinas de ruido blanco y aplicaciones móviles disponibles (consulta «Artículos útiles para el bebé» en la página 229).

Chupetes

Cuando tu bebé está llorando, estás dispuesta a hacer casi cualquier cosa para que pare. Nunca me gustó la idea de usar un chupete, pero intenté dárselos a Leah y a Noah por desesperación. Leah me lo puso fácil: escupió el chupete y eso fue todo. Noah, por otro lado, lo cogió, y qué pacífico fue el primer mes. Si le acababa de dar de comer y se ponía a refunfuñar... ¡chupete! Estaba feliz y contenta, y el chupete lo ayudaba a dormirse. Apenas lo oíamos llorar durante el día.

Por la noche era una historia diferente. Se despertaba muchas veces y empezaba a llorar, y yo tenía que darle de comer o ponerle el chupete para calmarlo. Alrededor de la quinta semana me di cuenta: había entrenado eficazmente a Noah para que necesitara el chupete para dormirse. Durante el día no había problema, sólo tenía que volver a ponérselo cuando se le caía. Pero por la noche significaba que tenía que despertarme muchas veces para volver a ponerle el chupete en la boca cuando lloraba, porque no podía dormirse sin él. ¡Mi niño era adicto al chupete!

Me di cuenta de que el chupete estaba dificultando que aprendiera a calmarse solo, así que tomé una decisión radical. Desintoxicación del mono de chupete. Un día tiramos todos los chupetes y empezamos la reprogramación. Durante unas veinticuatro horas tuvimos un bebé muy malhumorado en nuestras manos, y no voy a negar que finalmente me puse muy nerviosa y dejé de cumplir nuestros horarios y empecé a darle de mamar cada vez que se ponía a llorar. Durante un tiempo me convertí en un chupete humano. Gradualmente, fui dejando de darle el pecho para calmarlo, hasta que Noah volvió a su horario.

Aunque muchos padres confían plenamente en los chupetes y que podrían reducir el riesgo de SMSL (síndrome de muerte súbita del lactante, una muerte inexplicable de bebés menores de un año que suele ocurrir durante el sueño y que se ha relacionado con la ropa de cama de la cuna), según la Academia Americana de Pediatría, no puedo recomendarlos por mi experiencia personal y también por trabajar con otros padres que han experimentado problemas similares. Una alternativa calmante oral menos adictiva es una manta de muselina. A partir de los cuatro meses, a Noah le encantaba sostener la tela en sus manos y a veces la chupaba un poco. La tela de muselina ligera y transparente es transpirable, así que no tienes que preocuparte por el síndrome de muerte súbita del lactante. Aun así, usa la muselina sólo para las siestas diurnas, y vigila al bebé cuando lo hagas.

¿Dónde debería dormir el bebé?

El hecho de dormir con el bebé en la cama o la habitación de los padres en lugar de hacerlo en una cuna en un dormitorio separado es un punto muy discutido. «La crianza de un bebé implica compartir la cama y evitar el llanto», dicen algunos. Aunque es muy angustioso para los padres escuchar a su bebé llorar, ¿es esta la mejor manera de ayudar al bebé a dormir durante la noche?

Aparte de las consideraciones de seguridad (la American Pediatrics Association está en contra de compartir la cama debido a un mayor riesgo de SMSL), está comprobado que crear un espacio para que el bebé aprenda a tranquilizarse le ayuda mucho a dormir durante la noche. En 2017, investigadores del University College of London compararon a los bebés que dormían con sus padres con los que tenían su propia cuna, usando análisis de vídeos y diarios de sueño. Descubrieron que los padres que duermen con los bebés en su cama responden a las vigilias nocturnas en segundos y les dan de comer inmediatamente. Los padres cuyos bebés duermen en una cuna tardan un poco más en responder cuando el bebé se despierta, y también retrasan la alimentación del bebé en comparación con los bebés que comparten la cama. Ahora, aquí está la paradoja: los científicos descubrieron que a los tres meses de edad, sólo el 25 por ciento de los bebés del grupo que comparte la cama con sus padres dormía más de cinco horas por la noche. En cambio, el 72 por ciento de los bebés del grupo de cuna, donde los padres habían aguantado al menos un minuto para calmar y alimentar al bebé, dormían más de cinco horas por la noche. En otras palabras, retrasar la alimentación de un bebé tan sólo un minuto tiene efectos profundos en la facilidad con la que el bebé duerme durante la noche. Retrasar el consuelo y la alimentación cuando el bebé está al lado de sus padres en la cama es casi imposible, pero tener al bebé en su propia cuna, o mejor aún, en su propia habitación, permite a los padres ser disciplinados y así enseñar al bebé a calmarse a sí mismo.

¿Y tener al bebé en su cuna en tu habitación en vez de en la suya propia? Tiene sentido tenerlo en tu habitación en las primeras semanas, cuando necesita comer con mucha frecuencia. Tenerlo cerca minimizará sus interrupciones de sueño. Pero después de cierto tiempo es mejor llevarlo a su propia habitación, si es posible. Te darás cuenta de que es muy sensible a cualquier sonido, y los giros de la madre en la cama o los ronquidos del padre pueden despertar al bebé. Por el contrario, los múltiples y variados ruidos y gruñidos del bebé, aunque son adorables pueden ser perjudiciales para el sueño de los padres.

De hecho, un estudio realizado en 2015 por científicos en Israel demostró precisamente eso: dejar que el bebé duerma en su propia habitación mejora significativamente el sueño de los niños y los padres. Los investigadores compararon el sueño de los bebés y las madres que dormían con el bebé en la misma habitación con el de bebés que dormían en su propio dormitorio, y descubrieron que las madres que practicaban colecho sufrían más vigilias nocturnas y un sueño más pobre a los tres y seis meses de edad que las madres cuyos bebés dormían en su propia habitación. En otras palabras, acostar al bebé en su habitación (controlándolo a través de un audífono o con un monitor para poder oírlo cuando se despierte) mejorará como mínimo tu sueño, y a menudo también el de tu bebé. Cuando empieces a intentar prolongar las fases nocturnas del sueño del bebé, no tenerlo en tu habitación le hará las cosas mucho más fáciles, ya que le permitirá practicar sus habilidades para calmarse a sí mismo y evitará que tú acudas a ver qué pasa al más mínimo llanto.

Un buen momento para la transición del bebé a su propia habitación es alrededor de los dos meses, cuando tú estarás mucho más tranquila que en las primeras semanas y podrás dormir más profundamente en tu propia habitación.

HISTORIA DE ÉXITO:
Acompañar al bebé a su habitación

La madre de Logan, Laura, me contactó de nuevo cuando su bebé tenía diez semanas y pesaba casi seis kilos. Yo había ayudado a Laura cuando Logan tenía sólo un mes, y su sueño había mejorado desde entonces. Incluso había llegado a dormir seis horas seguidas algunas noches. Aun así, la mayoría de los días eran una lucha porque Logan tenía problemas para dormirse. Por la noche, se despertaba cada hora, y Laura tenía que calmarlo para que se durmiera. Logan dormía en la cama de sus padres, y solían acunarlo durante horas para que se durmiera. Durante el día, dormía tres o cuatro siestas que sumaban alrededor de seis horas. A Laura le preocupaba que Logan no descansara bien, porque sus brazos y piernas se movían con inquietud cuando dormía, y «parecía incómodo», aunque no lloraba.

Para que Logan volviera a la normalidad, primero le aconsejé a Laura que le consiguiera una cuna y la pusiera en una habitación separada. También consiguió un monitor de bebé para estar más tranquila durmiendo por separado. Le aconsejé a Laura que redujera las siestas de Logan de seis a cuatro horas al día, ya que según el gráfico «Tabla de sueño del bebé» de la página 59 su hijo dormía demasiadas siestas durante el día, lo que afectaba al sueño nocturno. Además, le enseñé a Laura mi Entrenamiento Suave de Sueño, ya que Logan mostraba signos de estar preparado (ver página 139).

Mamá Laura me dijo que, aunque oír llorar a Logan la hacía sufrir, después de sólo unas pocas noches, ¡Logan pasó de un promedio de tres horas a un promedio de cinco horas de sueño! Ella estaba encantada. Le aconsejé que continuara con el entrenamiento hasta que durmiera toda la noche.

Transición de la cuna a la cama

¿Cuándo es un buen momento para hacer la transición a una cama para niños grandes, y cómo hacerlo? No hay prisa en cambiar a tu hijo a una cama «de verdad». A los niños les encantan las rutinas y las repeticiones, y se sienten recogidos y protegidos en su cuna. Mientras tu hijo esté seguro en la cuna, recomiendo dejarlo allí. Por lo general, alrededor de los tres años, pero a veces mucho antes, los niños empiezan a tratar de salir de la cuna por su cuenta, lo que puede ser peligroso. Cuando empiezan a intentar esas «fugas de la prisión», es el momento de hacer la transición a una cama para niños grandes. Antes de hacerlo, asegúrate de que tu hijo duerme bien y que está lo suficientemente cansado por la noche; de lo contrario, se levantará de la cama cada cinco minutos y te pedirá que lo entretengas (ver el paso 2 sobre cómo crear el horario ideal). Háblale sobre la novedad de cambiarlo a una cama grande unos días antes de hacerlo, y explícale con toda naturalidad que a partir de ahora dormirá en una cama para niños grandes, pero que nada más va a cambiar, y que se dormirá en su cama durante toda la noche hasta que tú o tu pareja lo levantéis por la mañana. Si la transición a la cama grande causa estragos a la hora de acostarse, de dormir o de levantarse, significa que su horario debe ser reexaminado de acuerdo con el paso 2. Recuerda: la cama no es la razón por la que tu hijo no duerme bien, sino el horario.

Cuando el bebé se convierta en un niño pequeño, habrá momentos en los que querrá ir a tu cama y dormir contigo, por ejemplo, cuando haya tenido una pesadilla o si está enfermo. No hay nada más lindo que tener a un bebé o un niño pequeño durmiendo en tu cama, encima de ti o acunado en tu brazo. Pero ten cuidado: ellos también piensan que es genial. Cuando se encuentre mejor y decidas que ya ha llegado el momento de recuperar tu habitación, tu pequeño podría tener otros planes. Desalojar a un bebé o un niño pequeño acostumbrado a dormir con los padres es extremadamente difícil. La mayoría de los padres se rinden y los dejan volver a entrar, lo que puede ser frustrante cuando tienes ganas de recuperar tu intimidad.

Eres tú quien debe decidir cuáles son tus prioridades, pero si prefieres tener tu cama para ti, no permitas que los niños se acuesten contigo. Mis hijos dormían conmigo algunas veces cuando estaban enfermos, y era muy agradable tenerlos cerca, o más bien encima de mí. No dormía mucho, pero sentía que los ayudaba a mejorar gracias al amor y el consuelo que les proporcionaba aquella cercanía. Sin embargo, los volvía a poner en su cuna la noche siguiente, porque no quería que se acostumbraran a la almohada de mamá.

Hermanos

Todos los consejos básicos de este libro los desarrollé cuando tuve a mi primera hija, Leah. Cuando tuve al segundo, Noah, Leah tenía dos años. Dormía como una campeona, pero el recién nacido, por supuesto, no lo hacía. Durmió en nuestra habitación durante los dos primeros meses. En ese momento yo estaba lista para trasladarlo a su propia habitación, tanto por su bien como por el nuestro. Su sueño (y el nuestro) mejoró un poco, pero seguía despertándose por la noche y llorando. Me preocupaba que Leah se despertara, y me apresuraba a dar de mamar a Noah cada vez que lloraba. Afortunadamente, Leah rara vez se despertaba.

Sin embargo, cuando Noah tenía unos tres meses y yo quería entrenarlo para dormir (ver capítulos 12 y 13 sobre cómo hacerlo), sabía que iba a llorar mucho hasta que aprendiera a calmarse solo. La gran pregunta era: ¿cómo me aseguro de que Leah no se despierte también y acabe encontrándome con dos bebés insomnes y llorones? La respuesta resultó ser fácil: habitaciones separadas, ruido blanco y modo nocturno.

Habitaciones separadas

Lo ideal sería que cada niño estuviera en su propia habitación hasta que todos estén entrenados para dormir. Si eso no es posible por limitaciones de espacio, el que duerme mejor puede dormir contigo hasta que tu otro hijo duerma toda la noche. Si mantenéis con vosotros al que duerme peor, generalmente el nuevo bebé, os seguiréis despertando los unos a los otros. Además, el entrenamiento del sueño es mucho más fácil cuando el bebé no llora delante de ti. Cuando estés preparada, pon al bebé en su propia habitación y al mayor contigo. Si todos dormís en la misma habitación, el ruido blanco y el modo nocturno son especialmente importantes.

Ruido blanco

Si los niños están en dos habitaciones separadas, instala una máquina de ruido blanco en cada una. Si el mayor duerme en tu habitación, pon una allí también. Enciéndela cuando pongas a los niños a dormir. De esta manera, el mayor no se despertará cuando el pequeño llore. En un lugar ruidoso como una ciudad, también ayudará a ahogar el ruido del tráfico que, de otro modo, podría perturbar el sueño. Si todos los niños duermen en la misma habitación, el ruido blanco es especialmente importante para evitar que se despierten unos a otros.

También es útil saber que si uno de los niños se despierta y llora temprano por la noche no molestará tanto al otro niño como si lo hace más tarde. ¿Por qué? La presión del sueño disminuye durante la noche, a medida que el bebé satisface su necesidad de dormir (ver «La presión del sueño nos hace dormir» en la página 56). Por lo tanto, su umbral de excitación es más alto al comienzo del sueño nocturno, y más bajo por la mañana antes de la hora de despertarse. Es entonces cuando es más probable que los llantos del bebé despierten a los demás niños de la casa. El ruido blanco es especialmente importante en esas horas tempranas de la mañana.

Modo nocturno

No importa lo bien (o mal) que duerma el nuevo bebé, mantén el modo nocturno en todas las habitaciones de los niños. Esto puede llegar a ser muy difícil si un niño mayor se despierta por el llanto del nuevo bebé o por otra razón. Intenta no dejar que el niño mayor termine el modo nocturno y salga de la habitación. Haz que tu pareja se ocupe de un niño, si puede, mientras tú calmas al otro. El modo nocturno estricto para todos evitará que se debiliten los ritmos, y esto es crucial para el niño mayor. Recuerda que si dejas que se levante demasiado temprano, esto indicará a su cerebro que esa es la nueva hora de despertar, y se verá arrastrado a este nuevo ritmo, ¡aunque signifique despertarse a las 5 de la mañana!

CREAR EL AMBIENTE IDEAL DE LUZ Y SUEÑO
Puntos clave

★ Establece el modo diurno y el modo nocturno.

★ Utiliza sólo la luz roja durante el modo nocturno.

★ Haz que las siestas diurnas sean menos confortables que el sueño de la noche.

★ Envuelve al bebé, usa ruido blanco y otras herramientas sólo por la noche para ayudar al bebé a dormir.

★ Ten en cuenta las necesidades de tu familia al organizar las rutinas de sueño.

Paso 2: Crear el horario ideal de sueño y siesta

Ya eres una experta en crear un ambiente de sueño ideal para el bebé. ¿Pero qué hay de los horarios y rutinas? ¿Cuándo se supone que hay que dar de comer al bebé y cuándo se supone que dormirá? ¿O debemos seguir las indicaciones de nuestro bebé para decidir?

Afortunadamente, la ciencia puede ayudarnos a resolver esas preguntas cruciales.

En «La ciencia del sueño» aprendiste que nuestro reloj interno es muy preciso, lo que significa que cuanto más alineados estemos con nuestro ritmo endógeno, más fácil nos resultará irnos a dormir y despertarnos cada día. En lenguaje llano, esto significa: hacer todo a la misma hora todos los días, y no hacer excepciones. Hay que establecer horarios regulares para el sueño nocturno, las siestas y la alimentación. Además, puedes incluir las horas a las que sales a pasear, juegas o haces otras actividades. En los próximos capítulos aprenderás a establecer y mantener los diferentes elementos del horario del bebé: su alimentación, el momento de ir a dormir y de despertar, las siestas y sus rutinas desde el día de su nacimiento.

8

Horarios

Múltiples estudios demuestran que el cumplimiento de un horario ayuda a que los bebés lloren menos y a que los padres se sientan menos abrumados. Una de las principales preguntas que se hacen los padres es cómo conseguir que su bebé tenga un horario, y a partir de qué edad es posible.

Recién nacidos

Cuando nace el bebé, el pediatra o los profesionales del hospital nos dicen que le demos de mamar a voluntad, que el recién nacido debe despertarse cada dos horas para comer, y que lo más probable es que duerma entre tres y cuatro horas seguidas por la noche.

Por lo general, los médicos recomiendan despertar a los bebés por la noche cada cuatro horas para amamantarlos hasta que hayan recuperado su peso al nacer (a menos que sean prematuros, en cuyo caso el médico te dará un peso objetivo diferente). Al nacer, los bebés pasan de una alimentación constante a través de la sangre de la madre a una alimentación intermitente con leche, e inicialmente pierden peso en el proceso. Es importante darles suficiente hidratación y calorías hasta que recuperan su peso al nacer. Esto generalmente sucede entre una semana y un mes después del parto. Hasta entonces, despiértalo cada cuatro horas por la noche, y dale de comer cada dos horas durante el día.

Cuando el bebé recupera su peso al nacer, ya podemos dejarlo dormir por la noche. ¡Afortunadamente! Esta fue más o menos la progresión con mi primera hija, Leah. Después de dos semanas había recuperado su peso de nacimiento, y desde entonces durmió toda la noche.

Mi bebé número dos fue una historia completamente diferente. Cuando nació nuestro hijo Noah, durante las primeras veinticuatro horas comía cada quince minutos, y luego cada media hora durante las siguientes cuarenta y ocho horas. Mamaba unos pocos minutos, sin vaciar nunca un solo pecho, se dormía por un corto periodo de tiempo, y luego se despertaba hambriento otra vez. Repetición. Después de tres días de esta locura le pregunté a mi doula (ayudante de parto y crianza) qué hacer, y ella me dijo que debía darle de mamar cada dos horas y dejarlo dormir entre tomas. Así que le obligué a hacer precisamente eso. Lo mantenía despierto durante las comidas, desvistiéndolo y soplándole aire cuando se dormía, y así comía más y podía dormir durante más tiempo entre las comidas. Después de sólo dos tomas como ésta, habíamos conseguido establecer el horario de comer cada dos horas, lo que hizo que mi vida fuera mucho más sana, porque ahora podía recuperar un poco el sueño cuando él dormía, un lujo que es imposible cuando el bebé se alimenta cada quince o treinta minutos. Esto demuestra que, aunque en esa etapa no podemos imponerle ningún ritmo al bebé, incluso los recién nacidos responden a los incentivos para alimentarse y dormir cuando necesitamos que lo hagan.

Repito: los recién nacidos deben alimentarse cada dos horas y dormir entre ellas. Por la noche, se permite dar de comer cada cuatro horas. Para que los bebés que tienen mucho sueño se pués haces que el bebé alinee su ciclo de sueño con el tuyo. Si lo acuestas demasiado pronto, el bebé se despertará demasiado pronto, ya que sólo puede dormir un número limitado de horas seguidas y permanecer un tiempo determinado en modo nocturno. Si el bebé duerme como máximo cinco horas seguidas y lo acuestas a las 7:00 p.m., se despertará a medianoche y después no dormirá mucho. A menos que te quieras ir a la cama a las siete de la tarde, el horario del bebé estará desalineado con el tuyo.

La mejor manera de fijar los horarios de ir a dormir y de despertar es empezar por fijar la hora a la que deseas que se despierte y a continuación ir hacia atrás. Esto es muy útil para la mayoría de los padres cuando tienen que ir a trabajar o si tienen otros niños que se levantan a una hora determinada. Por ejemplo, si tu objetivo es que se despierte a las 8 a.m. y te gustaría irte a la cama a las 11 p.m., entre las 11 p.m. y las 8 a.m. hay que establecer el modo nocturno. La última comida del bebé sería antes de ir a dormir, a las 10:30 p.m., y tienes que alimentarlo en modo nocturno para indicarle que es hora de dormir. Antes de esto establecerás una rutina nocturna completa para enseñar al bebé a anticipar la hora de irse a dormir (ver el ejemplo de rutina para ir a dormir en la página 124).

Si el bebé mama varias veces durante la noche y tú pasas muchas horas despierta, tal vez puedas añadir un tiempo de amortiguación al comienzo o al final de la noche para que puedas descansar lo suficiente. Si el bebé mama tres veces durante la noche y te lleva cuarenta minutos darle de comer, cambiarle los pañales y consolarlo cada vez, tienes que añadir al horario 3 × 40 minutos = 2 horas al comienzo de la noche para dormir lo suficiente. La última comida sería a las 8:30 p.m y la hora de acostarse a las 9 p.m. Alternativamente, puedes añadir una hora por la noche y una hora por la mañana. Cada vez que el bebé acaba de comer por la noche, puedes ajustar la hora de acostarse y de levantarse.

Todo este proceso puede ser complicado si el sueño del bebé y el número de tomas nocturnas siguen siendo muy variables, normalmente en los dos primeros meses. La solución es elegir horarios de ir a dormir y de despertarse que te den suficiente descanso, y mantener el modo nocturno durante todo ese tiempo. El bebé aprenderá rápidamente que ese es el momento de dormir. Incluso aunque siga necesitando comer con frecuencia, volverá a dormirse rápidamente después y no esperará que haya juegos ni actividades como las del día. La clave es mantener estrictamente el modo nocturno hasta la hora de levantarse.

Vamos a realizar juntas el proceso de creación de un programa para un recién nacido de una semana.

Paso 1: Determinar la hora deseada de despertar. Digamos que son las 7 de la mañana.

Paso 2: Determinar cuánto tiempo pasas despierta en total por la noche. Digamos una hora.

Paso 3: Consulta la tabla de sueño del bebé en la página 59 y busca la edad de tu bebé. A la semana, debería dormir nueve horas por la noche (más las vigilias nocturnas para comer).

Paso 4: Calcula la hora de ponerlo a dormir: su hora de despertar deseada menos el tiempo total de sueño nocturno del bebé. Esto es 7 a.m. – 9 horas = 10 p.m. Para compensar los despertares nocturnos, añade una hora de amortiguación al principio de la noche. Así, la hora de ir a dormir son las 9 p.m. La rutina para dormir, incluyendo la lactancia o el biberón, comienza al menos 30 minutos antes, a las 8:30 p.m.

Tu horario: El modo nocturno comienza a las 8:30 p.m., comer, ir a dormir a las 9 p.m., hora de levantarse a las 7 a.m.

Cómo establecer un horario de alimentación y siesta durante el día

Los bebés nacen con un reloj interno, como ya sabes, pero ese reloj no está ni interna ni externamente alineado todavía: su horario es errático. No es posible ni útil imponer un horario estricto de sueño a los recién nacidos, pero sí lo es establecer un horario de alimentación, así como mantener constantes las horas de cama y de vigilia. Si tienes un bebé de hasta un mes de edad, trata de darle de comer siempre a las mismas horas y decide cuándo es el mejor momento para ponerlo a dormir la siesta, porque el bebé se cansará poco después de la toma.

Si quieres irte a la cama a las 10:30 p.m. y levantarte a las 8 a.m., programa la última comida a las 10 p.m. y dale de mamar a las 8 a.m., sin importar la frecuencia con la que le des de comer durante la noche o a qué hora le diste la comida anterior. Establece estas tomas fijas como *Zeitgebers* y atente a ellas. Más adelante añadirás horas fijas para todas las demás tomas. También puede hacerse con el horario de comidas cada dos horas de los recién nacidos, pero realmente comienza a tener sentido cuando se hace la transición a intervalos más grandes, como darle de comer cada dos horas y media o tres horas. El momento exacto en el que esto ocurre depende de cada bebé y, en particular, de su aumento de peso. Cada bebé es diferente, y de forma natural tú irás cubriendo las necesidades de tu bebé, porque él te indicará que tiene hambre llorando, chupando o metiéndose la mano en la boca. Si el bebé todavía necesita alimentarse cada dos horas, entonces hazlo. Cuando sea lo suficientemente grande como para pasar tres horas sin comer, simplemente rellena los tiempos de alimentación durante el día empezando por la hora establecida para despertarlo y terminando con la hora establecida para acostarlo.

Recién nacido – 8 semanas	
9.00 AM	**Despertarse y comer**
10:00 AM	Siesta (30-60 minutos)
11:00 AM	Despertarse y comer
12:30 PM	Siesta (30-60 minutos)
1:30 PM	Despertarse y comer
3:30 PM	Siesta (30-60 minutos)
4:30 PM	Despertarse y comer
6:00 PM	Siesta (30-60 minutos)
6:30 PM	Despertarse y comer
7:30 PM	Siesta corta (20-30 minutos)
8:00 PM	Despertarse y comer
9:00 PM	Siesta corta (20-30 minutos)
10:00 PM	**Rutina de antes de ir a dormir**
10:30 PM	**Comer y dormir**
+ Tomas nocturnas en modo nocturno	
Las negritas indican horas fijas	

2 meses	
8:30 AM	Despertarse y comer
10:30 AM	Siesta
11:30 AM	Despertarse
12:00 PM	Comer
1:30 PM	Siesta
3:30 PM	Despertarse
4:00 PM	Comer
5:30 PM	Siesta
6:30 PM	Despertarse y comer
8:30 PM	Comer y siesta
9:30 PM	Despertarse
10:15 PM	Empezar la rutina de antes de ir a dormir
10:30 PM	Baño
10:45 PM	Comer y dormir
+ Tomas nocturnas en modo nocturno	

3 meses	
8:30 AM	Despertarse y comer
10:30 AM	Siesta
11:30 AM	Despertarse
12:00 PM	Comer
2:00 PM	Siesta
3:30 PM	Despertarse
6:00 PM	Comer
6:15 PM	Siesta
7:00 PM	Despertarse
8:00 PM	Comer
9:15 PM	Empezar la rutina de antes de ir a dormir
9:30 PM	Baño
9:45 PM	Comer y dormir
+ Tomas nocturnas en modo nocturno	

5 meses	
8:00 AM	Despertarse y comer
10:30 AM	Siesta
11:15 AM	Despertarse
12:00 PM	Comer
2:00 PM	Siesta
3:30 PM	Despertarse y comer
6:00 PM	Comer y siesta
6:45 PM	Despertarse
8:00 PM	Comer
8:30 PM	Empezar la rutina de antes de ir a dormir
8:45 PM	Baño
9:15 PM	Comer y dormir
+ Tomas nocturnas en modo nocturno	

Ejemplo de horarios para bebés de 0 a 5 meses

Mientras los recién nacidos duermen la mayor parte del tiempo, cuando el bebé crece está despierto durante más tiempo después de comer. Además, el número de siestas disminuye. Notarás que empieza un nuevo patrón de comportamiento: comer, estar una hora despierto, dormir una o dos horas. Toma nota de estos patrones e incorpóralos a tu horario. ¿Por qué los bebés duermen tanto cuando nacen?

Aunque no hay una respuesta definitiva a esta pregunta, creemos que los sueños frecuentes del bebé están relacionados con la presión del sueño (ver ilustración «La presión del sueño nos hace dormir» página 56).

Al igual que ocurre con el entrenamiento del sueño, las siestas y el colecho, la alimentación de los bebés es otro tema polémico entre las comunidades de padres y pediatras. Algunas madres creen que hay que dar de mamar a los bebés a demanda y otras opinan que hay que establecer un horario. Aunque yo no recomiendo imponer un horario estricto a un recién nacido, vale la pena señalar que los bebés prematuros que son hospitalizados en unidades de cuidado infantil neonatal (UCIN) hasta que están lo suficientemente maduros para ser dados de alta son alimentados cada tres horas mucho antes de que lleguen a término, dependiendo de su peso. En casa, alimentamos a los recién nacidos durante el día alrededor de cada dos horas, que por lo general se pueden estirar hasta tres horas a los dos meses.

Normalmente, los bebés están más cansados por la mañana que por la noche y vuelven a quedarse dormidos poco después de despertarse por la mañana. Cuantas más tomas y siestas pueda hacer, más fácil será esta etapa para él y para ti.

Por la noche, los bebés suelen tener más hambre y necesitan comer con más frecuencia, lo que podría incluso dar lugar a la lactancia constante en los bebés muy pequeños, llamada alimentación en racimo. Esto es útil porque los llena durante la noche y les ayuda a dormir más tiempo (ver página 119).

¿Cómo saber cuál es el mejor horario para tu bebé? Cuando los bebés recuperan su peso al nacer, deberían aguantar sin comer dos horas. Este intervalo crecerá lentamente. Si a menudo observas al bebé todavía feliz o durmiendo dos horas después de una comida, intenta extender el intervalo a dos horas y quince minutos o dos horas y media. Si funciona, sigue esta recomendación cada vez que ocurra lo mismo y el bebé muestre que puede pasar más tiempo entre tomas. Mira la tabla «Ejemplo de horarios para bebés de 0 a 5 meses» de la página 112 para ver ejemplos de horarios de alimentación para bebés de diferentes edades. Estos son casi exactamente los mismos horarios que yo usé con mis dos bebés.

HISTORIA DE ÉXITO:
Horarios para un recién nacido

¿Recuerdas a Laura y Logan de las páginas 74 y 97. Cuando Laura me contactó por primera vez, Logan tenía un mes y Laura estaba muerta de cansancio porque apenas había dormido desde que nació. Y lo que es peor, ya no sabía qué era el día y qué era la noche, todo se había vuelto borroso, porque Logan solía despertarse cada treinta minutos y lloraba, aunque también conseguía dormir durante cuatro horas seguidas por la noche algunas veces.

Para empezar, ayudé a Laura a establecer un horario. Su hora preferida para despertarse era a las 7 a.m., y necesitaba ocho horas de sueño para sentirse bien. Debido a las frecuentes vigilias nocturnas de Logan, necesitábamos añadir tiempo al modo nocturno, para que Laura pudiera dormir lo suficiente por la noche. Establecimos que la hora de acostarse de Logan debía ser las 10 p.m. y la hora de levantarse a las 8 a.m., siguiendo estrictamente el modo nocturno entre estas horas. La hora extra de la mañana ayudaría a Laura a dormir un poco más para compensar el sueño perdido durante la noche. Fijamos las 10 pm como hora de acostar al bebé porque ese momento era el que Logan había alargado más durmiendo, llegando a cuatro horas seguidas. A esa hora Laura se iba a la cama, para poder dormir cuatro horas antes de que él se despertara. Las siestas no deberían estar restringidas a esta edad; sin embargo, le aconsejé a Laura que evitara envolver a Logan durante el día o tenerlo en un lugar demasiado oscuro durante las siestas, y que no usara ruido blanco ni lo mantuviera todo demasiado silencioso a su alrededor. Queríamos que Logan durmiera adecuadamente durante el día para que no se cansara demasiado, pero también que tuviera suficiente presión de sueño para dormir más tiempo durante la noche. Le dije a Laura que consultara la tabla de sueño del bebé (página 59) a medida que Logan creciera y que empezara a restringir sus siestas despertándolo suavemente si excedía la duración recomendada. Establecer un horario de sueño fue inmensamente útil para la mamá y el bebé: Laura consiguió dormir más y sentirse mejor consigo misma.

¿Por qué programar las siestas?

¿Cuál es la ventaja de programar las siestas en vez de dejar que el bebé decida cuándo dormir? La falta de rutinas causará dificultades al bebé y a los padres. El bebé estará algo cansado a ciertas horas del día, pero si no le ayudas a reconocer su cansancio y lo acuestas a horas predecibles, estará malhumorado durante horas y no sabrá qué hacer. A veces estará lo suficientemente cansado como para dormirse, otras no, y tendrás un bebé infeliz en tus manos. Es mucho mejor ayudar al bebé organizando su día y creando un horario de siestas. De esta manera no habrá sorpresas para el bebé, y aprenderá que cuando se siente cansado, necesita dormir.

Los científicos creen que la presión del sueño de los bebés aumenta mucho más rápido (ver «La presión del sueño nos hace dormir» en la página 56) que la de los adultos, lo que explica por qué tienen que dormir tan frecuentemente. Esto encaja bien con nuestras observaciones. Los recién nacidos se despiertan sólo para comer, quedándose dormidos rápidamente después. A medida que el bebé crece, puede permanecer más tiempo despierto, observando su entorno e interactuando más. Las siestas se van espaciando a medida que el bebé crece.

Cuando estés lista para fijar las horas de comer, las de la siesta seguirán naturalmente. El intervalo entre siestas es muy pequeño en un recién nacido. El bebé duerme la mayor parte del tiempo y se despierta sólo para comer. Después de unos días, empieza a estar despierto un rato después de cada comida. Cuando el intervalo se acerca a las dos horas o más, puedes empezar a reforzar el patrón jugando con él un poco antes de acostarlo o darle de comer.

Es muy común que los padres piensen que deben alimentar al bebé inmediatamente después de cada siesta, sobre todo porque eso es lo que suele suceder con los recién nacidos, que se alimentan cada dos horas. Pero esto no es necesario a medida que el bebé crece. El hecho de que el bebé coma antes, después o justo entre las siestas es irrelevante. El único momento en que la alimentación debe preceder directamente al sueño es a la hora de acostarlo por la noche, porque sacia al bebé, lo calma y lo ayuda a dormir. Durante el día, las siestas y la alimentación pueden estar desorganizadas, ya que la necesidad de sueño y el hambre no están correlacionados.

Por ejemplo, a los tres meses, el bebé está despierto entre dos y dos horas y media entre siestas, pero las tomas ya pueden tener una separación de tres a tres horas y media. Además, los intervalos de las siestas aumentan durante el día, mientras que los intervalos de alimentación disminuyen. El bebé está más cansado por la mañana y se mantiene despierto cada vez más tiempo entre siestas a medida que pasa el día. Por el contrario, los bebés tienden a tener más hambre por la noche y comen más a menudo. Por esa razón, la alimentación no necesita coincidir con el comienzo o el final de la siesta. Ver la tabla «Ejemplo de horarios para bebés de 0 a 5 meses» de la página 112 con ejemplos de horarios para diferentes edades.

Para evitar la trampa del chupete humano de la lactancia constante (ver página 119), pide ayuda si es posible. Tu madre, un abuelo, un amigo, una niñera o una canguro pueden sacar al bebé a pasear cuando sea la hora de la siesta. El bebé dormirá sin querer mamar, y si esto sucede constantemente a la misma hora todos los días, reforzará esta hora de la siesta en particular.

HISTORIA DE ÉXITO:
Horario para un niño de cinco meses

Katie me contactó para que la ayudara con su bebé de cinco meses, Ava. Ava nació con dos kilos y medio, y a los cinco meses pesaba cinco kilos y medio. No dormía toda la noche, ya que se despertaba varias veces. Se despertaba a las 5 de la mañana, demasiado temprano para sus padres. Su rutina para acostarse empezaba a las 6:15 p.m., y mamá o papá generalmente la mecían para que se durmiera. Ava se despertaba a las 11 p.m. y a las 3 a.m., y Katie generalmente la acunaba para que se durmiera. Katie me dijo que el sueño de Ava era muy errático y que sólo en raras ocasiones había dormido ocho horas seguidas. Las siestas de Ava eran al azar. En promedio, Ava dormía tres o cuatro siestas al día, y el tiempo total de sueño durante el día variaba de tres a cuatro horas en total.

Había muchas cosas que podíamos mejorar para ayudar a Ava a dormir más tiempo por la noche. Primero, ayudé a Katie a arreglar la habitación de Ava para optimizar el sueño nocturno. Consiguió una lámpara roja y persianas que no dejaban pasar la luz. Luego ayudamos a Ava a acostumbrarse a un horario de siestas y comidas. Katie consultó la tabla de sueño del bebé (página 59) y juntas desarrollamos un horario que funcionara para todos.

Según la tabla, los niños de cinco meses duermen un promedio de diez horas y media por la noche, lo que significa que si queremos que se despierte a las 7 a.m., la hora de acostarse no debe ser antes de las 8:30 p.m. Acostarla a las 6:15 p.m. era demasiado temprano. Los bebés pequeños tienen un largo período de sueño al comienzo de la noche, y lo mejor es irse a dormir justo después que ellos, para dormir decentemente. Katie creó una rutina para acostar a Ava que comenzaba a las 8 p.m. y que incluía un baño, un cuento, una canción y la lactancia. Le expliqué a Katie por qué era importante poner a su bebé en la cuna mientras estaba despierta, en lugar de amamantarla para que se durmiera: así aprendería a calmarse sola.

Además de estos cambios, Katie y yo creamos un horario de siestas. La mayoría de los niños de cinco meses duermen alrededor de dos horas y media durante el día, y generalmente hacen la transición de tres a dos siestas alrededor de esa edad. Hicimos la transición de Ava lentamente a un horario regular de tres siestas: dormía cuarenta y cinco minutos por la mañana, una hora después del almuerzo y cuarenta y cinco minutos por la tarde. Si dormía demasiado tiempo, sus padres podían despertarla, y si estaba un poco malhumorada, podían distraerla con un juguete, o Katie podía amamantarla un poco para aplacarla.

¡Estos cambios por sí solos marcaron una gran diferencia para Katie y Ava! A continuación pusimos en marcha el Entrenamiento Suave de Sueño (página 142) y después de un corto período de tiempo, el sueño de Ava mejoró drásticamente y toda la familia pudo disfrutar de un muy necesario descanso.

Saciar al bebé por la noche

Entre las 7 p.m. y la hora de ir a dormir, es probable que el bebé no duerma mucho, y eso está bien, porque después de este tiempo de vigilia estará más preparado para pasar la noche. Los bebés suelen ser quisquillosos durante esta «hora de las brujas» porque están agotados después de todo el día. Los científicos del sueño creen que la razón por la que los bebés suelen estar irritados por la noche es porque su ritmo de sueño aún no ha madurado. Como adultos, normalmente somos capaces de mantener una vigilia razonable hasta que casi de repente nos sentimos muy cansados y nos entra sueño. En los bebés, cuando llega la noche la presión del sueño es alta, aunque todavía no sea la hora de dormir. Por eso están tan irritados antes de ir a la cama. A menudo necesitan atención extra y consuelo, lo que puede ser agotador, y también pueden comer con más frecuencia o incluso atiborrarse para prepararse para su largo período de sueño.

Muchos padres se encuentran exhaustos y agotados en este momento del día, y es posible que intenten solucionarlo todo a la vez. Sigue leyendo para encontrar algunas buenas maneras de minimizar los problemas y calmar a tu bebé durante la hora de las brujas. Y ten en cuenta que después de esta hora de alboroto, podrás llevar a cabo la rutina de antes de dormir y tu bebé estará preparado para dejarte descansar durante el tramo más largo de la noche.

La trampa del chupete humano

Para las madres lactantes puede ser difícil ver a su bebé llorar y no darle el pecho, porque es la forma más fácil de calmarlo. El problema de este enfoque es que conduce a la lactancia incesante y a que el bebé se acostumbre a la disponibilidad constante del pecho. Si se le da de mamar demasiado a menudo, no comerá una comida completa, sino que sólo mamará un poco, y volverá a tener hambre poco después. Esto es agotador tanto para la madre como para el bebé, así que intenta mantenerte firme y no le ofrezcas el pecho hasta que llegue su hora de comer, ya sea dos, dos y media, o tres horas después de su última toma, dependiendo de su horario. Recuerda que los recién nacidos necesitan comer cada dos horas, y que seguramente tendrás que añadir tomas frecuentes a la hora de las brujas, cuando el bebé quiere saciarse antes de irse a dormir (ver el horario de muestra en la página 112).

Personalmente me resultó muy difícil no dar el pecho a Leah y Noah cuando se ponían quisquillosos, y sólo con la ayuda de la niñera y mi regreso al trabajo pudimos romper el hábito de los «aperitivos» constantes. Por lo tanto, si es posible, pide ayuda a tu pareja, un familiar o una niñera para que se lleven al bebé.

Si está inquieto antes de la hora de comer o de la siesta, tranquilízalo de otra manera; por ejemplo, acúnalo o sal a dar un paseo con el cochecito. Juega con él en el suelo, dale un baño, cántale o escucha música. Además de establecer un horario de alimentación y de sueño, es útil crear un plan, como por ejemplo: todos los días haremos la hora de la barriguita a las 5 p.m., saldremos a pasear a las 6 p.m. y escucharemos música a las 7 p.m. (ver capítulo 9). Estructurar el día de esta manera suena exagerado, pero te ayuda tanto a ti como al bebé: tú sabes qué tendrás que hacer a continuación, y el bebé se acostumbra, o, en términos de cronobiología, se ve «arrastrado» por ciertas cosas que suceden en ciertos momentos, lo que le ayudará a sobrellevar la intranquilidad de no estar lo suficientemente cansado para dormir.

Si el bebé está inquieto y es hora de dormir, utiliza mecedores, envolturas, columpios eléctricos u otras ayudas como las que se describen en las páginas 88-89 para ayudar al bebé a dormirse. Una vez más, intenta utilizar siempre los mismos dispositivos para las mismas siestas, para crear rutinas.

HISTORIA DE ÉXITO:
La trampa del chupete humano

Mamá Natalia y papá Amir estaban desesperados. Su hijo de seis meses, Lucas, era un bebé feliz, excepto cuando había que irse a dormir por la noche. El mayor problema era que Lucas se negaba a dormir a menos que su madre se acostara a su lado y lo amamantara, convirtiendo a Natalia en un chupete humano. Si ella se atrevía a quitarle el pecho a Lucas, él se despertaba veinte minutos después y exigía su regreso. Era agotador. También era difícil que durmiera la siesta, y Lucas sólo lo hacía cuando papá o mamá lo cargaban en su mochila y lo hacían rebotar. Si lo ponían en la cuna, ya fuera de día o de noche, inmediatamente empezaba a gritar.

Para salir de la trampa del chupete humano, expliqué mi método básico a Natalia y a Amir. Trasladaron a Lucas a una habitación separada y compraron cortinas opacas y una luz roja. Luego abordamos el horario de sueño. Se despertaba entre las 7 y las 7:30 a.m. y hacía tres siestas de una hora cada una, para luego irse a la cama a las 7 p.m. Restringimos sus siestas a un total de dos horas y media y retrasamos la hora de acostarlo a las 8:30 p.m. (ver página 127 sobre el horario de siestas ideal).

La parte más difícil de cambiar fue conseguir que durmiera toda la noche. Necesitábamos reentrenar a Lucas para que se durmiera solo, calmándose a sí mismo en lugar de esperar a uno de sus padres para quedarse dormido. Esto es muy difícil, especialmente para un niño de seis meses, ya que a esa edad aún recuerda lo bien que se está durmiendo con mamá al lado. Protestaría y sus padres tendrían que soportarlo un poco. Les expliqué las bases científicas de mi método de Entrenamiento Suave de Sueño (página 142) a Natalia y Amir, y decidimos que Lucas comería cada cuatro horas por la noche.

Dos semanas después, cuando me encontré con Natalia y Amir, me confesaron que el entrenamiento no iba muy bien. Su apartamento estaba en obras, por lo que ambos niños estaban durmiendo en la habitación de sus padres, lo que les había impedido comenzar con el entrenamiento. Un mes y muchas noches de insomnio después, Natalia encontró la fuerza interior para empezar a implementar mi programa. Llevaron al bebé a otra habitación y Natalia dejó de darle de mamar inmediatamente cuando Lucas empezaba a llorar por la noche. Después de sólo dos noches ocurrió un milagro: aunque Lucas todavía se despertaba y lloraba a veces, dejó de despertarse cada hora y empezó a dormir cuatro o cinco horas seguidas, y a veces incluso se volvía a dormir solo. ¡Bien!

9

Rutinas

La forma más fácil de programar momentos importantes, como ir a la cama por la noche, es crear una rutina que debe repetirse todos los días. Los bebés y los adultos se ven beneficiados por secuencias de comportamiento constantes de un día para otro. Probablemente lo sepas por experiencia propia: hay algo agradable y tranquilizador en saber lo que va a pasar a continuación. Por la mañana te levantas, te duchas, te lavas los dientes, te vistes y tomas un café, y la expectativa de este orden de eventos tiene una cualidad tranquilizadora. No es diferente para los bebés. Saber lo que va a pasar a continuación los tranquiliza y les proporciona felicidad.

Rutina para la hora de ir a dormir

La tarea más importante es establecer una rutina para la hora de ir a dormir, y luego mantenerla. Cada día. Todos los días. Haz una lista de las cosas que haces cada noche antes de acostar al bebé. Puede parecerse a algo como esto:

MODO PRE-NOCHE
- Dale un masaje al bebé.
- Dale un baño al bebé.
- Lleva al bebé a su habitación.

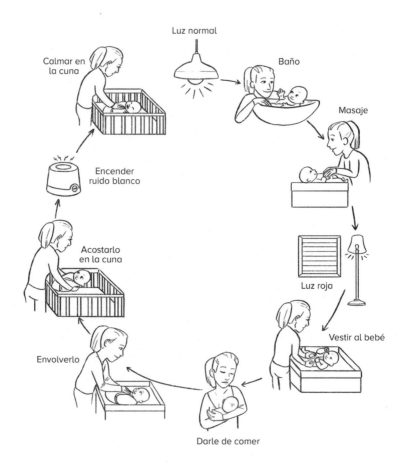

Rutina de la hora de dormir

Experimentar la misma cadena de eventos cada noche antes de ir a la cama ayuda al bebé a dormirse. No es necesario incorporar todos los elementos que te muestro aquí, y en su lugar puedes usar otras acciones, como leer un cuento o cantar una canción. Es importante hacer las mismas cosas todas las noches, para que el bebé sepa qué esperar. El único elemento no negociable es la luz: una vez que comience el modo nocturno, mantén la habitación del bebé a oscuras con cortinas opacas, y usa la luz roja sólo a partir de entonces y durante toda la noche.

MODO NOCHE

- A partir de ahora no se hablará más, sólo se susurrará. Dile al bebé que está cansado y que es hora de dormir.
- Prepara el dormitorio y el área de cambio de pañales antes de entrar con el bebé para que las persianas estén cerradas, las luces apagadas y la lámpara roja encendida.
- Cámbiale el pañal y la ropa.
- Dale de comer.
- Envuelve al bebé (yo normalmente envolvía al mío entre el primer y el segundo pecho, porque de esa forma estaba listo para acostarlo en la cuna después de comer).
- Acuesta al bebé en la cuna.
- Enciende el ruido blanco.
- Si el bebé llora, mécelo o acarícialo. Trata de evitar tomarlo. Si no se calma y tienes que levantarlo, evita darle el pecho o el biberón.

DURANTE LA NOCHE

- No le des de mamar ni el biberón hasta que vuelva a ser la hora de comer.
- Dale de comer en un lugar específico en su dormitorio, mantén la envoltura puesta y no hables. Mantén la habitación en silencio y a oscuras, con sólo la luz roja encendida.
- Si el bebé tiene más de cuatro meses o pesa más de cinco kilos, pon en práctica el Entrenamiento Suave de Sueño (página 142).

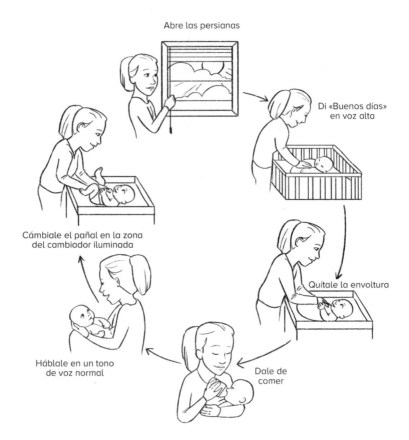

Abre las persianas

Di «Buenos días» en voz alta

Cámbiale el pañal en la zona del cambiador iluminada

Quítale la envoltura

Háblale en un tono de voz normal

Dale de comer

Rutina matutina

Todas las mañanas, cuando llegue la hora deseada de despertar, entra en la habitación del bebé, abre las persianas y di «buenos días» en voz alta. Quítale el pañal, dale de comer y cámbialo, todo mientras le hablas con una voz diurna normal. Insiste en que el día comienza ahora.

10

Siestas

En el capítulo 6 descubrimos los modos diurno y nocturno, y aprendimos a hacer que la noche sea el momento más propicio para largos períodos de sueño. Durante el día hacemos lo contrario. Sí, las siestas son necesarias, pero no queremos que el bebé duerma todo el día.

Entonces, ¿cuánto debe dormir el bebé, y cuánto es demasiado? El horario de siestas y comidas del bebé te ayudará a organizarte y a conseguir que esté más tranquilo y feliz (¡y sus padres también!). Mantener los modos de día y noche diferenciados ayudará al bebé a aprender que la noche es para dormir y el día para las siestas. Los primeros meses todavía se despertará para comer por la noche, pero se volverá a dormir directamente después, sin necesidad de muchos arrullos. Aunque estos son logros importantes, esas comidas nocturnas, por cortas y fáciles que sean, seguirán siendo un desafío para los padres, que tienen que levantarse (sobre todo la madre, especialmente si está amamantando). Dar de comer al bebé durante las primeras horas de sueño de la madre es particularmente perjudicial para un sueño verdaderamente reparador. Lo mejor que se puede hacer es limitar las siestas durante el día y comenzar el Entrenamiento Suave de Sueño cuando el bebé esté listo.

El bebé tiene una necesidad total de sueño diario que va disminuyendo a medida que crece. Para comprender mejor los patrones de sueño de tu bebé, empieza a registrar su sueño ahora. Puedes utilizar el antiguo método del papel y lápiz o una de las muchas aplicaciones que existen para *smartphones*. Cuando tengas listo tu horario, compáralo con el cuadro «Tabla de sueño del bebé» de la página 59. ¿El bebé duerme mucho tiempo? ¿O se duerme demasiado pronto por la noche? Si es así, ajusta sus siestas y la hora de acostarlo en consecuencia.

A veces los padres se sienten confundidos porque su bebé no encaja en la tabla, ya que duerme menos que el bebé promedio de su edad. ¿Qué significa esto? ¡Significa que tu bebé está avanzado en términos de desarrollo del sueño! Mi gráfico refleja los promedios globales de sueño, y la mayoría de los bebés encajan bien en esas normas. Sin embargo, algunos necesitan dormir más, y otros menos. La buena noticia es que, independientemente de cuándo empieces a entrenar a tu bebé, la tendencia general es la misma: los recién nacidos duermen mucho, y dormirán menos a medida que crezcan.

Si tu hijo duerme menos que el promedio de los bebés, simplemente busca en la tabla una edad superior, comenzando con el siguiente grupo de edad y bajando desde allí hasta que encuentres uno que coincida. Usa esa edad como punto de referencia para determinar la duración del sueño nocturno y diurno. Por ejemplo: tu hijo de seis meses ya sólo duerme doce horas y media en total cada día, y duerme sólo dos horas de siesta. En cambio, la tabla dice que los niños de seis meses duermen trece horas en total, y duermen dos horas y media de siesta. Tu bebé es un durmiente avanzado, así que encuentra la edad correspondiente a sus horas totales de sueño, que es de doce meses. Los niños de doce meses duermen once horas por la noche y una hora y media durante el día, así que usa esos números para establecer un horario para tu bebé. Esto significa reducir el sueño diurno en una hora para aumentar el sueño nocturno de diez horas seguidas a once.

Reducción del sueño diurno

Dormir es vital para los bebés, y a los padres les preocupa mucho que su hijo duerma lo suficiente y si lo hace en el momento adecuado. Esto se agrava por el hecho de que hay mitos erróneos comunes sobre las siestas que pueden obstaculizar el entrenamiento efectivo del sueño, como por ejemplo:

- El sueño provoca sueño: el bebé necesita dormir mucho durante el día para poder dormir bien por la noche.
- Tenemos que hacer todo lo que esté en nuestra mano para ayudar al bebé a dormir lo máximo posible.
- No despiertes a un bebé dormido.

La verdad es que todas estas opiniones son científicamente erróneas, y seguirlas hará más difícil que el bebé duerma toda la noche. De hecho, las investigaciones han demostrado que la duración del sueño diurno está inversamente relacionada con el sueño nocturno en los niños pequeños, lo que significa que demasiada siesta les llevará a dormir menos horas por la noche.

Me costó mucho aprender esto. Cuando Leah nació, mi marido y yo aprendimos a envolverla. Viendo lo útil que era para calmarla cuando lloraba, y lo mucho que la consolaba, usábamos envolturas todo el tiempo. Durante las primeras seis semanas la envolvíamos cada vez que hacía la siesta y por la noche. Aunque tuvimos mucha suerte de que Leah durmiera seis o siete horas por la noche, a partir de las dos semanas de edad, hacerla dormir por la noche se convirtió en una pesadilla. En cuanto intentaba acostarla, alrededor de las 9 de la noche (demasiado temprano, en retrospectiva), empezaba a llorar y tenía que tomarla y acunarla en mis brazos. Cuando se calmaba y parecía dormirse, la volvía a poner en su cuna. Tan pronto como la acostaba, volvía a llorar histéricamente, y tenía que volver a tomarla, calmarla, hacerla callar, acunarla en mis brazos, etc. Esto duraba más de tres horas, cada noche durante tres semanas.

Un día, cuando tenía unas cinco semanas, tuve una idea. Dejé de envolverla durante el día, lo que le hizo un poco más difícil dormirse en las siestas. Esto supuso tener que calmarla cuando se irritaba para ayudarla a dormir durante el día. También significaba que se despertaba más temprano de las siestas y dormía menos en total, porque los movimientos de sus bracitos la despertaban. ¿El resultado? Esa noche se fue a dormir sin llorar, y las tres horas de llanto desaparecieron para siempre. Envolverla hacía que durmiera demasiado durante el día, y eso evitaba que estuviera lo bastante cansada por la noche, ya que la presión del sueño era demasiado baja. Lo que perdí durante las siestas diurnas lo gané por la noche. ¡Me pareció un buen negocio!

Las siestas diurnas son un gran punto de discusión entre padres y educadores. A los padres primerizos se les advierte que nunca hay que despertar a un bebé dormido. Muchas mamás no tienen claro cómo deben ser las siestas y no saben cómo afectan al sueño del bebé por la noche. La ciencia tiene una respuesta clara a esta cuestión. La cantidad de horas que dormimos por la noche depende de nuestra presión de sueño, y esta se reduce durmiendo, en particular con las siestas. A menos que estés privada de sueño, si haces una siesta de dos horas durante el día, por la noche no estarás tan cansada y podrías tener problemas para dormir. Esa larga siesta reducirá tu presión de sueño. Se ha demostrado que existe una clara relación entre el número de siestas y la duración de las mismas, y el sueño nocturno en los niños pequeños.

Los bebés que duermen más durante el día se duermen más tarde por la noche y duermen menos horas. Es totalmente lógico, y esto significa que quizás tengas que restringir las siestas diurnas. Por supuesto, esto no es siempre lo que los padres quieren oír, porque las siestas son los únicos momentos del día en los que mamá y papá tienen la oportunidad de conseguir algo de tranquilidad para ducharse, comer, hacer recados o dormir su propia siesta. No voy a mentir, yo odiaba despertar a mis bebés de su feliz sueño (y tuve que soportar duras palabras de nuestra primera niñera, que creía que no dejar dormir a Leah no era saludable para ella). La elección es tuya: puedes dejarlos dormir durante el día y que estén despiertos por la noche, o viceversa. Sospecho que optarás por lo último, y si lo haces, la solución es muy clara: ¡reduce las siestas!

Acortar las siestas también es crucial antes de empezar a entrenar al bebé. El entrenamiento del sueño no funcionará o será muy duro si queremos que el bebé duerma mucho por la noche sin tener la suficiente presión de sueño. Por lo tanto, es importante averiguar primero cuántas horas puede dormir el bebé por la noche y cómo maximizar la vigilia diurna con las mínimas horas de siesta, antes de empezar a dejar de darle de comer por la noche.

Cómo acortar las siestas diurnas

Consulta la tabla de sueño del bebé (página 59) y compara las cifras con las de tu bebé. Si duerme demasiado durante el día, acorta las horas de siesta para que la cantidad total de sueño diurno coincida con la tabla. No tienes que hacer nada radical, pero si, por ejemplo, has establecido un horario en el que el bebé duerme tres siestas de dos horas durante el día y según la tabla sólo debe dormir cinco horas, debes recortar una hora en total, o veinte minutos de cada siesta por ejemplo. Cuando reduzcas las horas de sueño diurno el bebé estará más cansado por la noche, lo que le ayudará a dormir más tiempo.

¿Cómo hacer que duerman menos durante las siestas? La forma más fácil es reducir las ayudas para dormir (ver páginas 88-89), como se sugiere en el capítulo 7. Si usas envolturas y ruido blanco por la noche, no los uses durante el día. Si usas un columpio y la hora de la siesta ha terminado, apágalo para evitar que el bebé siga durmiendo indefinidamente. Si duerme en un cochecito y el movimiento le da sueño, deja de pasear. Si al bebé le gusta dormir boca abajo, ponlo boca arriba. (La Academia Americana de Pediatría advierte que no se debe dormir boca abajo, como se explica en la página 86.) Si el bebé sigue durmiendo a pesar de estos cambios, no temas despertarlo levantándolo. No dejar que los bebés se despierten no es un buen consejo. Tu bebé estará bien si lo despiertas, y probablemente dormirá mejor por la noche. Si se enfada, una buena estrategia es distraerlo rápidamente dándole de comer o mostrándole algo interesante, como un juguete.

Otra forma de reducir el sueño diurno es prolongar el tiempo que el bebé pasa despierto entre siestas. Cuando se acorta la duración de la siesta y el bebé se despierta más temprano que antes, puede que se canse más rápido, antes de la hora de la siguiente siesta. Trata de alargar poco a poco el período entre siestas entreteniendo al bebé. Recuerda que está bien que esté despierto un poco más que antes, como treinta o cuarenta y cinco minutos. Por supuesto, si sientes que el bebé está muy cansado y necesita una siesta, acuéstalo.

¿Qué pasa si tu bebé ha hecho las horas de siesta que le corresponden y aún faltan tres horas para ponerlo a dormir? Puedes dejarle dormir una cuarta siesta por la noche, especialmente en los primeros días, cuando no puede permanecer despierto durante mucho tiempo (ver ejemplos de horarios en la página 112). Sin embargo, no le dejes dormir demasiado tiempo; normalmente bastan entre treinta y cuarenta minutos.

Como regla general, intenta reducir el sueño diurno en un 20 por ciento y observa si sirve para que duerma mejor por la noche. Vigila de cerca la reacción del bebé a estos cambios. Hay que ajustar cuidadosamente las horas de siesta diurnas al mínimo necesario para que el bebé esté tranquilo y feliz, aunque de vez en cuando pueda mostrarse de malhumor por el cansancio. Si ves una mejora al principio pero su sueño empeora después de un tiempo, puedes reducir aún más las siestas diurnas. Este es un proceso constante de monitoreo del sueño del bebé para ir ajustando la duración y el horario de las siestas, porque su necesidad total de sueño diario va disminuyendo gradualmente y para dormir por la noche necesita dormir menos durante el día. Sigue consultando la tabla de sueño del bebé (página 59) para comparar el sueño total y el sueño diurno de tu bebé con su grupo de edad y ajústalo en consecuencia.

HISTORIA DE ÉXITO:
Acortar las siestas

Mamá Amber necesitaba que la ayudara a conseguir que su bebé Mason, de tres meses, durmiera mejor, porque su sueño nocturno era errático: a veces dormía seis horas seguidas y alguna vez incluso siete horas, pero otras se despertaba después de sólo una hora y media, pidiendo comer. Sin embargo, no parecía tener mucha hambre en esos momentos, y se dormía mientras mamaba. Dormía una siesta de unas cuatro horas y media al día.

Además de hacer cambios importantes en la iluminación del dormitorio para ayudar a Mason a dormir mejor, tuvimos que acortar sus siestas a tres horas y media en total, que es la media para los niños de su edad. Hicimos la transición de cuatro siestas a tres, con duraciones respectivas de una hora, una hora y media, y luego una hora de nuevo.

Amber me llamó unos días después y me dijo que, felizmente, el sueño de Mason había mejorado prácticamente de la noche a la mañana, y que ahora dormía seis horas la mayoría de las noches.

11

Repetición y flexibilidad

Como ya sabes, cada acción y comportamiento refuerza o interrumpe el ritmo circadiano. Entender esto es muy importante, porque no siempre es fácil cumplir con el horario cuando tu bebé parece querer dormir, despertarse o comer en otros momentos. Pero es muy importante hacerlo. Retroceder no es un hecho aislado, sino que dirige el barco en la dirección equivocada, haciendo más difícil que el bebé duerma toda la noche.

Creo que comprender esto me ayudó mucho durante las duras fases del entrenamiento del sueño: que cualquier excepción, cualquier desviación de nuestro horario debilitaría el ritmo del bebé, e incluso lo pondría en el camino de un ritmo diferente que no encajaba con el nuestro. Cuando comprendas esto, podrás atenerte a los horarios de sueño y vigilia y todas las rutinas que los acompañan. Las investigaciones confirman que una mínima variabilidad en los horarios diarios es altamente beneficiosa para la salud y el sueño del bebé. Una encuesta realizada en 2009 por investigadores de diferentes instituciones estadounidenses, incluyendo la Universidad de Brown y la Universidad de Michigan, desveló que los niños que no tienen una rutina de sueño regular duermen peor por la noche que los que repiten los mismos pasos a la hora de acostarse cada noche. Además, una de las cosas que más contribuyen a disminuir el llanto del bebé es crear horarios de alimentación y sueño diarios.

Aunque tendrás que ser muy estricta en el cumplimiento de los modos diurno y nocturno y los horarios de alimentación y sueño, también tendrás que estar en sintonía con tu bebé y cómo le sienta ese horario. Si algo no te parece coherente, intenta ajustarlo. Como dije al principio de este libro, confía en tu intuición sobre todo. Todos los aspectos de este método son partes fijas pero móviles. Tu bebé está creciendo y cambiando, y tiene rachas de crecimiento, dolores de dentición y todo tipo de eventos y procesos que ocurren en su pequeño cuerpo que necesitan observación constante, porque pueden afectar la cantidad de sueño que necesita.

Hay dos tendencias generales que te guiarán: a medida que el bebé crezca, comerá con menos frecuencia y por lo tanto podrá dormir más tiempo por la noche, y su necesidad total de sueño cada veinticuatro horas disminuirá. Ten en cuenta estas dos tendencias cuando ajustes las horas de ir a dormir, de la siesta y de comer. Ten la seguridad de que reforzar los patrones y repetir las rutinas a ciertas horas del día funcionará gracias a la biología del bebé: su reloj circadiano y la presión del sueño. En este libro comparto ejemplos de horarios de sueño y alimentación (ver página 112), pero es posible que descubras que hay otro horario que funciona mejor para tu bebé, tu familia y tú. Esto está perfectamente bien. Haz lo que te resulte más conveniente: sigue haciéndolo a las mismas horas todos los días y tu bebé tendrá un horario.

El poder de este método es que, gracias a un horario bastante estricto, que promueve un ritmo fuerte, el bebé será intuitivamente más flexible con los cambios en su entorno y su rutina. Aprenderá cuándo es hora de comer, cuándo es hora de dormir y cuándo es hora de jugar. Si un día cambias algo, por ejemplo acostándolo más tarde porque habéis salido, estará bien. El bebé sabrá que está malhumorado porque es hora de dormir, y no llorará inconsolablemente debido a un vago sentimiento de descontento. Incluso puedes explicarle que está cansado y que pronto se irá a dormir. Será mucho más fácil calmarlo, porque sabe que es verdad, ya que, después de todo, esto es lo que pasa todos los días.

A nivel fisiológico, un ritmo fuerte organiza las funciones corporales y los comportamientos del bebé de manera eficiente, anticipando los eventos que ocurren regularmente. El bebé anticipará la hora de levantarse, la de comer, la de jugar, la de dormir, etc., no sólo mentalmente sino también físicamente. No tendrá que esforzarse tanto para reaccionar a su entorno, porque su ritmo y su reloj ya estarán preparados para lo que viene. Este orden interno permite que haya espacio para cambios puntuales en el horario del bebé, ya sea un almuerzo temprano, una nueva niñera o una cuna diferente porque estáis de viaje. En mi experiencia como entrenadora del sueño, establecer un ritmo robusto tiene un fuerte efecto organizador y calmante no sólo en el cuerpo del bebé, sino también en su psique, permitiéndole ser más adaptable y enfrentarse a los cambios con relativa tranquilidad.

CREAR EL HORARIO IDEAL DE SUEÑO Y SIESTA
Puntos clave

★ Establece un horario de sueño para el bebé basado en tus horas ideales de ir a dormir y levantarse.

★ Asegúrate de que el bebé no duerme demasiado durante el día, para que pueda dormir mejor por la noche.

★ Las rutinas arrastran el ritmo del bebé y facilitan las transiciones.

★ A medida que el bebé crezca, necesitará dormir menos; ajusta el horario de sueño periódicamente para mantenerlo al día con su crecimiento y su nueva necesidad de sueño.

Paso 3: Enseña al bebé
a dormir por la noche

Has aprendido cómo funciona el reloj interno y cómo lo arrastra la luz azul de la mañana, haciendo que te despiertes y suprimiendo la melatonina. Sabes que debes usar la luz roja durante el modo nocturno hasta que sea la hora de despertar al bebé, y que tú decides cuál será esa hora. También has aprendido cuántas horas debe dormir el bebé durante el día y que las siestas se correlacionan inversamente con el sueño nocturno, lo que se traduce en una regla simple: no dejar que el bebé duerma demasiado tiempo durante el día, y seguir la tabla de sueño del bebé (página 59) para determinar cuánto tiempo hay que dejar que el bebé duerma durante el día y cuándo hay que acostarlo por la noche.

Ahora que ya tienes todos estos fundamentos, estamos listos para abordar la última frontera: el entrenamiento del sueño para ayudar al bebé a dormir toda la noche sin comer y sin llorar.

Signos de preparación

Cuando el bebé tiene unos tres o cuatro meses o pesa cinco kilos y a veces duerme más tiempo (seis horas o más) por la noche, puede empezar el entrenamiento de sueño. Esto significa que dejará de comer por la noche hasta que duerma de seis a ocho horas seguidas o, si se despierta y llora, será capaz de calmarse y volver a dormirse sin la ayuda de sus padres o sin comer. Aparte de la edad, puedes observar los siguientes signos de preparación.

El bebé pesa más de cinco kilos

Algunos bebés de tan sólo dos meses de edad son capaces de dormir más de cinco horas por la noche, como han descubierto investigadores de Nueva Zelanda dirigidos por Barbara Galland. Esta duración del sueño se correlaciona con un peso de alrededor de cinco kilos. En 2008, Heraghty y sus colegas demostraron que los bebés prematuros y los que nacen con bajo peso necesitan más tiempo para desarrollar patrones de sueño maduros. La mayoría de los médicos e investigadores dicen que los bebés generalmente son físicamente capaces de dormir más de cinco horas de un tirón por la noche cuando llegan a la marca de cinco kilos.

El sueño nocturno del bebé es irregular

Si el primer tramo de sueño del bebé varía enormemente de una noche a otra, digamos tres horas una noche y seis horas otra, el bebé está mostrándote que ya no necesita comer cada tres horas. ¡No significa que no quiera!

El bebé ha dormido durante muchas horas

Si, aunque sea una vez, el bebé ha dormido durante un tramo más largo de la noche, digamos seis horas, ha demostrado que puede pasar ese tiempo sin comer. Recuérdalo cuando empieces el entrenamiento.

El bebé no parece tener hambre

Si el bebé llora pero luego pierde rápidamente el interés por comer, es una señal de que no tiene tanta hambre, y que está comiendo para consolarse en lugar de saciar su apetito. Si estás dándole de mamar, puede que no quiera el segundo pecho, y si le das el biberón, puede que no se lo termine.

Aunque tu hijo no haya dado muestras de poder dormir más tiempo por la noche, la gran mayoría de los bebés son físicamente capaces de hacerlo durante por lo menos seis horas alrededor de los cuatro meses. A esta edad, el bebé puede desear el consuelo de un biberón, la lactancia materna o los brazos de papá, pero no los necesita. ¡Tenlo muy en cuenta!

Cuando observes estos signos de preparación o el bebé alcance los cuatro meses de edad, puedes comenzar el entrenamiento. Esta es, sin duda, la parte más difícil de todo mi programa, pero mi propuesta es muy suave. Sólo te llevará unas pocas noches. Ten en cuenta que, aunque llore durante unos minutos, tu bebé está bien.

HISTORIA DE ÉXITO:
Señales de preparación para el Entrenamiento Suave de Sueño

He estado trabajando con Skye y su bebé, Henry, desde que tenía doce semanas. A los tres meses, Henry mostraba todos los signos de estar preparado para el entrenamiento: había dormido más de seis horas por la noche (una vez hasta siete horas). Pesaba casi seis kilos. Y cuando Skye le daba de mamar por la noche, menos de seis horas después de la última comida, parecía no tener hambre y que sólo mamaba para consolarse.

Era hora de empezar el entrenamiento. Aconsejé a Skye que no le diera de mamar hasta cinco horas después de la última toma de antes de ir a dormir, sin importar cuándo se despertara. ¿Por qué cinco horas? Recomendé que empezara con un periodo entre comidas de una hora menos que el tiempo más largo que el bebé hubiera dormido al menos en dos ocasiones distintas; en este caso, seis horas menos una, o cinco horas.

Entonces le dije a Skye que esperara noventa segundos antes de entrar en la habitación de Henry cuando empezaba a llorar. Para que no cayera en la tentación de darle de mamar, sugerí que su marido calmara a Henry si se despertaba antes de la siguiente toma, así el bebé no esperaría comer. El entrenamiento del sueño puede ser difícil en los primeros días, así que también es útil hacerlo por turnos. Si se hace con disciplina, en los bebés de la edad de Henry funciona casi instantáneamente y puede estar listo después de una o dos noches. Este fue el caso de Henry, y después de sólo dos noches todos dormían tranquilamente.

Entrenamiento Suave de Sueño

Aquí está mi sencillo programa de cuatro pasos:

Paso 1. Ajusta las siestas según sea necesario. Consulta la tabla de sueño del bebé en la página 59 para determinar si duerme con más frecuencia o durante más tiempo que otros bebés de su edad. Si es así, sigue las pautas del capítulo 10 para mantener al bebé despierto más tiempo durante el día. Aunque la duración total de las siestas parezca apropiada para su edad, es posible que desees reducir ligeramente la cantidad. Al hacerlo, el bebé estará más cansado por la noche y reducirá considerablemente el llanto durante el entrenamiento del sueño.

Paso 2. Sigue tu rutina diaria y el horario de ir a dormir. Inicia el modo nocturno, enciende la luz roja y dale de comer al bebé 30 minutos antes de acostarlo. Dile que es hora de dormir.

Paso 3. Haz un pacto contigo misma y traza un plan. ¿Cuántas horas vas a esperar para dar de comer al bebé por la noche? ¿Cuánto tiempo dejarás que llore? Establece un período de no alimentación que sea una hora menos que el período de sueño más largo. Recuerda, debe ser un objetivo razonable, porque retrasar las tomas nocturnas no es fácil. Calma al bebé sin darle de comer, e idealmente sin levantarlo. Las madres lactantes deben pedir ayuda a su pareja (o a un miembro de la familia) durante las vigilias nocturnas. El bebé no esperará ser amamantado por el esposo o pareja. Si tu pareja se resiste, asegúrale que todo terminará en unas pocas noches. Recuerda que los padres tienen una gran capacidad de respuesta neurológica al bebé, como se explica en la introducción y en el capítulo 18, por lo que hacer esto juntos os ayudará a ambos a superar el estrés del entrenamiento de sueño.

Paso 4. Deja que el bebé llore por lo menos noventa segundos. Los estudios demuestran que esperar de un minuto a noventa segundos antes de consolar al bebé marca una gran diferencia en el proceso de conseguir que el bebé duerma toda la noche. Aunque no sea mucho tiempo, enseña al bebé a calmarse solo (ver la página 87). Si puedes esperar un poco más, como dos o incluso cinco minutos, es aún mejor. A veces, el bebé no llora del todo, sino que sólo se queja un poco. Si ese es el caso, intenta esperar un poco más. Luego, cuando el bebé esté llorando, haz que tu pareja vaya a calmarlo, pero sólo durante uno o dos minutos. Puede hablarle en susurros y acariciarle para hacerle saber que no está solo y que sois conscientes de su estrés y estáis ahí. Luego tiene que salir de la habitación y volver al cabo de otros noventa segundos (o más). Repetir. Por lo general, son necesarios de tres a cuatro ciclos: esperar, ir a acariciarle la barriguita y susurrar durante uno o dos minutos y salir antes de que el bebé se vuelva a dormir. Esto lleva unos cuarenta y cinco minutos en total antes de que el bebé se vuelva a dormir, posiblemente más tiempo las dos primeras noches. Si se despierta y vuelve a llorar antes de que se cumpla el límite de no alimentación, repite los pasos anteriores hasta que vuelva a dormirse. (Ver ilustración de Entrenamiento Suave de Sueño en la página 148).

Si el bebé se vuelve a dormir y duerme durante su período de no alimentación, ¡perfecto! ¡Duerme feliz! Tu bebé acaba de aprender que puede calmarse, y repitiendo esto aprenderá rápidamente a dormirse por la noche sin tu ayuda. Cuando se despierte la próxima vez y haya pasado el límite de no alimentación, espera otra vez noventa segundos y después dale de comer. Se ha mantenido muy bien y ahora es el momento de darle la comida programada.

Después de esta primera comida nocturna, ya sea programada o no, su segundo sueño será más corto. Una vez más, establece un período de no alimentación durante otras tres o cuatro horas después de la primera comida (o el tiempo con el que te sientas más cómoda) y sigue el mismo patrón que antes (esperar, luego calmar sin levantar, esperar, calmar sin levantar).

Estas primeras noches de entrenamiento son duras. Estás exhausta y es muy molesto escuchar a tu bebé llorar de esa manera. Pide ayuda a tu pareja tanto como sea posible, y establece límites de tiempo claros, como por ejemplo: «Esperaré noventa segundos antes de entrar», usando un reloj para seguir su progreso. Incluso si haces todo esto, es posible que tengas que ceder y dar de comer al bebé antes de que termine su período sin alimentación. Está bien, siempre que esperes al menos a que pasen unas horas después acostarlo antes de darle de comer, y siempre que lo dejes llorar durante al menos un minuto y medio antes de entrar en su habitación. A medida que lo sigas entrenando irá aumentando el período sin alimentación, y todo será más fácil.

HISTORIA DE ÉXITO:
Entrenamiento Suave de Sueño

María y su pareja estaban exhaustos porque su bebé de cuatro meses, James, apenas dormía por la noche. Todavía dormía en la habitación de sus padres y era muy difícil acostarlo, y necesitaba que lo llevaran en brazos para que se durmiera. Una vez dormido, se despertaba cada pocas horas, algunas noches incluso cada veinte minutos. Además, a James le gustaba tener una inoportuna «hora de jugar» entre las 3 y las 5 de la mañana.

Enseñé a María a poner en práctica el método «Cómo duermen los bebés». A pesar de que James tenía cuatro meses de edad, su sueño total se alineaba con el de un típico niño de seis meses: dormía una siesta de dos horas y media durante el día y diez horas durante la noche. El problema era que María lo acostaba a las 7 de la tarde para despertarlo a las 7 de la mañana, lo cual era demasiado temprano: por eso se despertaba durante dos horas por la noche. Establecimos que se despertaría a las 8 a.m. y se acostaría a las 9:30 p.m. Como era mucho más tarde que su hora habitual de acostarse, a las 7 p.m., sería difícil mantenerlo despierto hasta entonces. Así que recomendé extender el tiempo entre siestas para que hiciese la última siesta a última hora de la tarde y después acostarlo a las 9:30 pm. Además, su rutina para dormir (baño, cuento, canción, comida) podía alargarse y empezar a las 8:30 p.m. De esta manera toda la familia estaría distraía hasta que llegara la nueva hora de ir a dormir.

James también mostraba todos los signos de preparación para el entrenamiento del sueño: una vez había dormido casi cinco horas por la noche. No parecía tener hambre durante las comidas nocturnas y pesaba más de cinco kilos. Aconsejé a María que estableciera un horario de no alimentación (tres o cuatro horas) y esperara noventa segundos antes de entrar a consolar a James a su habitación, con la ayuda de su compañero.

Después de sólo cinco días, el método «Cómo duermen los bebés» funcionó de maravilla para James y sus padres. María me dijo: «Todo va mucho mejor con James después de nuestra charla. Seguimos tus instrucciones e hicimos algunos otros ajustes de acuerdo con tus consejos. Ahora siempre duerme al menos tres horas seguidas, e incluso conseguimos llegar a seis horas (!) una noche y cinco horas otra. Por lo general, se duerme más fácilmente y también ha aprendido a calmarse solo. Tenías razón, ¡puede hacerlo!»

Entiendo que el llanto de los bebés es desgarrador. Los bebés aún no tienen noción del tiempo, y cuando se sienten incómodos quieren que acudas inmediatamente. ¿Por qué se sienten incómodos habiendo comido y con un pañal limpio? ¿Por qué lloran tanto los bebés? Respuesta corta: no estamos completamente seguros. La mente de los bebés es inmadura, y los psicólogos creen que sólo pueden sentirse completos a través de nosotros, sus padres y cuidadores, que respondemos a sus necesidades. La gran pregunta es, ¿podemos responder a sus necesidades y al mismo tiempo cuidarnos a nosotros mismos enseñándoles a dormir toda la noche? Mi respuesta es un rotundo sí. Este método de entrenamiento les enseña que estarán bien incluso aunque lloren durante unos minutos, que estás ahí para ellos, y que está bien dormir ahora y esperar un poco más a la próxima comida.

Esta parte más difícil del entrenamiento del sueño terminará después de sólo dos o tres noches, tras las cuales se puede esperar una curva irregular, noche tras noche, en la que el bebé se despertará varias veces (ver la ilustración «La curva irregular del sueño nocturno» en la página 151). Si sigue así, dormirá más tiempo semana tras semana, aunque algunos días habrá contratiempos.

Aunque el entrenamiento del sueño puede ser duro, es importante que sea constante. No des de comer al bebé antes de que termine el tiempo de no alimentación. Si le das de mamar, debes saber que los bebés se sienten muy atraídos y calmados por la leche materna, tanto que su simple olor calma a los bebés prematuros en la UCI durante los procedimientos desagradables. Si vas a calmar al bebé durante el período de no alimentación y sólo puedes conseguirlo dándole de comer, envía a tu pareja para que lo consuele. Después de una o dos semanas, podrás alargar el primer período sin alimentación hasta las 4 a.m., luego a las 5, las 6, y eventualmente, las 7 a.m. y la hora deseada de despertar. El bebé puede seguir despertándose y llorando durante la noche, y vosotros lo seguiréis consolando sin darle de comer. En poco tiempo aprenderá a volver a dormirse sin comer.

Una por una, se irán eliminando todas las tomas nocturnas subsiguientes, hasta que sólo quede una, que finalmente se fusionará con su comida de la hora de despertarse.

Un ejemplo de programa de entrenamiento del sueño para un niño de tres meses podría ser así:

UN BEBÉ DE TRES MESES

8:30 a.m. – inicio del modo diurno	Despertarse y comer
10:30 a.m.	Siesta
11:30 a.m.	Despertarse
A las 12:00 p.m.	Comer
A las 2:00 p.m.	Siesta
4:00 p.m.	Despertarse y comer
6:15 p.m.	Siesta
A las 7:00 p.m.	Despertarse y comer
9:15 p.m.	Empezar la rutina de antes de acostarse
9:30 p.m.	Baño
9:45 p.m. – inicio del modo nocturno	Comer y dormir
A las 2:00 a.m.	Comer y dormir
A las 6:00 a.m.	Comer y dormir

Si el bebé se despierta durante los periodos de no alimentación, entre las 10 p.m. y las 2 a.m. o entre las 2 a.m. y las 6 a.m.,
usa el método de Entrenamiento Suave de Sueño para calmar al
bebé sin darle de comer hasta que sea la hora. Aumenta el periodo de no alimentación de cuatro a cinco horas, después seis, y
luego siete horas.

Para otras edades, consulta los horarios de sueño del bebé en
la página 112.

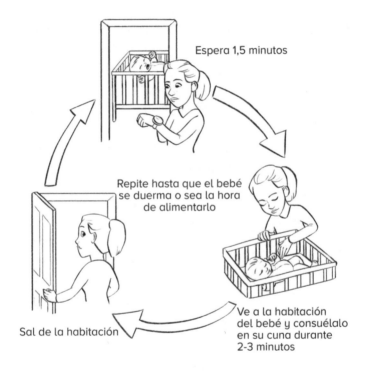

Espera 1,5 minutos

Repite hasta que el bebé
se duerma o sea la hora
de alimentarlo

Ve a la habitación
del bebé y consuélalo
en su cuna durante
2-3 minutos

Sal de la habitación

Entrenamiento Suave de Sueño

Cuando el bebé empiece a llorar durante la noche, espera al
menos noventa segundos. Mira el reloj y respira profundamente.
Al bebé no le pasará nada si lo dejas llorar durante un minuto y
medio. Entra y tranquilízalo, y luego sal de la habitación después
de dos o tres minutos, aunque siga llorando o empiece a llorar
en cuanto te vayas. Repite.

Dormir toda la noche

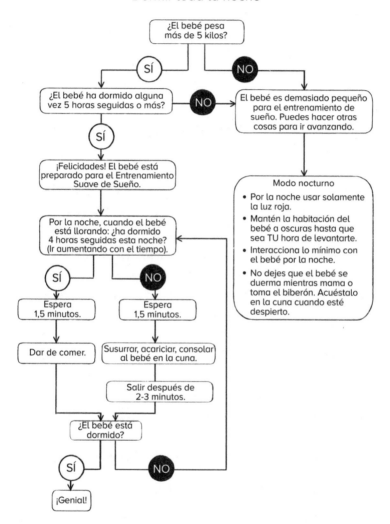

¿Está tu bebé listo para el entrenamiento del sueño? Usa este diagrama para comprobar las señales importantes.

14

¿Funciona?

El entrenamiento de sueño es duro, porque el bebé llorará inconsolablemente y te sentirás culpable por privarle de comida. ¿Y si realmente necesita comer? Si tu bebé duerme durante más tiempo, puedes estar segura de que no necesita comer. Mantente firme (sabes que para lograr un buen patrón de sueño debes reforzar el ritmo deseado). Si cedes, no sólo debilitarás el «buen» ritmo, sino que además conducirás al bebé a un ritmo equivocado, haciéndole creer que la madrugada es un buen momento para comer.

Este método es muy eficaz, por lo que si lo intentas durante una semana y el bebé sigue despertándose cada noche después de unas pocas horas de sueño nocturno, vuelve a contar las horas que duerme durante el día (consulta la tabla de sueño del bebé en la página 59). Si duerme demasiadas horas durante el día, no dormirá bien por la noche.

La mayoría de los padres con los que trabajo quieren saber cuánto tiempo pasará hasta que el bebé duerma toda la noche. Pero ¿qué queremos decir con dormir toda la noche? Yo defino dormir toda la noche como que el periodo más largo del sueño del bebé es de al menos siete horas. ¿Y cuándo se alcanzará este importante hito? Con el método de entrenamiento de sueño suave verás que el bebé tiende a dormir más horas seguidas. La curva no será suave, sino dentada (ver la ilustración «La curva dentada del sueño nocturno» en la página 151). Lo que quiero decir con esto es que si miras el horario general de sueño del bebé durante un mes, verás que cada vez duerme más horas por la noche, pero día a día variará, y es probable que siga despertándose a diferentes horas.

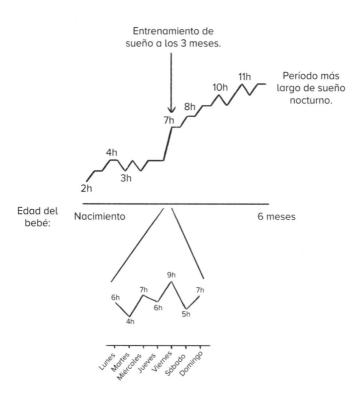

La curva irregular del sueño nocturno

A lo largo de las semanas y los meses, el período más largo de sueño nocturno del bebé va aumentando (arriba), pero de un día para otro hay una gran variabilidad (abajo). Después del entrenamiento del sueño, que suele ser posible a partir de los tres meses, el bebé dormirá mucho más tiempo por la noche. Con mi método, la mayoría de los bebés pueden dormir once horas por la noche a los seis meses de edad.

No te desanimes cuando después de un período de sueño más largo el bebé vuelve a tener períodos más cortos alguna semana. El entrenamiento del sueño está funcionando, pero lleva tiempo. No dejes de hacer lo que estás haciendo. Mantén el horario de siestas cortas durante el día, respeta la hora de acostarlo y despertarlo y todas las rutinas. No pierdas la fe: el bebé dormirá toda la noche si sigues el programa, porque este método está basado en su biología.

Además, las investigaciones realizadas por Ian St. James Roberts y sus colegas del University College de Londres y publicadas en 2017 apoyan mi método. Las pruebas en vídeo han demostrado que los bebés de tan sólo tres meses pueden volver a dormirse rápidamente sin la intervención de los padres. La rapidez con la que sucede depende de ese pequeño retraso que introducimos, ese minuto y medio que concedemos al bebé para que aprenda a calmarse solo, para que no asocie la presencia de papá o mamá con volverse a dormir. En este estudio, los bebés cuyos padres esperaron entre un minuto y un minuto y medio después del comienzo del llanto nocturno llegaron a dormir más de cinco horas a los tres meses de edad. Si el horario no funciona constantemente durante al menos una semana, y el bebé se despierta mucho antes, se debe reexaminar su necesidad total de sueño y, si es necesario, ajustar las siestas diurnas para fomentar un mejor sueño nocturno.

Entonces, ¿cuánto tiempo pasará hasta que el bebé duerma al menos siete horas seguidas por la noche? Depende. Algunos factores están claros: los bebés que aumentan de peso más lentamente suelen necesitar comer con más frecuencia, al igual que los bebés con problemas de salud que afectan al sueño. Sin embargo, el factor más importante es tu perseverancia. Escuchar el llanto del bebé tiene un coste emocional para los padres, especialmente para las madres, como se describe en la introducción y en el capítulo 18. Por eso, conseguir la ayuda de tu compañero puede ser crucial. Con mi método, la mayoría de los bebés dormirán regularmente durante un período mínimo de seis horas durante la noche a los cuatro meses de edad, y siete horas entre los cuatro y los cinco meses.

HISTORIA DE ÉXITO:
Dormir por la noche

Amelia tenía tres meses y mostraba signos de estar lista para el entrenamiento de sueño. Yo ya había asesorado a su madre, Julie, sobre la exposición a la luz, la reducción de las siestas y la elección de la hora adecuada para acostarla por la noche. Pero Amelia seguía despertándose durante la noche. Pesaba más de cinco kilos y había dormido más de ocho horas seguidas por la noche varias veces, así que estaba lista para el Entrenamiento Suave de Sueño. Le expliqué lo básico a Julie, incluyendo que hay que esperar noventa segundos para entrar a la habitación del bebé y que esto hace que los bebés consigan dormir toda la noche más rápido que si los consolamos inmediatamente. Después de la primera sesión de entrenamiento, Amelia durmió como un angelito. Su madre sólo tardó tres noches en retirarle las tomas nocturnas, y ahora dormía en tramos de nueve a diez horas.

Ajustar el horario del bebé

Cuando hayas establecido el horario y pongas en práctica el entrenamiento del sueño, comenzarás a sentirte como una persona nueva. El bebé comerá y dormirá a horas predecibles, lo que hará su vida y la tuya mucho más agradables. Dormirá durante la mayor parte de la noche, y tú volverás a ser la misma persona de siempre. Incluso si come con frecuencia por la noche, sabrá que la noche es para dormir, lo que significa que sus sesiones de alimentación nocturna serán rápidas e indoloras, y toda la familia podrá volver a dormir inmediatamente después. ¡Felicidades, porque la parte más difícil del entrenamiento de sueño ya está hecha! ¡Misión cumplida!

A partir de aquí, sólo tendrás que modificar periódicamente el horario a medida que el bebé crezca y sus necesidades de sueño y alimentación cambien. Cuando el bebé crezca, es posible que pueda pasar más tiempo sin comer. Este proceso será gradual y es posible que poco a poco vaya aumentando el tiempo entre tomas de dos a tres horas y media o incluso cuatro horas durante el día. Alrededor de los seis meses (o a veces antes) la mayoría de los padres empiezan a introducir alimentos sólidos, lo que añade otro elemento al programa del bebé. Consulta la tabla «Ejemplo de horarios para bebés de 0 a 5 meses» de la página 112 para ver ejemplos de horarios de alimentación y de siesta para diferentes edades.

15

Retrocesos

Hay un patrón muy común que veo en mi práctica de entrenamiento. Después de trabajar con una familia y ayudarles a entrenar eficazmente a su bebé, todo el mundo es feliz. El bebé duerme por la noche, y también los padres. Pasan unos meses, y de repente recibo un correo electrónico como este:

«No sabemos qué ha pasado, pero de repente Miles ha dejado de dormir bien por la noche. Ahora se despierta cada hora y grita como si lo estuvieran matando. Tengo que darle de mamar para calmarlo, o mi marido tiene que cargarlo durante horas para que deje de llorar. ¡Ayuda!»

Normalmente los padres tienen a quien echarle la culpa de que su bebé haya dejado de dormir bien.

«Estuvimos en Londres durante una semana y ahora duerme fatal.»
«Ha empezado a ir a la guardería.»
«Le están saliendo los dientes, así que creo que le duele y no puede dormir bien.»
«Volví a trabajar la semana pasada. Creo que está inquieta por este cambio.»

Aunque todas estas son preocupaciones válidas, en gran parte (con la excepción del *jet lag*) son irrelevantes para el sueño del bebé. En el 90 por ciento de los casos hay una sola razón por la que el bebé ha dejado de dormir bien de repente. ¿Adivinas cuál es? Que duerme demasiada siesta.

En el paso 2 aprendimos que el sueño total de los bebés disminuye continuamente desde el nacimiento, cuando duermen casi todo el tiempo, hasta la edad adulta, cuando sólo son unas ocho horas. En los dos primeros años de vida, la necesidad total de sueño del bebé disminuye drásticamente de dieciséis horas al día a unas doce. Si quieres que tu bebé siga durmiendo de once a doce horas por la noche, ¿dónde se pierde la mayor parte del sueño, entonces? Exactamente: durante el día.

Mientras que el sueño nocturno no cambia mucho entre los seis meses y los cinco años, el diurno experimenta grandes cambios. Los bebés pasan de dormir ocho horas durante el día cuando son recién nacidos, a dejar totalmente de dormir siestas cuando tienen tres o cuatro años. Lo que suele confundir a los padres es que los bebés van a mantener el total de horas de sueño diarias de manera constante pase lo que pase (no les importa si duermen durante el día o durante la noche) y no siempre dan señales claras de que necesitan acortar su siesta o dejar de hacerla. En su lugar, no quieren irse a dormir, se despiertan en medio de la noche o se levantan demasiado temprano. Si los padres los dejan dormir demasiado durante el día, su sueño nocturno se reducirá y, a la inversa, si las siestas diurnas son más cortas, el sueño nocturno aumentará. Así que depende de ti. ¿Puedes mantener al bebé despierto durante el día, soportando su malhumor ocasional durante el período de transición, a cambio de dormir por la noche? ¿O prefieres un bebé que duerme la siesta durante el día, a expensas de no dormir toda la noche? ¡La mayoría de los padres priorizan el sueño nocturno!

Al igual que ha ocurrido con las familias a las que he entrenado, en algún momento después de que hayas establecido un horario, de que el bebé coma y haga la siesta a las horas previstas y duerma feliz toda la noche, habrá problemas en el paraíso. De repente, el bebé se despertará en medio de la noche y será difícil volver a dormirlo. O la hora de ir a dormir se convertirá en una guerra inacabable. Cuando ocurra una o dos veces, pensarás que es casualidad. Sin embargo, después de pasar así casi todos los días durante una semana, te das cuenta de que algo va mal. ¿Qué está pasando? Lo más probable es que el bebé haya crecido y que su necesidad de sueño diario haya disminuido. La solución es fácil. Si el bebé necesita dormir menos, reduce las horas de sueño diurno.

Para determinar cuánto tardarás en eliminar las siestas, compara el horario de sueño de tu bebé con la tabla de sueño del bebé de la página 59. Digamos que antes de esta regresión el bebé necesitaba quince horas de sueño todos los días, pero ahora son sólo catorce. Para que el sueño nocturno sea constante, hay que reducir en una hora la cantidad total de tiempo de siesta durante el día. De lo contrario, se despertará en medio de la noche, no querrá irse a dormir o se despertará muy temprano por la mañana, lo cual no es bueno para mamá y papá. Puede que tengas que dedicar unos días a prueba y error antes de que consigas encontrar el tiempo correcto de sus siestas y veas el resultado deseado: que el bebé vuelve a dormir toda la noche.

HISTORIA DE ÉXITO:
Regresión en los hábitos de sueño

Conocí a William y a sus padres, Johanna y David, cuando tenía catorce semanas. Siguiendo el método «Cómo duermen los bebés», Johanna y David consiguieron que William durmiera toda la noche. Todo iba bien hasta que la familia hizo un viaje a Londres cuando William tenía casi cinco meses. Cuando regresaron, las cosas comenzaron a ir mal. Tanto el sueño nocturno como el diurno eran una pesadilla, él lloraba y se rebelaba cada vez que lo acostaban a dormir la siesta. Algunos días no podían acostarlo a dormir la siesta de la tarde. También retrocedió despertándose varias veces durante la noche, y era difícil calmarlo para que se volviera a dormir. Cuando Johanna me envió un correo electrónico pidiendo ayuda, ambos estaban exhaustos.

Johanna y David tenían la sensación de que el *jet lag* era el culpable de los problemas de sueño de William. En parte tenían razón: lleva una semana adaptarse a una nueva zona horaria, especialmente de Londres a Nueva York, que están a cinco horas de distancia. Pero una vez adaptados a la hora americana William no volvió a la normalidad. La razón es que William tenía tres meses y medio cuando establecimos su horario de sueño, que funcionó maravillosamente durante un tiempo. Ahora, a los cinco meses, William no necesitaba dormir tanto, y había que reducir sus siestas. Entre los tres y los seis meses de edad, los bebés pasan de dormir un promedio de cuatro horas al día a sólo dos horas y media. Y el sueño nocturno aumenta de diez a once horas. Esto significa que tuvimos que acortar las siestas de William y hacer que se acostara más temprano. El mismo William nos estaba mostrando que no necesitaba dormir tanto durante el día, porque muchas veces se saltaba su última siesta. Esta es una señal clara de que la necesidad de dormir ha disminuido. Entonces, ¿qué hacer?

Johanna y David redujeron poco a poco cada siesta a 50 minutos, y eliminaron la cuarta siesta por completo. Este cambio ayudó inmediatamente a que el bebé durmiera por la noche. ¿Pero qué pasa con las vigilias nocturnas? ¡Volvemos al principio! Johanna y David volvieron a poner en práctica el Entrenamiento Suave de Sueño. Después de sólo dos días con su nuevo horario, William volvió a dormir toda la noche.

Cuando se eliminan las siestas

«A veces duerme la siesta, a veces no.» ¿Te resulta familiar? Si cada vez es más difícil acostar al bebé para que duerma la siesta o si algunas veces se la salta, es hora de eliminarla. Su necesidad total de sueño ha disminuido. Su presión de sueño es menor y por lo tanto no está tan cansado. Dicen que es muy difícil que los niños dejen de hacer la siesta y que los pone de muy mal humor. Es cierto que al principio puede causarles cierta incomodidad. Sin embargo, si se hace bien, esto sólo durará un día o dos.

Ha llegado el momento de crear un nuevo horario para tu hijo. En «Ejemplo de horarios para bebés de 0 a 5 meses» de la página 112 encontrarás ejemplos de horarios para diferentes grupos de edad. Si prefieres crear tu propio horario, aumenta la duración de cada siesta, elimina la última y espácialas más. Acostarás al bebé más temprano por la noche, ya que entre el mes de vida y los dieciocho meses el sueño nocturno aumenta de nueve horas a once horas y media. Durante el primer año y medio de vida, el bebé pasará de cuatro siestas al día cuando sea un recién nacido, a tres siestas cuando tenga entre tres y seis meses, y a dos siestas entre los seis y los doce meses. Luego hará una sola siesta hasta que tenga tres o cuatro años. La última siesta es la de la tarde, normalmente después de la comida del mediodía.

Es normal que el bebé esté un poco malhumorado durante la transición, pero se adaptará bastante rápido. Si llora mucho y está somnoliento durante más de tres días a la hora habitual de una siesta, probablemente es demasiado pronto para dejar esa siesta en particular.

Otra situación problemática que hay que tener en cuenta es cuando la hora de dormir y la última siesta se acercan demasiado. Eliminar la cuarta siesta o la tercera antes de ir a dormir es especialmente difícil, por eso me gustaría profundizar en cómo hacerlo de la forma más indolora posible. Digamos que el bebé duerme su última siesta a las 7:30 p.m., y generalmente dura una hora. Recientemente ha estado durmiendo más tiempo por la noche, y tú cada vez lo acuestas más temprano, de modo que ahora su hora de acostarse son las 9 p.m. En este momento, cuando se despierta a las 8:30 p.m., sólo falta media hora para que sea la hora de irse a dormir propiamente dicha. La última siesta está empezando a unirse a su sueño nocturno, ¡es hora de dejarla! Prepárate para que el bebé se ponga quisquilloso el primer día cuando no lo acuestes para su siesta. Puedes intentar mantener su hora de dormir habitual, o adelantarla hasta treinta minutos. Al día siguiente ya estará mucho mejor, y sólo necesitas uno o dos días más para que haga una transición completa.

Si el bebé sigue estando cansado y de mal humor durante la hora de la siesta de los próximos tres a cinco días, intenta acostarlo más temprano. Mientras duerma toda la noche, las cosas van bien. Si vuelve a despertarse a horas intempestivas, sabrás que has ido demasiado lejos y que su hora de acostarse debería ser más tarde.

16

Dormir más

Si bien la tendencia general es que los bebés, los niños pequeños y los niños mayores duerman cada vez menos a medida que crecen (como se muestra en la tabla de sueño de la página 59), habrá fases y momentos en los que duerman más.

Enfermedad

Los bebés, niños y adultos enfermos suelen tener una mayor necesidad de dormir. Es importante dejar que los niños duerman todo el tiempo que necesiten cuando están enfermos. Los bebés y los niños pequeños con fiebre tienden a dormir mucho más durante el día de lo habitual. ¡Déjalo dormir! Pero ¿qué pasa con el sueño nocturno? Muchos padres dicen que cuando su hijo está enfermo, su horario de sueño se desmorona y pasan la noche despiertos con un bebé que no deja de llorar. Aquí es donde recogerás los beneficios de mi método: la repetición constante, el horario regular y el mantenimiento de un estricto modo nocturno permitirán al bebé seguir en el camino correcto. Cuando los niños están enfermos, su necesidad general de sueño diario es mayor, pero con este método de entrenamiento es poco probable que el aumento del sueño diurno reduzca el sueño nocturno. ¡Ese es el poder de arrastrar al bebé a un ritmo fuerte!

Cuando mis hijos estaban enfermos, se mostraban malhumorados o somnolientos durante el día, pero su sueño nocturno apenas se veía afectado. Por supuesto, a veces los niños enfermos se despiertan durante la noche porque se encuentran mal y necesitan consuelo o ayuda.

Naturalmente, cuando los bebés crecen se convierten en niños pequeños y pueden expresar su sufrimiento y sus necesidades (¡y verás que lo hacen con fuerza!). Inevitablemente habrá momentos en los que te encontrarás acunando a tu hijo enfermo durante horas por la noche, durmiendo con él y haciendo todo lo que puedas para ayudarle a sentirse mejor. El amor y el afecto de mamá y papá son muy importantes para ayudar a que un niño enfermo mejore, pero también pueden formar nuevos hábitos que son difíciles de romper, especialmente con niños mayores. Por lo tanto, cuando tu hijo empiece a sentirse mejor, es imperativo que vuelva a los horarios y rutinas de sueño normales tan pronto como sea posible.

Alrededor de los dos años de edad, mi hija Leah tuvo una fiebre terrible, y no quería dormir sin mí. Se quedaba dormida encima de mí en el sofá de su habitación. También se despertaba varias veces por la noche, ardiendo de fiebre y llorando. Cada vez, necesitaba que la abrazara para volver a dormirse. Estaba enferma y se encontraba muy mal, así que, por supuesto, hice todo lo que pude para que se sintiera mejor, incluyendo estar con ella durante horas en su habitación, abrazarla y acariciarla. Después de tres días estaba mejor, pero todavía quería que estuviera a su lado para usarme como un bonito y cálido cojín para dormir. Así que cuando la dejé sola en su habitación por la noche, me llamó varias veces. Al principio, pensé que a lo mejor aún todavía se encontraba mal. Pero al cuarto día me di cuenta de que sin querer habíamos pasado a un nuevo hábito.

El quinto día, cuando estaba segura de que ella volvía a estar tan juguetona y con tanta energía como siempre y ya no se sentía enferma, decidí que había llegado la hora de volver a nuestra rutina habitual: baño, cuento, el último abrazo a las 9 de la noche y ni un solo sonido hasta las 8 de la mañana. Me derrumbé y volví a entrar, dándole un abrazo pero diciéndole que era hora de dormir y que mamá no entraría más antes de que fuera hora de levantarse. Me fui. Se puso a berrear otra vez. Me derrumbé de nuevo después de diez minutos. Esto continuó durante otra media hora, hasta que decidí esperar más tiempo. Gritó como si la estuvieran matando durante media hora, pero también se le ocurrieron muchas razones creativas para hacerme ir a buscarla (necesito ir al baño, quiero jugar en el salón, tengo hambre), lo que me demostró que realmente no me necesitaba, sólo me quería. Después de lo que pareció una eternidad de llanto (aunque en realidad fueron sólo treinta minutos), entré y le di un último abrazo. Después dejó de llorar y finalmente se durmió. La noche siguiente se durmió después de nuestra rutina habitual sin que yo tuviera que volver a acudir a su cama una y otra vez. El hábito se rompió, y volvimos a nuestra rutina habitual. Todo el mundo dormía felizmente por la noche otra vez.

Durante los episodios de enfermedad, para consolar a tu hijo debes tener en cuenta algunos cuidados que se imponen sobre todos los horarios y rutinas. Los bebés y los niños pequeños suelen necesitar más sueño, más abrazos, más caricias y más mamá cuando están enfermos. Dale todo lo que necesite, pero cuando se sienta mejor, ten en cuenta que no debe crear un nuevo hábito que después tengáis que volver a romper. Es mejor que vuelva a su horario normal tan pronto como sea posible. Explícale a tu hijo que, ahora que ya se encuentra mejor, puede volver a dormirse solo, que la noche es para dormir, y que mamá o papá estarán con él por la mañana.

HISTORIA DE ÉXITO:
Enfermedad

Ayudé a los padres de Oliver cuando tenía cinco meses, y conseguimos que se habituase a un buen horario. Pero cuando tenía nueve meses, las cosas cambiaron de repente. Oliver se resfrió mucho y tuvo fiebre alta durante unos días. Durante su enfermedad lloraba mucho y necesitaba que lo abrazaran, lo calmaran y lo amamantaran con frecuencia. Cuando se sintió bien de nuevo, su sueño se mantuvo fragmentado, y se despertaba de cuatro a seis veces cada noche, llevando a sus padres al borde del agotamiento. Su mamá, Vanessa, me pidió ayuda y le expliqué que el hecho de acurrucarse con Oliver y darle de mamar frecuentemente durante su resfriado había creado hábitos nuevos e inoportunos. Necesitaba volver al Entrenamiento Suave de Sueño para reencaminar a su hijo. Aunque Vanessa pasó varias noches complicadas, el esfuerzo dio sus frutos: Oliver recordó que sabía calmarse solo y dejó de depender de sus padres para dormir toda la noche.

Aumento del sueño de los niños pequeños

Alrededor de los dos años de edad, los niños pequeños llegan a una meseta en su necesidad de sueño diario. Durante el año siguiente, es poco probable que su sueño nocturno disminuya e incluso puede haber fases de un mes de duración en las que necesiten dormir mucho más que antes (no es inusual que necesiten hasta una hora más). Esto a menudo ocurre con el inicio de la guardería, un entorno altamente estimulante que coincide con una importante fase de desarrollo emocional e intelectual. Aunque tengas que despertar a tu hijo para ir a la escuela, puedes seguir el método *Cómo duermen los bebés* para reordenar su horario de modo que se ajuste a sus nuevas necesidades. Acuéstalo más temprano por la noche, cambiando gradualmente su hora de ir a dormir añadiendo quince minutos cada vez hasta que vuelva a alcanzar el equilibrio y la hora designada para despertarlo coincida con la cantidad de sueño que necesita. ¡Tranquila! *Cómo duermen los bebés* es un proceso constante de ajuste y reajuste del horario establecido para que el sueño nocturno del niño y su hora de levantarse por la mañana coincidan con los tuyos.

17

Otros cuidadores

Ya conoces los aspectos básicos de este método y estás convencida de que utilizar la luz roja y limitar el sueño nocturno son una buena decisión, ¡pero otras personas de tu alrededor podrían no estarlo! Puede que no sepan que la luz normal despierta a los bebés, y que demasiada siesta es perjudicial para el sueño nocturno. ¿Tiene importancia que no sigan las reglas de este libro? Si esas personas van a cuidar de tu hijo, entonces sí, la tiene. Importa por dos razones principales. Sabemos que todo lo que hacemos o dejamos de hacer arrastra o debilita el ritmo del bebé, y que un ritmo fuerte le ayuda a ser más feliz y a dormir mejor. Si tu pareja, la niñera o los cuidadores de la guardería tienen un horario diferente al tuyo, o si no tienen ningún horario, todo el esfuerzo que has invertido en conseguir que el bebé duerma a las horas que más te convienen a ti y a tu familia se verá afectado. Además, si se ignora su horario de siesta bien calibrado y otra cuidadora deja que el bebé duerma todo el tiempo que quiera durante el día, lo más probable es que esto dé lugar a noches de insomnio. Por lo tanto, es crucial que todos estéis en la misma onda.

Escuela infantil

Comenzar la escuela o la guardería es un desafío para los niños porque tienen que acostumbrarse a nuevos cuidadores, otros niños, un entorno físico diferente y diferentes rutinas y horarios. El entorno de la guardería es muy estimulante para los bebés y los niños pequeños, y aprenden mucho al interactuar con los maestros y otros niños. A menudo experimentan un mayor volumen de estímulos sensoriales, intelectuales y sociales que en casa y son más activos físicamente que en el entorno doméstico. ¡La escuela es agotadora! Los primeros días de guardería, muchos niños están agotados por la noche, lo que puede resultar difícil para los padres. Acostar a los niños más temprano parece la solución más fácil, pero ten cuidado de no excederte.

Si el bebé parece muy cansado, puedes intentar acostarlo quince o treinta minutos antes. Sin embargo, si se despierta antes de la hora habitual o si empieza a despertarse durante la noche, ya sabes que su necesidad de sueño no ha aumentado. En lugar de acostarlo más temprano, empieza la rutina de antes de ir a dormir un poco más pronto, báñalo antes y cuéntale más de un cuento. Los niños están más cansados después de la escuela, sí, pero este cansancio no se traduce necesariamente en una mayor necesidad de sueño; en cambio, puede manifestarse como un aumento de la irritabilidad y el apego. Ha estado lejos de ti todo el día y ha tenido que arreglárselas sin ti. Necesita manifestarlo y quiere que le demuestres que estás ahí para él.

Siestas en la guardería

Si tu bebé tenía un horario específico antes de comenzar la guardería, intenta que los nuevos cuidadores lo mantengan. Sin embargo, tener que despertar a los bebés puede crear resistencias en los nuevos cuidadores, debido a la falta de información sobre la biología del sueño. También puede ser difícil para la guardería tener un horario diferente para cada niño.

Pero sabes que dormir demasiado durante el día puede causar estragos en el sueño nocturno del bebé. Las siestas interminables en la guardería hacen que se vaya a dormir tarde y provocan noches de insomnio. Puedes explicar a las cuidadoras que has estado despertando al bebé para restringir su sueño diurno y conseguir que duerma mejor por la noche, y que este método está avalado por estudios científicos. Puedes explicarles que este enfoque ha ayudado a que tu familia vuelva a dormir por la noche y lo importante que es para ti. Trata de explicar tu enfoque a los cuidadores y, si puedes, cuando vayas a visitar guarderías averigua si colaborarán contigo para mantener este método.

Manteniendo un horario en casa

Es crucial estar de acuerdo con todos en casa sobre los horarios de siestas y comidas del bebé. Para cumplir con el plan, es útil tener un horario actualizado colgado en la nevera o en otro lugar visible, para que todos puedan consultar fácilmente los horarios de comidas y siestas. Has dedicado mucho tiempo y esfuerzo a estudiar la ciencia del sueño y has trabajado mucho para que el bebé tenga un horario. Dale a tu pareja este libro. Explícale tu enfoque a todos los que cuiden del bebé y, sobre todo, por qué estás limitando el sueño diurno. Insiste en la importancia del horario y de restringir la duración de las siestas. Es probable que encuentres resistencia, pero es importante mantenerse firme para que el bebé siga durmiendo bien por la noche.

18

Entendiendo los cerebros de mamá y papá

El entrenamiento del sueño, incluso la modalidad suave que recomiendo, es de lejos la parte más difícil de mi método. No sólo te pasa a ti; a todas las mamás y los papás les cuesta mucho dejar que su bebé llore. Yo no fui la excepción. Cuando entrenaba a Leah y Noah, me era imposible físicamente sentarme y esperar noventa segundos, sentía que estaba haciendo daño a mi bebé y a mí misma.

¿Por qué nos afectan tanto los llantos de nuestros bebés? Escuchar a otras personas llorar no suele hacernos sentir tan mal, así que ¿por qué reaccionamos de forma tan extrema cuando nuestro bebé llora? Entender por qué sentimos esta fuerte reacción puede ayudarnos a modular nuestra respuesta de pánico y permitirnos continuar con el entrenamiento del sueño. Esta sección te ayudará a entender la biología de la mezcla de emociones que experimentas como madre, y cómo podemos modificarlas para ayudar al bebé a dormir durante la noche.

¿Esa oleada de amor que sientes cuando miras a tu bebé? ¿Esos sentimientos que nunca pensaste que fueran posibles? Sí, eso es hormonal. La naturaleza hizo que no sólo estemos óptimamente preparadas para la llegada del bebé a nivel físico, produciendo leche y demás, sino también a nivel mental. Las hormonas nos hacen amar a nuestros bebés, mucho, hasta el punto de que su bienestar se vuelve primordial, aún más importante que el nuestro. Soy neurocientífica, así que un libro sobre el sueño del bebé no estaría completo sin tener en cuenta cómo el embarazo, el parto y el cuidado de los niños nos cambian, física y emocionalmente, y cómo esos cambios influyen en nuestra capacidad para ayudar al bebé (y, en última instancia, a nosotras mismas) a dormir por la noche.

Hormonas durante el embarazo

Antes de estar embarazada de Leah, mi peso, mi apariencia y mantenerme en forma eran muy importantes para mí. Las fluctuaciones en mi peso afectaban a mi estado de ánimo, seguramente de forma exagerada. Cuando me quedé embarazada y mi vientre empezó a crecer, esta frágil y exigente relación con mi cuerpo cambió profundamente. Después de varios meses sintiéndome enferma todo el tiempo, cuando mi vientre empezó a mostrarse, me sentí extrañamente feliz por ello. Y cuando se hizo más grande, me quedé asombrada, y no podía creer que se hiciera cada vez más grande. Hacia el final, me sentía incómoda, claro, pero mi apariencia, mi cuerpo casi grotescamente cambiado, hablando desde la perspectiva de mi pensamiento pre-embarazo, no me molestaba demasiado, o al menos no tanto como se esperaría de alguien para quien dos kilos más o menos habrían cambiado su vida en los años anteriores. Cuando pude poner el plato de la cena sobre mi barriga mientras veía la televisión, esta manifestación de enormidad sólo me provocaba diversión.

Aparte de mi falta de dismorfia corporal debida a mi kafkiana transformación en una mole humana, también experimenté una falta general de preocupación, aunque a mi cuerpo le estaba sucediendo algo monstruoso y en mi vida todo estaba a punto de cambiar de la manera más inimaginable. Sí, por supuesto que estaba preocupada por la salud del bebé, por dar a luz, por ser una buena madre. Pero mis miedos y preocupaciones eran de alguna manera relativamente pequeños en relación con la magnitud de las cosas que estaban a punto de suceder. Incluso mientras estaba embarazada, les decía a mis amigos y familia lo extraño que era no vivir el embarazo como algo muy estresante, ya que un cambio radical como este me habría asustado mucho en el pasado, pero que estaba sorprendentemente tranquila, sobre todo ahora que lo estaba viviendo. La mayoría de las madres aseguran vivir esta sensación de calma relativa, y sienten que están destinadas a pasar por esta experiencia. La ciencia puede proporcionar una increíble explicación para este fenómeno. La exposición al estrés, que causa niveles elevados de cortisol en la madre, puede dañar al feto en desarrollo. La naturaleza ideó un sistema para prevenir esto. Durante el embarazo, una complicada interacción entre la química cerebral y las hormonas modula el llamado eje hipotalámico-pituitaria-adrenal (eje HPA), una cadena fisiológica de eventos que involucra al hipotálamo en el cerebro, señalando hormonalmente a la glándula pituitaria, que a su vez controla la glándula adrenal, ubicada sobre los riñones, para liberar cortisol. Todo este proceso se amortigua durante el embarazo y se mantiene bajo control gracias a la acción de la hormona progesterona y los opiáceos endógenos, que alcanzan su punto máximo al final del embarazo y suprimen el eje HPA, reduciendo el estrés cuando estás embarazada.

Es particularmente fascinante el hecho de que incluso las parejas de las mujeres embarazadas muestran cambios hormonales durante el embarazo. La testosterona masculina disminuye durante el embarazo de la pareja, y esto es necesario para el vínculo entre padre e hijo después del nacimiento del bebé. Además, las hormonas de padre y madre cambian en sincronía, preparando a la unidad parental para un cuidado óptimo del niño.

Hormonas durante el parto

Probablemente has oído hablar de la oxitocina, la «hormona del apego», que produce efectos sociales tan sorprendentes como el aumento del atractivo percibido por alguien después de que se le rocíe la nariz con esta sustancia, el aumento de la confianza en los demás, e incluso la capacidad de «leer la mente», de entender intuitivamente lo que el otro necesita.

La función más importante de la oxitocina es inducir el parto. Durante la última etapa del embarazo, las neuronas de la oxitocina se ven inhibidas por opiáceos endógenos, pero cuando el bebé está listo para salir, esta inhibición desaparece y se empieza a liberar la oxitocina, provocando convulsiones uterinas (contracciones del parto). La pitocina, la droga utilizada para ayudar en el parto, es un análogo químico de la oxitocina, lo cual demuestra la importancia que tiene esta hormona en la expulsión del bebé a través del canal de parto. Simultáneamente, las hormonas prolactina y oxitocina desencadenan la lactancia. Después del nacimiento del bebé, la succión del pecho desencadena la liberación de oxitocina tanto en la madre como en el bebé, lo que a su vez provoca el reflejo de subida del flujo de leche.

Hormonas posparto

Durante el embarazo, el cerebro materno se prepara para la maternidad, lo cual, biológicamente hablando, incluye anidar, reunir a las crías, amamantarlas, limpiarlas, protegerlas y no mostrar agresividad ante el nuevo bebé. Los niveles elevados de estrógeno, progesterona y prolactina «preparan» varias partes del cerebro materno al aumentar la cantidad de receptores de oxitocina. El cerebro está listo para funcionar y, cuando la progesterona disminuye y la oxitocina se libera durante el parto, estas vías neuronales comienzan a dispararse, provocando comportamientos maternales.

Es realmente asombroso considerar la inmensidad de la reorganización que está ocurriendo en el cerebro de la nueva madre. Prácticamente todas las áreas del cerebro relacionadas con el procesamiento cognitivo y emocional se ven alteradas por la acción coordinada de las hormonas del embarazo y responden rotundamente a la oleada de oxitocina durante el parto. De hecho, cuando los ratones carecen de receptores de oxitocina (porque han sido genéticamente eliminados), no muestran comportamientos maternales después del nacimiento de sus crías. No se preocupan por ellas, e incluso se vuelven agresivos.

Curiosamente, la interacción prolongada con el recién nacido es importante para mantener y reforzar los comportamientos maternales después del parto. Por eso el vínculo con el nuevo bebé es tan importante. Aunque nuestro cerebro está preparado para los comportamientos maternales, es el contacto con el bebé lo que solidifica las vías neurales para la crianza sostenida y la respuesta a sus necesidades. La interacción y el cuidado continuo del bebé activan poderosos circuitos de recompensa en nuestro cerebro, causando la liberación del neurotransmisor de dopamina, que nos hace sentir bien. Esos son los mismos circuitos cerebrales que se activan por el uso de drogas o cuando estamos enamorados.

De hecho, después de nacer mi primer bebé, Leah, sentí un amor tan intenso, que pensé en escribir poesía. Aunque en realidad no llegué a poner el bolígrafo sobre el papel, debido al constante cambio de pañales y a mi falta de talento, de repente comprendí a todos esos escritores y poetas que a lo largo de los siglos habían experimentado sentimientos de amor tan abrumadores que sólo escribiendo poemas podían expresar adecuadamente su vida interior. Quise volcar mi corazón en la poesía, componer canciones y escribir libros (bueno, al menos esto último sí lo he hecho) para celebrar el regocijo casi espiritual que sentía por mi hija, su mágica existencia y sus ojos azules, que me miraban y me necesitaban.

Después de la fase posparto, seguimos íntimamente conectadas con las señales del bebé. Las investigaciones muestran que madre, padre y bebé experimentan un aumento de oxitocina al interactuar entre ellos, lo que refuerza el vínculo familiar y el comportamiento parental. El bebé y los padres forman una tríada funcional, con hormonas, conexiones neuronales y comportamientos sincronizados. Aquí es donde aparecen la intuición y el apego. El bebé nos hace cuidarlo, y nosotros recíprocamente le hacemos sentirse seguro, mientras perfeccionamos nuestros comportamientos para atenderlo óptimamente. Todos estos pasos están predeterminados biológicamente pero en constante evolución para facilitar una de las experiencias más intensas y hermosas de la vida: tener hijos.

Como puedes imaginar, no todo es de color de rosa. Los nuevos padres se preocupan tanto por sus bebés que llegan a abandonarse a ellos mismos. Aunque esto es crucial para la supervivencia del bebé, puede causar altos niveles de estrés en los nuevos padres. Esta experiencia tiene una explicación biológica, descrita por una serie de interesantes experimentos.

A un grupo de madres y padres recientes se les mostraron imágenes de sus bebés llorando. Simultáneamente, utilizando la resonancia magnética, se registró su actividad cerebral. Los investigadores detectaron intensas respuestas en una parte del cerebro llamada amígdala, que es algo así como nuestro botón del pánico emocional. Percibimos los llantos de nuestro bebé como insoportables, y podemos demostrarlo con imágenes cerebrales. Las partes de nuestro cerebro que detectan alarmas emocionales se encienden como un árbol de Navidad cuando nuestro bebé llora, y eso nos causa una inmensa angustia.

Curiosamente, aunque los padres también responden al llanto de sus bebés, las respuestas del cerebro de las madres son mucho más pronunciadas. Esto explica el hecho de que muchas madres se despierten por el más mínimo ruido del bebé, mientras que papá sigue roncando felizmente por mucho que grite. ¿Cómo puede hacerlo? Porque su centro de alarma emocional no se activa con cualquier sonido del bebé. Esta respuesta fisiológica y emocional extrema va disminuyendo un poco con el tiempo. Los padres de los niños de seis meses muestran respuestas de la amígdala mucho más débiles que los de los bebés de dos semanas. Tener una mayor capacidad de respuesta emocional forma parte de la tarea de ser padre, facilitando además el vínculo afectivo y un amor intenso, pero también puede provocar ansiedad y a veces depresión.

La preocupación de las madres y los padres por su nuevo bebé es tan intensa que se asemeja al comportamiento típico del trastorno obsesivo-compulsivo. Antes de que (comprensiblemente) te sientas ofendida, piensa en ello: comprobar una y otra vez que el bebé esté bien; preocuparte constantemente por si has olvidado algo relacionado con su bienestar o incluso con su supervivencia; tener pensamientos recurrentes y terribles sobre la posibilidad de que algo malo le ocurra al bebé… Las similitudes, especialmente a nivel neurológico, son tan sorprendentes que los investigadores están usando imágenes de los cerebros de las madres para entender el comportamiento obsesivo-compulsivo y sus orígenes evolutivos.

La función del sueño

Probablemente elegiste este libro porque tu bebé no duerme bien y tú te encuentras mal. ¿Por qué? ¿Por qué es tan vital dormir para nuestro bienestar? ¿Por qué necesitamos dormir?

Estas son las mismas preguntas que intento responder en mi trabajo diario como científica del sueño, y la respuesta corta es: no estamos seguros. Para ser precisos, de lo que no estamos seguros es de la función última, subyacente y básica del sueño: ¿qué función tiene dormir para nuestro organismo que, cuando no se produce debido a la privación de sueño, nos deprime y hace que nos sintamos enfermos?

Esta cuestión también fue estudiada en profundidad por Allan Rechtschaffen y sus colegas de la Universidad de Chicago. Los investigadores privaron de sueño a unas ratas usando un disco giratorio colocado sobre un charco de agua. El disco estaba dividido en dos por una pantalla, y a cada lado colocaron a una rata. Tan pronto como una de ellas, la destinada a ser privada del sueño, se quedaba dormida, el disco empezaba a girar, pero la pantalla se quedaba fija, amenazando con empujar a la rata hacia el agua. Para evitar un chapuzón no deseado, la rata tenía que empezar a moverse en lugar de dormir. Este método permitió a los investigadores estudiar lo que sucede durante la privación total del sueño, cuando a un animal no se le permite dormir en absoluto.

Las ratas sometidas a este tortuoso método murieron en dos semanas. ¡Menos tiempo que si hubieran sido privadas de alimentos! ¿Por qué la privación total de sueño es letal? Después de unos pocos días sin dormir, las ratas empezaron a mostrar numerosos síntomas físicos y fisiológicos. Su pelo se volvió áspero, la temperatura corporal descendió, perdieron peso y sufrieron infecciones, úlceras en la piel y cambios en el cerebro. Lo extraño fue que no se encontró una sola causa objetiva de su muerte: cuando los investigadores proporcionaron calor a las ratas, les dieron antibióticos para controlar su infección y tomaron otras medidas contra los efectos de la privación del sueño, las ratas murieron igualmente. El porqué sigue siendo un misterio.

Biólogos moleculares como yo han continuado la búsqueda de la función del sueño y han descubierto una serie de procesos fisiológicos que ocurren en nuestras células y tejidos cuando dormimos. Sin entrar en los detalles técnicos de las investigaciones en curso, creemos que el sueño tiene algo que ver con el mantenimiento de las funciones celulares básicas en el cerebro y el cuerpo. A nivel cerebral, todos sabemos que no dormir lo suficiente afecta a nuestro funcionamiento, y aunque no entendemos del todo por qué, quiero profundizar un poco más en los efectos de la privación de sueño en el cerebro.

El cerebro privado de sueño

Para investigar cómo afecta no dormir a los seres humanos, los investigadores han sometido a grupos de personas a diversos grados de privación del sueño. En un estudio de la Universidad de Pensilvania, a los sujetos de un grupo no se les permitió dormir en absoluto durante tres noches consecutivas, mientras que otro grupo fue sometido a una privación parcial del sueño y se les permitió dormir cuatro o seis horas por noche durante catorce días. Este y otros estudios mostraron que la privación de sueño tiene profundos efectos perjudiciales en las funciones cerebrales, incluyendo la atención y la motivación, el trabajo y la memoria a largo plazo, el procesamiento visual, la toma de decisiones y el juicio, el habla y el control emocional.

Tal vez no te sorprenda que, cuanto más privada de sueño estés, peores sean los síntomas. Curiosamente, no sólo la privación de sueño total sino también la parcial (el estado en el que se encuentran las madres recientes) tienen efectos negativos en la cognición y la regulación emocional. Dos horas de sueño por noche durante catorce días es tan malo como una noche de privación total de sueño. ¿Las consecuencias? Las investigaciones muestran que los grupos en riesgo de privación de sueño, incluyendo a los trabajadores de la medicina, la aviación, el ejército o el transporte, muestran falta de atención y son más propensos a cometer errores. Un estudio de la Universidad de Nueva Gales del Sur, en Australia, y el Centro de Investigación de Salud Ocupacional y Ambiental de Nueva Zelanda, descubrió que, después de veintiocho horas sin dormir, los trabajadores del ejército y el transporte por vía terrestre estaban tan deteriorados cognitivamente como si tuvieran un nivel de alcohol en la sangre del 0,1 por ciento. Aunque las mujeres parecen ser más resistentes a la privación de sueño que los hombres, probablemente debido a las exigencias de la crianza de los hijos, no puedo dejar de enfatizar lo importante que es para ti volver a dormir bien, por tu bien y el de tu familia.

HISTORIA DE ÉXITO:
Privación de sueño

Carla vino a verme cuando su bebé Matteo tenía siete meses. Matteo era un bebé feliz y activo durante el día, pero por la noche se despertaba a intervalos de dos horas, volviendo loca a su madre. Dormía cuatro siestas durante el día, totalizando cinco horas. Carla era ingeniera pero no había podido volver a trabajar aunque su hijo ya había cumplido seis meses, lo que sometió a la familia a una gran presión económica. «En mi trabajo necesito tener la mente clara para pensar, pero ahora mismo me siento como un zombi», me dijo. Le expliqué que Matteo dormía demasiadas siestas y le enseñé los pasos del Entrenamiento Suave de Sueño. Después de implementar el nuevo horario y entrenar a Matteo, Carla recuperó sus horas de sueño y pudo volver al trabajo un mes después.

El sueño y el estado de ánimo

He tenido problemas de sueño desde que tengo memoria. Cuando era niña, tenía problemas para dormir, y me quedaba despierta toda la noche. Mis pensamientos me mantenían despierta. Aunque medicarme con pastillas para dormir era algo que mis padres descartaban, en un momento dado me llevaron a una homeópata para que me ayudara, una señora muy amable que me entrevistó durante tres horas y luego me recetó unos glóbulos, unas bolas de azúcar especiales que contenían trazas de extractos de plantas que supuestamente me ayudarían a dormir. Aunque me gustó la atención y el interés que recibí, los glóbulos no me hicieron nada. Lo que sí terminó siendo útil fue que mi padre, que era psiquiatra, me enseñara técnicas de relajación, que solía utilizar cuando estaba acostada en la cama y no podía dormirme.

Cuando era joven, tenía horarios de sueño erráticos, y hasta que me incorporé a mi actual laboratorio en la Universidad Rockefeller no supe que, para los insomnes, este desorden agrava los problemas de insomnio. En la universidad podía levantarme a las 7:00 a.m. un día y a las 2:00 p.m. el siguiente, y cuando estudiaba para graduarme todo mi ritmo cambió y vivía desfasada con la sociedad, levantándome a las 5:00 p.m. y acostándome casi a mediodía. Debido a mis horarios erráticos, vivía un círculo vicioso en el que dormía para no caerme de sueño la noche siguiente, me despertaba con sueño, dormía hasta tarde, etc. Podía sentirme bien un día y al siguiente sufrir horriblemente por la falta de sueño.

Cuando estoy privada de sueño, lo que para mí significa haber dormido menos de siete horas, no me encuentro bien. No sólo estoy cansada, sino que mi estado de ánimo se ve afectado. No tengo energía ni motivación, y me siento deprimida. Tal vez por eso estaba tan ansiosa por evitar la falta de sueño cuando nacieron mis hijos, para no tener que sufrir la tormenta perfecta de la falta de sueño y la depresión.

Y no estoy sola en esto. Hay una relación directa entre sueño y humor. Dormir mal lleva al mal humor, y la calidad del sueño está directamente relacionada con cómo se siente una madre reciente en los primeros días, semanas y meses después del parto. Múltiples estudios han demostrado que la falta de sueño de una madre primeriza en el período de posparto aumenta el riesgo de desarrollar el «*baby blues*», una fase temporal de síntomas depresivos leves que atraviesan hasta al 85 por ciento de las madres primerizas. Según un estudio, el mal humor de las madres de bebés de una semana de edad se explica en gran parte por las vigilias nocturnas de la madre, es decir, por no poder dormir toda la noche. En el año 2000, Kathryn Lee y sus colegas de la Universidad de California en San Francisco realizaron estudios de polisomnografía en mujeres antes y después del parto para hacer un seguimiento de los cambios en las nuevas madres y comprender cómo se relacionan con el estado de ánimo. Un mes después del parto, las madres dormían un promedio de 1,7 horas menos que durante el tercer trimestre de embarazo. Además, relacionaron las horas de sueño con el estado de ánimo un mes después del parto: las madres que estaban de buen humor (de «afecto positivo») dormían en promedio 1,3 horas más que las que experimentaban «afecto negativo» (madres que se sienten deprimidas).

En otro estudio, se descubrió que la falta de sueño una semana después del parto puede incluso predecir un episodio de depresión posparto a las seis semanas, demostrando lo importante que es dormir para nuestra salud mental. En estos estudios es difícil separar lo que viene primero: dormir mal o el mal humor. ¿La alteración del sueño causa trastornos del estado de ánimo o viceversa? Los investigadores creen que ambas cosas son ciertas y que pueden causar un círculo vicioso que se retroalimenta: la privación de sueño puede causar depresión, lo que a su vez puede causar problemas para dormir.

La buena noticia es que hay pruebas de que si las madres recuperan sus horas de sueño pueden mejorar su estado de ánimo. En un estudio realizado en el área de maternidad del St. Joseph's Healthcare Hamilton, en Canadá, por Lori Ross y sus colaboradores, las madres primerizas que corrían un alto riesgo de desarrollar depresión posparto pudieron recuperar el sueño en el hospital al tener la opción de estar en una habitación separada y que su bebé pasara unas horas en la sala de recién nacidos por la noche. Las 179 madres inscritas en el estudio entre 1996 y 2001 corrían un alto riesgo de desarrollar depresión posparto debido a sus antecedentes de depresión o ansiedad, o a otros factores, incluidas las circunstancias socioeconómicas. Después de que pudieran dormir durante su estancia de cinco días en el hospital, los casos que requirieron atención psiquiátrica fueron menores de los que se dan habitualmente hasta dos años después del parto, lo que demuestra la vulnerabilidad de las nuevas madres ante la privación de sueño durante el período perinatal. La intervención directa en el sueño del bebé también ayuda: en un estudio australiano de 2012, ochenta madres recibieron asesoramiento durante cuarenta y cinco minutos sobre el sueño del bebé, lo que ayudó a que sus hijos durmieran mejor por la noche y, por lo tanto, ellas también, lo que alivió significativamente los síntomas de estrés, ansiedad y depresión.

Mientras que la mayoría de los estudios que evalúan el sueño y el estado de ánimo después del parto se centran en las madres, estudios más recientes también han investigado el sueño de los padres y sus patrones de humor. Como ocurre en las madres, el sueño de los padres se acorta después del nacimiento del bebé, aunque la fragmentación del sueño (usualmente equivalente a las vigilias nocturnas) ocurre a un ritmo menor. Es importante señalar que el hecho de que el bebé duerma mal también se asocia con síntomas depresivos en los padres.

En resumen, el sueño y el estado de ánimo son inseparables. Si el bebé no duerme bien interrumpe el sueño de la madre, lo que empeora su estado de ánimo, lo que puede llevar al *baby blues* y la depresión posparto, que puede causar insomnio. Un doble enfoque puede romper este círculo vicioso: ayudar a la madre y al bebé (a la vez) parece la forma más efectiva de mejorar el bienestar y la salud mental de las nuevas madres.

Puedo hablar de esto desde mi propia experiencia, así como por haber ayudado a familias a entrenar a sus bebés para que duerman toda la noche. La privación del sueño se considera algo normal en las madres recientes y, a menudo, cuando levanto el teléfono para hablar con una madre primeriza, escucho pura desesperación en su voz. Como entrenadora del sueño del bebé y madre afectada por el insomnio y los cambios de humor, creo que no sólo es importante enseñar a los padres cómo conseguir que sus bebés duerman toda la noche. Como sociedad, debemos reconocer que la privación del sueño afecta al estado de ánimo de las madres y normalizar la atención de los profesionales de la salud mental, que deberían ser accesibles para todas las nuevas madres. Sólo de esta manera podremos restaurar el bienestar de las madres en la época posparto.

El cerebro de los padres durante el entrenamiento del sueño

Voy a entrar en muchos detalles sobre los cambios fisiológicos y psicológicos que experimentamos después del nacimiento del bebé porque quiero prepararte para las molestias psicológicas e incluso corporales que sentirás cuando tu bebé llore porque quiere que vayas a consolarlo a las 3 de la madrugada. Sí, ocurrirá. Y no sienta bien. El llanto del bebé presiona el botón de alarma, la amígdala se activa y hace que se inicie el «modo protector», especialmente para la madre: como si estuviera en piloto automático, su cuerpo se pondrá en marcha para ir a buscar a su bebé y alimentarlo.

HISTORIA DE ÉXITO:
Mamá cerebro

Una madre con la que trabajé, Helena, me dijo desde el principio que no iba a probar ningún método que hiciera llorar a su bebé, porque creía que causaría daño a su hijo de cuatro meses, Alexander. Le expliqué la investigación que demuestra que retrasar ligeramente la entrada en la habitación del bebé cuando llora (¡sólo 90 segundos!) le enseña a calmarse solo, y se ha demostrado que esperar mucho más tiempo no afecta al desarrollo emocional o cognitivo de los niños, ni siquiera años más tarde. Aun así, ella tenía demasiado miedo de hacerlo. Así que finalmente hablamos de lo que sentía cuando Alexander lloraba, y lo insoportable que era para ella. Me dijo que sentía que Alexander la necesitaba urgentemente en esos momentos, y que no podía negarle este apoyo emocional. Le expliqué que las investigaciones demuestran que los bebés no sufren daños a largo plazo por el hecho de dejarlos llorar, incluso durante mucho más de noventa segundos, pero que el cerebro de la madre está hipersensible y que la privación de sueño la sitúa en un mayor riesgo de desarrollar depresión. Poco a poco pero con constancia, Helena se permitió soltarse y soportar el llanto de Alexander durante unos minutos cuando se despertaba por la noche. En dos noches, el sueño de Alexander mejoró notablemente y empezó dormir hasta seis horas de forma regular, para deleite de su cansada madre.

Es muy, muy difícil soportar esta presión interna, especialmente en un estado de privación de sueño, que afecta a la función cognitiva y la regulación emocional, como se describe en la página 176. Por eso es tan importante disociar esta presión interna de las verdaderas consecuencias del llanto del bebé. Sí, te sientes mal cuando el bebé está llorando, y todo tu cerebro se dispara como loco tratando de que lo atiendas. Ese es nuestro imperativo biológico. Lo que te estoy pidiendo que hagas, también ahora mismo, es considerar al bebé como una entidad separada de ti. Sí, te encuentras fatal y el bebé debe estar muy mal, y la empatía que sientes es abrumadora. ¿Pero qué pasa si en realidad no es tan horrible, al menos no por mucho tiempo? No lo dejaremos llorar durante horas, sólo noventa segundos. Considera lo rápido que se calma cuando llegas tú. Si el bebé tuviera un problema grave, no se conformaría al instante con que lo tomaran.

Concéntrate en el hecho de que el bebé se tranquiliza muy fácilmente después de que entres en su habitación. Resiste la compulsión de ir a buscarlo. Imagina un futuro cercano en el que el bebé ya no llorará por la noche, y será menos estresante para él y para ti. En mi experiencia como entrenadora del sueño del bebé, esta es la parte más difícil: oír a tu bebé llorar. Aunque he podido ayudar a la mayoría de los padres a superar su intenso miedo a hacer daño al bebé dejándolo llorar durante unos minutos, aunque les dijera que todo iba a ir bien, hubo algunas madres cuya angustia aumentaba de tal manera cuando el bebé empezaba a llorar que el entrenamiento del sueño se convirtió en un proceso muy difícil. La mayoría de las madres con las que he trabajado fueron capaces de modular su propia respuesta emocional a las llamadas de angustia del bebé. Les expliqué que esperar un minuto y medio es un entrenamiento para nosotras mismas como madres, calmándonos, estableciendo límites para nuestro propio comportamiento y tratando de superar nuestros instintos biológicos.

ENSEÑA A TU BEBÉ A DORMIR TODA LA NOCHE
Puntos clave

★ Busca señales de que tu bebé está listo para el entrenamiento del sueño: pesa más de cinco kilos, no tiene mucha hambre durante las comidas nocturnas y ha dormido de cinco a seis horas del tirón alguna noche.

★ Retrasar la respuesta al llanto de tu bebé durante sólo un minuto y medio le enseña al bebé a calmarse solo.

★ La regresión del sueño es a menudo una señal para acortar o cortar las siestas.

★ Comprende cómo te afecta la privación del sueño y tu reacción fisiológica natural al llanto del bebé para poder llevar a cabo el entrenamiento de forma efectiva.

★ Considera los efectos beneficiosos de dormir toda la noche para tu estado de ánimo y tu bienestar.

Resolver los problemas comunes de sueño

Ahora lo sabes casi todo sobre el sueño. Has leído sobre los ritmos circadianos y la ciencia del sueño, sobre la importancia del arrastre por la luz, sobre cómo los horarios ayudan al bebé a dormir y que demasiada siesta dificulta que el bebé se sienta cansado por la noche.

Usando el Entrenamiento Suave del Sueño, encontramos una manera de hacer que el temido proceso sea menos estresante para ti, aunque, como ya he explicado, aún será difícil debido a los cambios fisiológicos en tu cerebro de madre (y el de padre). Pero seguir adelante con ello dará sus frutos a lo grande, y rápido. Ya conoces la teoría de mi método, ahora vamos a practicar. Resolvamos juntas los problemas de sueño de tu bebé. En esta parte aclararemos algunas de las confusiones más habituales. ¡Ahora tenemos un conocimiento mayor! Repasaremos algunos de los problemas de sueño más comunes de los bebés y aplicaremos nuestro método para resolverlos.

El cuestionario «Soluciones para que el bebé duerma bien» (ver página 224) te ayudará a desarrollar un plan específico para establecer un horario adecuado.

19

Conceptos erróneos sobre
el sueño del bebé

Ahora que has aprendido por qué usar luz normal por la noche
y dormir demasiada siesta son perjudiciales y cómo programar
los tiempos de sueño del bebé, estás en una buena posición para
recuperar tu sueño nocturno. Sin embargo, ¿qué hay de todos
esos otros métodos y libros que hay por ahí? ¿Qué hay de la
miríada de blogs y posts que lees sobre el tema, sin mencionar
a tus amigos y a tu propia madre, todos los cuales tienen una
opinión sobre el tema? Hay muchos consejos contradictorios en
las comunidades de padres y pediatras. Algunos de los consejos
son correctos, otros no importan y otros son erróneos. Aunque
no entendemos todos los aspectos del sueño del bebé, hay reglas sólidas que han sido establecidas por la investigación científica con respecto al sueño y los ritmos diarios. Después de leer
este libro, habrás desarrollado una comprensión de las bases
fisiológicas del sueño y esperamos que puedas aplicar estos
nuevos conocimientos para que tu bebé duerma bien. Nuestro
nuevo paradigma, el método «Cómo duermen los bebés», es re-
volucionario en su enfoque y simplicidad. Revisemos algunas
de las nociones más comunes sobre el sueño del bebé y pongá-
moslas en el contexto de la ciencia del sueño. Para cada afirma-

ción y explicación he añadido las referencias al capítulo donde se explica mi razonamiento en profundidad, por si quieres leer más o refrescar tu memoria.

Afirmación: «Todos los bebés son diferentes»

La luz afecta a todos los humanos de la misma manera, permitiendo el arrastre del reloj circadiano, promoviendo la vigilia y suprimiendo la melatonina (ver capítulo 2). Restringir la luz normal por la noche puede ayudar a la mayoría de los bebés a dormir por la noche (ver capítulo 5). Aunque las necesidades totales de sueño diario son algo variables entre bebés de la misma edad, todos los bebés duermen cada vez menos a medida que crecen (ver el capítulo 3). Restringir las horas de siesta durante el día prolonga previsiblemente el sueño nocturno en todos los bebés (ver el capítulo 10).

Afirmación: «El sueño genera sueño»

«Si duerme mucho durante el día, dormirá mejor por la noche.» ¡Mal! El bebé tiene una necesidad total de sueño diario, y si la mayor parte de ese tiempo se cubre durante el día, no dormirá tanto o tan bien por la noche. Ver el capítulo 10 para más detalles.

Afirmación: «Imponerle un ritmo al bebé no es saludable»

La investigación científica muestra que nuestro ritmo circadiano evolucionó para ayudarnos a anticipar los cambios en nuestro entorno. Al establecer un horario de alimentación y sueño para el bebé, le ayudamos a organizar su cuerpo y a comprender y responder eficazmente a las sensaciones de fatiga y hambre. En lugar de llorar inconsolablemente porque se siente infeliz, el bebé sabrá que está cansado y que es hora de dormir, y se dormirá fácilmente. El hecho de haber establecido horarios de alimentación ayuda al cuerpo del bebé a estar preparado de manera óptima para la digestión. Su tracto gastrointestinal anticipará la hora de comer y empezará a liberar enzimas digestivas para absorber los nutrientes de forma rápida y eficiente. El ritmo le da al bebé el orden necesario para estar más sano y feliz (ver el capítulo 4).

Afirmación: «La luz no importa»

La mayoría de los padres no tienen el cuidado suficiente para evitar que la luz entre en la habitación del bebé en las primeras horas de la mañana, y prácticamente nadie utiliza la luz roja cuando prepara al bebé para llevarlo a dormir ni sigue una estricta prohibición de luz normal en su habitación por la noche. Aunque estos son los cambios más fáciles de implementar, tienen un efecto potente e inmediato en el sueño del bebé. El uso de la luz roja por la noche ayudará a que el bebé se duerma, y la ausencia de luz por la mañana en su habitación lo mantendrá dormido hasta una hora razonable que se ajuste a su horario (consulta los capítulos 2 y 5).

Afirmación: «Mantener despierto al bebé no es saludable»

No hay nada malo en alargar el tiempo de vigilia de los bebés entre siestas o en dejarlos despiertos hasta más tarde por la noche en los momentos de transición, siempre que no se hagan cambios drásticos. Cuando queremos reducir la duración de las siestas o eliminarlas, y necesitamos que el bebé se mantenga despierto un poco más, está bien jugar un rato con él o tomarlo en brazos para calmarlo antes de acostarlo. Un niño pequeño que acaba de empezar la guardería estará más cansado por la noche. Puedes intentar acostarlo más temprano; si se duerme más temprano y sigue durmiendo toda la noche, el horario es correcto. Sin embargo, si sólo está cansado una noche en particular, trata de aguantar, préstale atención, dale un largo baño y haz otras cosas para mantenerlo contento hasta su hora habitual de acostarse (ver el capítulo 16). Por supuesto, siempre debes anteponer tu buen juicio y tu intuición. No quieres que tu hijo esté demasiado irritado a la hora de irse a dormir, pero alargar el tiempo de vigilia de quince a treinta minutos para un bebé y hasta una hora para un niño pequeño no debería ser un problema (ver capítulo 10).

Afirmación: «Nunca debes despertar a un bebé dormido»

Siempre que se satisfaga la necesidad total de sueño del bebé (y que no esté enfermo o cansado por otra razón), puedes despertarlo a la hora de levantarse por la mañana o después del tiempo de siesta establecido. Esto ayudará a crear un horario de descanso y promoverá un sueño mejor y más prolongado por la noche, ya que estará más cansado (ver paso 2).

20

Problemas comunes de sueño
y sus soluciones

Es hora de poner a prueba todos los conocimientos recién adquiridos y aplicar los principios del sueño y el ritmo circadiano a los horarios del bebé. Aquí están los problemas más comunes y sus soluciones.

El bebé decide que quiere levantarse y jugar o comer en medio de la noche

Uno de los problemas más comunes a los que se enfrentan los padres es que el bebé se despierta demasiado pronto. Cuando el bebé se despierta a las 5 de la mañana y quiere empezar el día, es difícil mantenerse firme y conseguir que se vuelva a dormir. Los padres sucumben a los deseos de sus hijos y, a regañadientes, empiezan el día a esa hora impía, esperando que esto también pase y que pronto su hijo empiece a dormir hasta más tarde. Desafortunadamente, están equivocados. Al complacer el capricho del bebé, están de hecho arrastrando su ritmo circadiano a una hora de despertar a las 5:00 a.m.

Por el contrario, si el bebé se despierta demasiado pronto, intenta que se vuelva a dormir. Mantén todo a oscuras y sólo la luz roja encendida, habla en voz baja, mécelo, hazlo callar, si es necesario tómalo y llévalo en brazos. Dale un poco de mamar sólo si es necesario, y ponlo de nuevo en su cuna. Sé constante, y después de unos días el bebé entenderá que es de noche y es hora de dormir, y se despertará a la hora designada. El consejo más importante a seguir es mantener la habitación a oscuras y sólo la luz roja si es necesario. Calma al bebé, pero no te quedes en la habitación demasiado tiempo. Tienes que indicarle que es hora de dormir. Si el bebé no se calma, vuelve a consolarlo y márchate de nuevo. Si el bebé quiere comer, pero sabes que es sólo para consolarse y no tiene mucha hambre, resiste el impulso de darle de mamar. Para muchas madres es psicológicamente muy difícil no alimentar a un bebé que llora y que está visiblemente angustiado. Lo que puede ayudar en este caso es enviar a tu pareja para calmarlo. Tu pareja encontrará otra forma de calmar al bebé y él no podrá pedir que le den el pecho.

Mantén los horarios de vigilia constantes y abre las persianas sólo a la hora de despertar al bebé por la mañana. Esto probablemente requerirá unas cuantas noches difíciles, en las que volverás a la habitación del bebé cada pocos minutos para calmarlo porque llora y quiere ir de fiesta a las 5 de la mañana, pero muy pronto verás que ha valido la pena, si te atienes al plan. Si se sigue despertando demasiado temprano, comprueba cuántas horas de siesta duerme. Intenta acortar la duración total del sueño diurno. Aumentar la presión del sueño probablemente le ayudará a dormir mejor durante la noche.

El bebé tiene problemas para irse a dormir por la noche

Podrías estar tentada de interpretar la incapacidad del bebé para dormirse como una señal de que lo estás acostando demasiado pronto o demasiado tarde. Ese es el enfoque equivocado. Tú fijas la hora de ir a dormir según las horas de sueño establecidas en la página 108, y tu trabajo es ayudarle a irse a la cama a esa hora haciendo que su reloj se ajuste y aumentando su presión de sueño reduciendo las siestas diurnas. Si llora durante horas todas las noches antes de dormirse, es probable que sus siestas diurnas hayan sido demasiado largas y no pueda dormirse porque no está lo suficientemente cansado. Revisa la duración de sus siestas diurnas en la tabla de sueño de la página 59. Si están alrededor o por encima de las cantidades de sueño promedio para su edad, intenta acortarlas para ver si eso le ayuda a dormirse por la noche (ver el capítulo 10). A medida que el bebé crezca, es posible que también tengas que ajustar la hora de acostarlo en una hora más o menos.

El bebé tiene problemas para dormir la siesta

Si esto sigue ocurriendo, puede que ya no necesite esa siesta y el bebé esté preparado para saltársela. (Ver el capítulo 15 sobre cómo eliminar una siesta). Si después de eliminar la siesta el bebé siempre está muy cansado y de mal humor, o incluso se duerme en cualquier sitio y en momentos aleatorios, probablemente no esté preparado para saltarse la siesta. Vuelve a arrastrarlo a una hora de siesta y utiliza recursos que le ayuden a dormir (consulta el capítulo 7 sobre ayudas para dormir). La hora puede ser otro problema. Es posible que el bebé pueda permanecer despierto más tiempo entre una siesta y otra, así que intenta retrasar la hora de la siesta media hora. Si la siesta más difícil es la de la tarde después del almuerzo, es útil terminar la comida con leche, que tiene propiedades que inducen al sueño, y acostarlo inmediatamente después. Tener el estómago lleno le ayudará a dormirse.

El bebé está cansado y de mal humor, pero aún no es la hora de ponerlo a dormir

Esto puede suceder con mayor frecuencia con los bebés más pequeños, antes de que se hayan habituado a un horario. También sucederá en momentos de cambio en la vida del bebé, como después de empezar la guardería, después de una mudanza, después de la llegada de un nuevo hermano o durante las vacaciones. Acuéstalo si está demasiado cansado para jugar, pero intenta respetar el horario lo máximo posible. Esto es especialmente importante para la hora de acostarlo por la noche.

El tiempo que se puede distraer al bebé jugando, tomándolo o por otros medios depende de la edad. Los bebés muy pequeños no pueden permanecer despiertos más de 15 o 30 minutos cuando empiezan a estar cansados. Si las siestas se repiten todos los días a la misma hora, el reloj del bebé se arrastrará mejor y será más fácil que se vaya a dormir a horas fijas. Si está cansado antes de lo normal, puede que esté creciendo o que haya habido algún cambio en su rutina, como empezar la guardería. Intenta acostarlo entre 30 minutos y una hora antes. Si no afecta al sueño nocturno y el despertar matutino, puede que necesite dormir más.

El bebé se ha saltado una siesta y está cansado

Esto es un problema con los bebés más grandes y los niños pequeños que ya no necesitan hacer la siesta todos los días y se cansan cuando no la hacen. Es tentador acostar al niño más temprano. Intenta acostarlo lo más cerca posible de su hora habitual sin que se ponga demasiado quisquilloso. Si lo acuestas demasiado temprano, puede que se despierte demasiado pronto y que esté aún más cansado a la noche siguiente. Cumple el horario para mantener un ritmo fuerte y una alineación de fases adecuada.

El bebé está cansado por la noche, pero aún faltan horas para que le toque irse a dormir

Si quieres que el sueño más largo del bebé sea el nocturno, cuando tú también duermes, no puedes acostar al bebé demasiado pronto por la noche. Muchas mamás dirán: «Pero si está tan cansado a las siete de la tarde, ¿cómo lo mantengo despierto?». Aquí es donde tus conocimientos sobre el ritmo circadiano serán útiles. Si está cansado a las 7 p.m., acuéstalo para que haga una siesta, pero no apagues la luz, no realices las actividades rutinarias de antes de ir a dormir por la noche, no lo envuelvas, no uses ruido blanco y no le des la impresión de que es de noche. Nada de luces rojas, nada de susurros. Si se echa una siesta fuera de su cuarto o de su cuna durante el día, al día siguiente tiene que volver a hacerlo en el mismo sitio, fuera de su habitación. No estés muy callada cuando se duerma, y cuando se despierte dile que aún es de día. Esto ayudará al bebé a distinguir entre las siestas y el sueño nocturno. Cuando lo acuestes a dormir la siesta a las 7:00 pm no debe dormir demasiado tiempo, y después estará un rato despierto antes de irse a la cama por la noche, a las 10:00 pm. Antes deberás realizar todas las actividades de vuestra rutina de antes de ir a dormir, incluyendo el baño, la lactancia en su cuarto, la luz roja, hablar en susurros y acunarlo, y esto le indicará al bebé que es hora de dormir. Repitiendo esto todos los días a la misma hora, conseguirás que el bebé se habitúe a hacer la siesta a las 7:00 y a irse a dormir a las 10:00 pm.

RESOLVER LOS PROBLEMAS COMUNES
Puntos clave

★ La mayoría de los consejos tradicionales sobre el sueño del bebé no se basan en la ciencia.

★ Las pruebas científicas proporcionan directrices claras para ayudar a los bebés a dormir.

Fines de semana, vacaciones y cambios de zona horaria

Espero haberte convencido de la importancia de crear el ambiente de iluminación adecuado para el bebé, junto con el establecimiento de una rutina y un horario apropiados para él. Pero probablemente te preguntes cómo manejar esos momentos en los que estás fuera de casa y todo es diferente. ¿Qué pasa si viajas con el bebé? ¿Qué pasa con los fines de semana, las vacaciones y los días festivos?

21

Fines de semana y vacaciones

Muchos padres suelen acostar a los niños más tarde los fines de semana o durante las vacaciones, porque ellos mismos lo hacen cuando pueden dormir más por la mañana. Esto es problemático por dos razones: arrastra el ritmo del bebé a una fase posterior y es probable que afecte al equilibrio entre el sueño diurno y el nocturno. Los sábados suelen ser complicados para los bebés y los niños pequeños porque los padres que trabajan durante la semana están en casa, los cuidadores ausentes y la guardería cerrada. Los lunes son difíciles debido a la transición hacia el horario de los días laborables. Los fines de semana, los niños no sólo están al cuidado de sus padres la mayor parte del tiempo, sino que también hacen cosas diferentes y van a lugares que no suelen visitar entre semana. En las vacaciones estos cambios se exacerban, y todo lo que el niño conocía como normal se trastorna. Es por eso que los niños, especialmente los pequeños, a menudo están irritados los fines de semana y en las vacaciones. Es difícil para ellos que todo sea diferente, y necesitan tiempo para procesar estas transiciones.

Mantener los horarios iguales entre semana y fines de semana, así como en vacaciones, ayuda a los niños a adaptarse. Saber qué es lo que sucederá a continuación les proporciona una sensación de seguridad. El poder del método *Cómo duermen los bebés* radica en su robustez. Si un día acuestas al bebé más tarde o lo dejas dormir más tiempo del habitual, no afectará demasiado su sueño y felicidad. Sin embargo, te aconsejo que lo hagas de forma excepcional.

Por supuesto, me doy cuenta de que no siempre es posible seguir este programa al pie de la letra cuando estás fuera de casa. A veces llegarás al hotel, la casa de vacaciones o la de los abuelos y te darás cuenta de que todo lo que has conseguido con tanto esfuerzo se pone a prueba, porque no hay una forma fácil de bloquear la luz de la habitación de los niños por la mañana. Hazlo lo mejor que puedas, sé creativa, usa los armarios si es necesario como habitaciones improvisadas. Coloca mantas sobre las barras de las cortinas para impedir que pase la luz. Consigue unas persianas enrollables o una cubierta para la cuna. Utiliza otros muebles para crear un rincón oscuro. Pon al bebé en el sótano si es seguro y si puedes oírlo si llora por la noche. Haz lo que puedas para crear un ambiente oscuro para el bebé. Porque si no lo haces, lo inevitable sucederá, y muy rápido: el bebé se despertará más temprano, justo después del amanecer, para ser precisos. Si no hay nada que hacer con respecto a la luz, al menos sabrás lo que te espera. En lugar de esperar de forma frustrante que el bebé duerma tanto tiempo como en casa, debes saber que se va a despertar más temprano porque la luz de la mañana reajustará su reloj interno. Si para vosotros no es un problema levantaros al amanecer, tiene sentido que toda la familia lo haga a la misma hora y, por consiguiente, se acueste también más temprano.

Para la hora de dormir, ¡llévate una bombilla roja! Tu hijo está acostumbrado a tener una luz roja a la hora de dormir, y si no es así, protestará. ¿La solución? Quita las bombillas de la habitación del hotel o del lugar en el que os estéis alojando y cambia la del lugar donde vayas a acostar al bebé por una bombilla roja. *¡Voilà!* Arrastre circadiano fuera de casa, incluyendo una óptima liberación de melatonina a la hora de dormir. ¡Dulces sueños!

Artículos útiles para los viajes

- Bombilla de luz roja.
- Persianas portátiles.
- Cubierta de cuna portátil.
- Máquina de ruido blanco.
- Aplicación de ruido blanco.

22

Atravesar zonas horarias

Mis hijos acaban de cumplir tres y cinco años y todavía no he hecho ningún viaje intercontinental con ellos. Tampoco he visitado mi país natal, Alemania, con los niños. ¿Por qué? Porque tengo un miedo mortal a que el *jet lag* altere sus cuidadosamente calibrados horarios de sueño. No me malinterpretes, hay pocas cosas que desee más que visitar Berlín, a mi hermana y mis padres, o viajar por Europa con mis pequeños. Pero sabiendo lo mal que lo paso yo con el *jet lag*, tengo pocas ganas de estar una semana con dos niños pequeños cansados e irritados por el cambio de horario, lo que puede convertir a mamá en un zombi privado de sueño.

Déjame contarte una pequeña historia sobre el *jet lag*. Para eso necesito llevarte a un viaje a través del tiempo y el espacio, a mi último año de estudios de posgrado. El lugar: Múnich; el año: 2011. Después de cinco años de un estimulante pero agotador trabajo de laboratorio, estaba exhausta, frustrada y deseando terminar para poder seguir adelante con mi vida. El lado positivo, lo que me dio fuerzas durante horas, días y semanas de experimentos a menudo fallidos, fueron mis planes de viajar después de graduarme. No iba a viajar a Berlín o Roma, sino a Asia. Lejos, muy lejos. Para escapar, para tomar perspectiva, para encontrarme a mí misma. No sólo una semana o dos, sino un mes, tal vez dos.

Así que cuando finalmente aprobé mi examen doctoral en febrero de 2012 y me convertí oficialmente en la doctora Axelrod, lo hice. Con todas esas ganas de libertad acumulada, planifiqué un viaje monumental para explorar no uno o dos, sino cuatro países en seis semanas. En la primera etapa del viaje, fui con mi madre a Vietnam y Camboya, países que siempre había soñado visitar. El trayecto de doce horas de Alemania a Hanói tuvo un mal comienzo, que se alargó debido a la niebla y a que desviaron el vuelo. Cuando llegamos a Hanói (capital imperial del antiguo Vietnam, París de Oriente por el colonialismo francés y metrópolis moderna del Asia del siglo XXI) me di cuenta de que tenía un problema. Había reservado una ruta turística con excursiones diarias, pero inmediatamente me vi incapaz de llevarla a cabo por culpa del *jet lag*. Yo quería levantarme a las 5 de la mañana para ir a ver un palacio real de hace mil años, y lo hacía, pero mi cuerpo no me acompañaba. No podía dormir por la noche porque todavía estaba en el horario alemán, y me sentía exhausta. Todo el tiempo. Durante la primera semana en Vietnam me encontré muy mal: mareada y de un humor terrible. Cuando llegamos a nuestra siguiente parada en Hoi An, tuve que quedarme durmiendo en la habitación del hotel hasta que me sentí mejor.

Aunque me encontraba mejor después de dormir y conseguí adaptarme a la hora local, toda esta experiencia (estar en un viaje exótico encontrándome fatal) fue bastante traumática. Si hubiera sabido entonces lo que sé ahora (empecé mi trabajo posdoctoral en el laboratorio de Mike Young estudiando el sueño y los ritmos circadianos seis meses después), podría haber evitado esta desincronización entre los relojes interno y externo, pero afortunadamente viví para deciros a todas vosotras cómo hacerlo.

HISTORIA DE ÉXITO:
Jet lag

Aconsejé a los padres de Amelia cuando tenía tres meses, lo que ayudó a que toda la familia pudiera dormir diez horas seguidas por la noche. Cuando Amelia tenía cuatro meses y medio, la familia voló de Nueva York a Los Ángeles, donde Amelia empezó a dormir mal. De repente empezó a despertarse a las 2 a.m, a las 4 a.m. ya no quería dormir más y no había forma de ponerla a dormir la siesta. Al regresar a casa después de una semana, Julie esperaba que el sueño de su hija volviera a la normalidad, pero Amelia seguía despertándose alrededor de ocho veces cada noche, era difícil calmarla y lloraba «histéricamente» durante dos horas y media seguidas. Julie dejó de darle de comer cuando se despertaba, la consolaba en la cuna y la tomaba en brazos sólo cuando la niña estaba muy enfadada. También me dijo que había vuelto a trabajar hacía pocos días y se preguntaba si eso podría haber contribuido al mal sueño de Amelia. Además, a Amelia le estaban saliendo los dientes.

Viajar a través de los husos horarios es un desafío para el sueño del bebé, ya que estar expuesto a la luz y la actividad en momentos inusuales provoca una confusión circadiana, también llamada *jet lag*. Los Ángeles está tres horas por detrás de Nueva York, y este cambio abrupto en la hora de acostarse y levantarse y en la actividad diaria causó estragos en el sueño de Amelia. En lugar de mantener un ritmo fuerte y altos niveles de melatonina por la tarde y por la noche, la prolongada exposición a la luz por la noche eliminó la melatonina y confundió a su reloj interno. A la hora a la que normalmente se levantaba, las 5 a.m. hora de Nueva York, eran sólo las 2 a.m. en Los Ángeles, cuando debería haber estado durmiendo.

Para viajes cortos, de menos de una semana, recomiendo mantener al bebé en la zona horaria original, especialmente si la diferencia horaria es de sólo tres horas. Esto significa que la hora de acostarse de Amelia de las 7 p.m. en Nueva York se convertirá en las 4 p.m., y su hora de levantarse de las 5 a.m. pasará a las 2 a.m. ¿Parece una locura? Puede ser, pero esta es la solución más fácil para evitar el *jet lag* y el mal sueño. Sólo se necesita una condición para poder mantener el ritmo de Nueva York en Los Ángeles: cortinas opacas para que sea posible acostar al bebé a las 4 p.m.

Si quedarse en la hora de Nueva York es muy poco práctico, cambia lentamente a la hora de Los Ángeles, modificando el horario del bebé una hora al día incluso antes de salir de viaje. Esto significa acostarlo a las 5 p.m. el primer día, a las 6 p.m. el segundo día, y así sucesivamente. Esto sigue resultando complicado, aunque no es tan caótico y perturbador como tratar de cambiar el horario en tres horas de una vez, lo que puede provocar muchas lágrimas. Después de volver a casa, se puede hacer lo mismo a la inversa. Si el reloj interno de Amelia fue arrastrado a la hora de Los Ángeles, su hora de acostarse a las 7 p.m. pasa a ser las 10 p.m. en Nueva York, así que hay que ir cambiando el horario una hora al día, para que su cuerpo tenga tiempo de adaptarse. Una vez que el ritmo se ha visto interrumpido, hay que volver al principio. Volver a habituar al bebé al ritmo de Nueva York puede llevar hasta una semana, y es primordial que el ambiente de luz y los horarios permanezcan exactamente iguales día tras día.

Puede parecer que el *jet lag* es la causa de la regresión de Amelia, pero en realidad es sólo una parte. Como sucede tan a menudo en la vida, muchas cosas cambian a la vez, y es difícil diferenciar la causa de la coincidencia. Espero que este libro te ayude a distinguir entre las dos cosas. Mirando la tabla de sueño del bebé de la página 59 un niño de cuatro meses y medio no debe dormir más de tres horas durante el día, así que tuvimos que limitar el sueño diurno de Amelia, que dormía cuatro horas. Además, para atrasar la hora de levantarse, había que acostarla más tarde. La tabla de sueño del bebé nos dice cuándo: para despertarse a las 7 a.m., hay que acostar a Amelia entre diez y diez horas y media más temprano, a las 9 p.m.; de este modo podrá dormir más tiempo.

Respetar el horario establecido y mantener las diferencias entre los modos nocturno y diurno eliminará lentamente el *jet lag*, pero puede llevar hasta una semana volver al ritmo anterior. El paso final es volver a realizar el Entrenamiento Suave de Sueño para detener las vigilias nocturnas de Amelia. A medida que su ritmo vuelva a ser arrastrado a Nueva York y esté más cansada por la noche, volverá a dormir muchas horas seguidas y recuperará su confianza. Cuando sus padres implementaron el nuevo horario en casa, el sueño de Amelia volvió a la normalidad después de sólo una semana.

Basándome en lo que sabemos hoy en día sobre el reloj circadiano y el *jet lag*, desarrollé un método para evitar o al menos minimizar el malestar asociado con el cruce de zonas horarias. He probado personalmente este método con mi propia familia y he instruido con éxito a muchos padres. También es importante mencionar que este mismo método puede aplicarse a situaciones en las que, aunque no se viaje, hay que ajustarse a un nuevo horario, por ejemplo cuando empiezan la escuela, durante las transiciones del horario estándar al horario de verano o al revés.

Dado todo lo que sé, y tú también, está bastante claro cómo podemos minimizar el *jet lag* y las noches de insomnio. Pero, primero, repasemos lo que aprendimos sobre los cambios de fase en el capítulo 2, porque eso es lo que ocurre cuando viajamos a través de zonas horarias:

- Nuestro reloj interno está ajustado a un ritmo de veinticuatro horas.
- La luz blanca cambia el reloj interno, pero la luz roja no.
- Todo lo que hacemos o dejamos de hacer refuerza o debilita el reloj.
- Los cambios de fase debilitan temporalmente el ritmo circadiano, lo que perturba el sueño.

Basándonos en estos hechos, la solución es no cambiar de fase demasiado bruscamente. Para entender cómo se puede acelerar este cambio, necesitamos explicar cómo funciona el restablecimiento de la luz.

Después de descubrir los genes de reloj llamados *período* y *atemporalidad*, dos de los genes de reloj más importantes en las moscas *Drosophila*, mi mentor, Mike Young, planteó una pregunta importante: ¿Cómo afectan los pulsos de luz a diferentes horas del día y de la noche al ritmo de las moscas? Para responder a esta pregunta, las moscas de la fruta fueron expuestas a pulsos de luz de diez minutos a diferentes horas del día y de la noche. Después, su conducta fue monitorizada durante varios días para determinar si la luz había cambiado de fase su ritmo, y en qué medida. Resultó que un único pulso de luz de diez minutos era suficiente para cambiar la fase de las moscas e inducir un *jet lag* artificial, por así decirlo.

Cuando las moscas se exponían a la luz justo después de irse a dormir, como si su día fuera más largo de lo normal, o como si viajaran hacia el oeste, su ritmo de comportamiento se retrasaba. Por el contrario, la luz de la mañana temprano, antes del amanecer, avanzaba la fase, un efecto similar al de un viaje hacia el este. Lo interesante de estos datos es que la magnitud de los cambios no es igual entre retrasos y avances. Los pulsos singulares de la luz del atardecer pueden causar un retraso de fase de hasta 3,6 horas, pero el máximo desplazamiento inducido por la luz de la mañana sólo puede llegar a 2 horas. Cuando se repitieron los mismos experimentos años después con humanos, los resultados fueron sorprendentes: no sólo cambiaron su ritmo en respuesta a la luz, al igual que las moscas, retrasando la fase de su ritmo después de la exposición a la luz de la tarde y avanzando después de la luz de la mañana, sino que la magnitud de los cambios de fase era idéntica entre moscas y humanos. Al igual que en las moscas, la exposición a la luz de la tarde en los humanos puede causar retrasos de fase de hasta 3,6 horas, pero la exposición a la luz de la mañana causa avances de máximo 2 horas.

El verano que viene quiero viajar con mi familia de Nueva York a Berlín. ¿Cómo lo hacemos usando mi método para minimizar el *jet lag*? Viajamos hacia el este, lo que significa que necesitamos avanzar de fase... Y eso sólo ocurre a un ritmo de unas dos horas por día como máximo. De Nueva York a Berlín hay una diferencia horaria de seis horas. En lugar de volar hasta allí y lidiar con el caos circadiano causado por el *jet lag*, podemos hacer dos cosas:

1. «Viajar al este» mientras aún estemos en Nueva York.
2. «Quedarnos en el oeste» mientras estemos en Berlín.

¿Qué sentido tiene esto? Es muy simple: antes de viajar a Alemania, toda la familia irá adelantando poco a poco el ritmo por unas horas, tanto como convenga a nuestro ritmo diario. Una o dos horas deberían ser factibles.

Empezando con una semana de antelación, nos levantaremos una hora antes de lo habitual, y nos acostaremos una hora antes, por ejemplo a las 8 p.m. en lugar de las 9 p.m. habituales. En ese momento será como si nos encontráramos ya a un tercio del camino entre Nueva York y Berlín, en algún lugar del océano Atlántico, en el sentido de la zona horaria. Los vuelos a Alemania suelen ser nocturnos, lo que provoca grandes desfases horarios ya que además del cambio de hora hay que lidiar con la privación de sueño. Cambiando el ritmo circadiano antes del vuelo tendremos la oportunidad de dormir en el avión, porque nuestro ritmo se ajustará a una hora de dormir más temprana. Si podemos elegir entre diferentes vuelos nocturnos, deberíamos optar por uno que salga más tarde, más cerca de nuestra hora de ir a dormir. Salir alrededor de las 5 p.m. es lo peor, porque el vuelo dura alrededor de ocho horas y aterrizará sobre la 1:00 de la madrugada, hora de Nueva York, un momento en el que la mayoría de nosotros habría estado durmiendo desde hace pocas horas, pero serán las 7:00 de la mañana en Berlín. Si logras dormir en el avión que aterriza a la 1:00 a.m., habrás dormido más o menos dos horas, pero entonces llegarás a Berlín y ya será por la mañana, hora de levantarse. La privación de sueño más la luz de la mañana hacen una combinación muy desagradable.

Al llegar a Berlín seguiremos cambiando, lentamente, dos horas cada día. Eso significa que la primera noche no acostaremos a los niños a las 9:00 p.m. hora de Berlín, que son las 3:00 p.m. hora de Nueva York, sino a las 11:00 p.m. hora de Berlín, que son las 7:00 p.m. en Nueva York y las 9:00 p.m. en algún lugar del Atlántico, nuestra zona horaria actual. La hora de levantarse el segundo día no serán las 8:00 a.m., hora de Berlín, que son las 4:00 a.m. en algún lugar del Atlántico, sino las 11:00 a.m., que son las 7:00 a.m. en algún lugar del Atlántico, y esa noche podemos cambiar completamente a la hora de Berlín e ir a la cama a las 9:00 p.m., y levantarnos a las 8:00 a.m. del día siguiente. ¡*Voilà*, cambio de fase en tres días de la hora de Nueva York a la de Berlín y sin *jet lag*!

Asegúrate de mantener las siestas del bebé en el mismo horario intermedio, como la hora de acostarse y la de levantarse. Tus mejores amigos durante estos momentos de transición, mientras tu ritmo aún está desalineado con la hora local, son una bombilla de luz roja y pantallas portátiles de oscurecimiento (ver página 229). Necesitarás ambas cosas por la mañana, cuando quieras dormir hasta tarde para evitar que la luz de tu nuevo huso horario cause estragos en tu reloj interno.

Si viajara sólo por unos días, yo no me molestaría en cambiar completamente a la hora local. Puedes usar tu horario y manipular las condiciones de luz con la luz roja y las cortinas opacas, que te ayudarán a permanecer en tu zona horaria original. O tal vez prefieras ajustarte a una zona horaria intermedia para evitar doble *jet lag* (en el camino de ida y el de vuelta), especialmente si viajas por placer y no tienes que seguir ningún horario en particular.

Si viajas durante más de, digamos, cinco días, tiene sentido cambiar completamente a la nueva zona horaria entre el tercer y el quinto día, y luego volver a ajustar a tu zona horaria original antes del vuelo: retrasar la hora de acostarse una o dos horas, levantarte más tarde al día siguiente, y de nuevo unos días antes del vuelo. Recuerda, retrasar la fase es más fácil que adelantarla. Esto significa que para nosotros es más llevadero volver a Nueva York desde Berlín que al revés. Cuando lleguemos a casa sólo nos llevará uno o dos días cambiar completamente a la hora de Nueva York.

Antes de viajar, dibuja un horario de cambio de fase para las siestas, comidas, horas de dormir y de levantarse para cada zona horaria y cada paso intermedio. Aunque esto parezca mucho trabajo, y teóricamente «dejarse llevar» parece ser una forma más natural de manejar el *jet lag*, la planificación valdrá la pena cuando tus hijos duerman por la noche tanto mientras estás de viaje como cuando vuelvas a casa, lo que te permitirá disfrutar de tus vacaciones y volver a tu rutina habitual sin ningún drama.

Por supuesto, lo mismo ocurre cuando se viaja al oeste. Una semana antes de viajar, id a dormir una hora más tarde y levantaos también una hora más tarde. A medida que se acerque el día del viaje, atrasad una hora más. Esto suele ser difícil de hacer debido a los horarios de trabajo (la mayoría de nosotros no podemos llegar al trabajo una hora más tarde), pero haz todo lo que puedas por conseguirlo. En los vuelos nocturnos, utiliza el tiempo de vuelo a tu favor. Retrasa el momento de irte a dormir durante el vuelo viendo una o dos películas; de esta manera podrás cambiar el ritmo circadiano en ruta y estar a medio camino en términos de *jet lag* cuando llegues a tu destino. Asegúrate de no quedarte despierto más de tres horas después de la hora de acostarte. Cuando llegues a tu destino, pongamos Beijing partiendo de Nueva York, que para tu cuerpo está once horas atrasado (o doce durante el horario de verano), trata de no retrasar más de tres horas la hora de ir a la cama de los niños. Cualquier otra cosa causará un caos circadiano. Esto significa que, si normalmente os acostáis a las 9:00 p.m., cambiad progresivamente la hora a la 1:00, 4:00, 7:00 y, finalmente, las 9:00. Lleva cortinas opacas para oscurecer la habitación cuando pongas a los niños a dormir (ver el recuadro «Artículos útiles para los viajes» en la página 203). A la mañana siguiente, cuando aún será medianoche en Beijing, atrasad una hora el momento de levantaros. En el caso de mis hijos, que normalmente duermen once horas por la noche, les dejo dormir doce horas, y progresivamente su hora de levantarse avanza de 1:00, 4:00, 7:00 a 8 a.m. ¡No está mal, en mi opinión!

El cambio de fase se completa en sólo cuatro días, ¡y sin *jet lag*! Sé que suena extraño empezar el día a medianoche, pero, amiga, sólo será un día. En mi opinión, vale la pena tener un día raro como ese si a cambio consigues dormir toda la noche y minimizar el llanto del bebé.

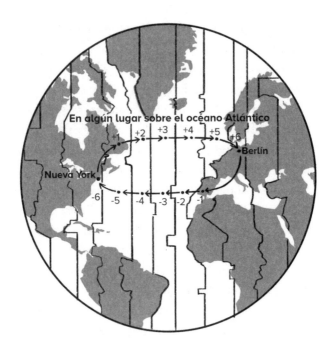

Cómo evitar el desfase horario

Antes de viajar, empieza a hacer la transición a la zona horaria
a la que vas a ir. Por ejemplo, una semana antes de viajar de
Nueva York a Berlín, levántate y acuéstate una hora antes de lo
habitual. Cambia una hora más dos días antes de volar. Aún no
estarás en la hora de Berlín, pero sí a mitad de camino; a nivel
horario, estás en algún lugar en medio del Atlántico. Cuando
llegues a Berlín, no saltes directamente a la zona horaria local,
sino que cambia progresivamente un máximo de dos horas al
día. Utiliza las cortinas opacas por la mañana para seguir
estando en la hora de en medio del Atlántico un día más.
Después de tres días habrás cambiado completamente a la hora
de Berlín. En el viaje de regreso, haz lo mismo al revés: empieza
a acostarte y a levantarte más tarde antes del vuelo y, cuando
regreses a Nueva York, bloquea la luz por la noche para
cambiar progresivamente en un máximo de tres horas al día
(los retrasos son más fáciles para el cuerpo que los avances,
por lo tanto cuando se viaja al oeste los cambios son más
fáciles y rápidos que cuando se viaja al este).

Aquí está la receta para viajar sin *jet lag* a través de las zonas horarias para toda la familia:

VIAJES HACIA EL ESTE

1. Una semana antes de viajar, levántate y acuéstate una hora antes de lo habitual.
2. Dos días antes del viaje, levántate y acuéstate otra hora antes.
3. Si vuelas por la noche, elige un vuelo cuya salida coincida lo más posible con la hora de acostarse de los niños e intenta dormir en el avión tan pronto como subas.
4. Cuando llegues a tu destino, cambia progresivamente la hora de ir a dormir no más de dos horas por día. Usa cortinas opacas y luz roja para simular la noche cuando se haga de día.
5. Cuatro días antes del vuelo de regreso, levántate y acuéstate una hora más tarde para prepararte.
6. Retrasa las siestas del bebé en no más de una hora, según la zona horaria actual.
7. Dos días antes del vuelo, levántate y acuéstate una hora más tarde para prepararte para tu zona horaria.
8. Cuando llegues a casa, atrasa no más de tres horas por día. Usa cortinas opacas y luz roja para simular la noche.
9. Sigue ajustando las siestas según la zona horaria actual.

VIAJES HACIA EL OESTE

1. Una semana antes del viaje, vete a dormir y levántate una hora más tarde de tu hora habitual.
2. Dos días antes del viaje, levántate y acuéstate una hora más tarde.
3. Si vuelas por la noche, cambia de fase retrasando la hora de irte a dormir. Tú puedes retrasar hasta tres horas. Los niños, no más de dos horas.

4. Cuando lleguéis a vuestro destino, no cambiéis más de tres horas al día. Usa cortinas opacas y luz roja para simular la noche.

5. Levántate hasta una hora más tarde, en relación con la zona horaria actual.

6. Retrasa las siestas un máximo de una hora, en relación con la zona horaria actual.

7. Para viajes de más de una semana: una semana antes del vuelo de regreso, levántate y acuéstate una hora antes para prepararte para tu zona horaria de origen.

8. Para los viajes de menos de una semana: cambia un máximo de tres horas por día; si esto no te permite alinearte completamente con la hora local, no te molestes, no vale la pena hacer el cambio.

9. Tres días antes del vuelo, levántate y acuéstate una hora antes para prepararte para la zona horaria de origen.

10. Cuando llegues a casa, no cambies más de dos horas al día. Usa cortinas opacas y luz roja para simular la noche cuando se haga de día.

11. Sigue ajustando las siestas según la zona horaria actual.

EJEMPLO 1: Volar de Nueva York a Berlín con un niño de dos años. Seis horas de avance de fase. Vacaciones de siete días en Berlín.

- Horario habitual:

  Hora de levantarse. ----- **8 a.m.**

  Siesta. ------------------- **1-2 p.m.**

  Hora de acostarse. ------ **9 p.m.**

- Una semana antes de la salida:

  Hora de levantarse. ----- **7 a.m.**

  Siesta. ------------------- **12-1 p.m.**

  Hora de acostarse. ------ **8 p.m.**

- 2 días antes de la salida:
    Hora de levantarse. ----- **6 a.m.**
    Siesta. -------------------- **11 a.m.-12 p.m.**
    Hora de acostarse. ------ **7 p.m.**

- Día de viaje, vuelo de 5 p.m.-1 a.m.:
    Hora de levantarse. ----- **6 a.m.**
    Siesta. -------------------- **11 a.m.-12 p.m.**
    Hora de acostarse. ------ **6 p.m. (debería ser fácil en el avión)**

- Día 1 en el destino:
    Hora de levantarse. ----- **7 a.m. (aterrizaje del avión)**
    Siesta. -------------------- **11 a.m.-2 p.m. (porque no pudo dormir lo suficiente por la noche)**
    Hora de acostarse. ------ **8 p.m.**

- Día 2 en el destino:
    Hora de levantarse. ----- **7 a.m.**
    Siesta. -------------------- **12-1 p.m.**
    Hora de acostarse. ------ **9 p.m.**

- Día 3 en el destino (horario de casa):
    Hora de levantarse. ----- **8 a.m.**
    Siesta. -------------------- **1-2 p.m.**
    Hora de acostarse. ------ **9 p.m.**

- Días 4-5 en el destino:
    Hora de levantarse. ----- **9 a.m.**
    Siesta. -------------------- **2 a 3 p.m.**
    Hora de acostarse. ------ **10 p.m.**

- Día 6 en el destino:
    Hora de levantarse. ----- **10 a.m.**

Siesta. ------------------- **3-4 p.m.**
Hora de acostarse. ------ **11 p.m.**

- Día 7, día de viaje, vuelo 12-7 p.m.:
  Hora de levantarse. ----- **10 a.m.**
  Siesta. ------------------- **3 a 6 p.m. (más tiempo porque estáis en el avión y para aprovechar para adelantar la hora de acostarse).**
  Hora de acostarse. ------ **9 p.m.**

- Día 8, en casa:
  Hora de levantarse. ----- **6 a.m.**
  Siesta. ------------------- **11 a.m.-12 p.m.**
  Hora de acostarse. ------ **8 p.m.**

- Día 9, en casa:
  Hora de levantarse. ----- **7 a.m.**
  Siesta. ------------------- **12-1 p.m.**
  Hora de acostarse. ------ **9 p.m.**

- Día 10, en casa: regreso al horario habitual

EJEMPLO 2: Volar de Nueva York a Beijing con un niño de dos años. Once horas de retraso de fase (de noviembre a febrero; doce horas de marzo a octubre por el horario de verano). Pasando catorce días en Beijing.

- Horario habitual:
  Hora de levantarse. ----- **8 a.m.**
  Siesta. ------------------- **1-2 p.m.**
  Hora de acostarse. ------ **9 p.m.**

- Una semana antes de la salida:

    Hora de levantarse. ----- **9 a.m.**

    Siesta. ------------------- **2 a 3 p.m.**

    Hora de acostarse. ------ **10 p.m.**

- 2 días antes de la salida:

    Hora de levantarse. ----- **10 a.m.**

    Siesta. ------------------- **3-4 p.m.**

    Hora de acostarse. ------ **11 p.m.**

- Día de viaje, vuelo de 3:50 p.m. a 6:55 p.m.:

    Hora de levantarse. ----- **11 a.m.**

    Despegue. --------------- **3:50 p.m., hora de Nueva York.**

    Siesta. ------------------- **4 a 7 p.m., hora de Nueva York (siesta más larga porque se ha dormido menos por la noche)**

    Aterrizaje. -------------- **6:55 p.m. hora local.**

- Día 1 en el destino:

    Hora de levantarse. ----- **3 a.m.**

    Siesta. ------------------- **8-9 a.m.**

    Hora de acostarse. ------ **4 p.m.**

- Día 2 en el destino:

    Hora de levantarse. ----- **6 a.m.**

    Siesta. ------------------- **11 a.m.-12 p.m.**

    Hora de acostarse. ------ **7 p.m.**

- Días 3-9 en el destino (horario de casa):

    Hora de levantarse. ----- **8 a.m.**

    Siesta. ------------------- **1-2 p.m.**

    Hora de acostarse. ------ **9 p.m.**

- Días 10-11 en el destino:
    Hora de levantarse.----- **7 a.m.**
    Siesta. -------------------- **12-1 p.m.**
    Hora de acostarse. ------ **8 p.m.**

- Días 12-13 en el destino:
    Hora de levantarse.----- **6 a.m.**
    Siesta. -------------------- **11-12 a.m.**
    Hora de acostarse. ------ **7 p.m.**

- Día 14, vuelo 5 p.m.-7 a.m./6 p.m. local:
    Hora de levantarse.----- **5 a.m.**
    Siesta. -------------------- **10-11 a.m.**
    Hora de acostarse. ------ **6:00 p.m.**

- Día 15, vuelo/en casa:
    Hora de levantarse.----- **4 a.m./3 p.m. local**
    Siesta. -------------------- **8-9 p.m. local**
    Hora de acostarse. ------ **2 a.m. local**

- Día 16, en casa:
    Hora de levantarse.----- **11 a.m.**
    Siesta. -------------------- **4-5 p.m.**
    Hora de acostarse. ------ **12 p.m.**

- Día 17:
    Hora de levantarse.----- **9 a.m.**
    Siesta. -------------------- **2-3 p.m.**
    Hora de acostarse. ------ **10 p.m.**

- Día 18, horario habitual:
    Hora de levantarse.----- **8 a.m.**
    Siesta. -------------------- **1-2 p.m.**
    Hora de acostarse. ------ **9 p.m.**

FINES DE SEMANA, VACACIONES Y CAMBIOS DE ZONA HORARIA
Puntos clave

★ Mantén el horario de tus hijos igual los fines de semana que los días de semana.

★ En las vacaciones en la misma zona horaria, mantén el horario habitual. Lleva contigo cortinas y una luz roja para ayudar a volver a crear tus configuraciones de luz habituales (consulta «Artículos útiles para el bebé» en la página 229).

★ Cuando cruces zonas horarias, evita el desfase horario creando un programa de cambio de fase y cambia lentamente hacia el tiempo deseado antes, durante y después del viaje en no más de tres horas por día (dos cuando viajes hacia el este).

★ Al viajar a través de las zonas horarias, usa cortinas opacas y luz roja en casa y en tu destino para cambiar gradualmente a una nueva zona horaria.

★ Viajar al este es más difícil que viajar al oeste, porque los retrasos de fase son más fáciles para nuestros cuerpos que los avances.

La solución

¡Lo lograste! Te has quedado conmigo y has completado este libro, ¡felicidades! Estás lista para experimentar tu propia historia de éxito, para usar la investigación y los consejos de estas páginas y ayudar a tu bebé a dormir durante la noche.

Como espero que esté claro a estas alturas, mi objetivo no es imponer un conjunto de reglas al azar, sino fomentar una mentalidad informada, basada en la fascinante ciencia de nuestro reloj interno y el impulso del sueño, para ayudarte a abordar cualquier problema de sueño que el bebé te plantee. Esta parte te ayudará a implementar los conocimientos de este libro y aplicarlos a tu bebé.

Los siguientes cuestionarios te guiarán a través de los tres pasos de mi método:

1. La luz y el ambiente de sueño

	Sí	No	Comentario
¿Tienes una luz roja?			¡Hora de conseguir una! (Ver página 229).
¿Tienes cortinas opacas?			Instalar persianas permanentes o removibles. (Ver página 230).
¿Duerme el bebé en su propia cuna?			Acuéstalo en su propia cuna... Le ayudará a calmarse solo.
¿Duerme el bebé en su propia habitación?			Después de dos meses, traslada al bebé a su propia habitación si es posible.
¿Duerme el bebé con sus hermanos?			Pon al peor durmiente en su propia habitación, para que el resto de la familia pueda tener su tan necesitado descanso.

2. Horarios y siestas

	Respuesta	Comentario
¿Cuándo es tu hora preferida para despertarte?		¿Qué es lo que mejor funciona para ti y tu familia?
¿Qué edad tiene el bebé?		Si es prematuro, usa la edad corregida.
¿Cuál es la cantidad total de sueño diurno recomendada para la edad del bebé?		Revisa la tabla de sueño del bebé en la página 59.
Calcula la nueva hora de acostar del bebé.		Nueva hora de acostarse = la hora deseada para despertar al bebé, menos las horas recomendadas de sueño nocturno, más el tiempo de reserva para tener en cuenta los despertares nocturnos del bebé.
¿Cuántas siestas debe tomar el bebé?		Revisa la tabla de sueño del bebé en la página 59.
¿Cuánto tiempo deben durar las siestas del bebé en total?		Revisa la tabla de sueño del bebé en la página 59.

3. Dormir durante la noche

	Respuesta	Comentario
¿El bebé pesa más de cinco kilos?		Los bebés que pesan más de cinco kilos suelen ser lo suficientemente maduros para dormir durante seis o más horas por la noche.
¿Qué edad tiene tu bebé?		Los bebés suelen estar listos para el Entrenamiento Suave de Sueño alrededor de los tres meses.
¿Ha dormido el bebé alguna vez más de cinco o seis horas por la noche?		Una vez que el bebé te haya demostrado que puede dormir durante cinco o seis horas sin comer, ¡no te eches atrás!
Cuando el bebé se despierta y llora, ¿a veces se duerme mientras lo amamantas?		Los bebés que no parecen tener hambre durante las comidas nocturnas se alimentan por comodidad, no por hambre. ¡Hora de parar el tren!
¿Has respondido afirmativamente a todas las preguntas anteriores?		Si no, no te desesperes. Mantén el arrastre de luz, trabaja el horario y las siestas, y espera hasta que el bebé muestre signos de preparación antes de empezar el Entrenamiento Suave de Sueño. Si es así, ¡felicidades! El bebé está listo para el entrenamiento de sueño.
¿Cuánto tiempo debo esperar antes de alimentar al bebé durante la noche?		Calcula cuánto tiempo debes esperar antes de alimentar al bebé tomando su mayor tramo de sueño y restándole una hora.
El bebé llora por la noche. Si es hora de amamantarlo, ¿qué hago?		Amamanta al bebé y acuéstalo de nuevo en la cuna adormecido, pero no dormido, y sal de la habitación.
El bebé está llorando por la noche. Si *no* es hora de amamantar, ¿qué hago?		Sigue mi método de Entrenamiento Suave de Sueño: 1) Espera un minuto y medio antes de entrar a ver al bebé. 2) Acuesta al bebé en la cuna. 3) Sal después de dos o tres minutos, incluso si el bebé sigue llorando. 4) Repite hasta que el bebé esté dormido o sea el momento de darle de comer.

Gráficos

Este cuadro resume los tres pasos para que el bebé duerma como se indica en este libro. Puedes recortarlos y ponerlos en el refrigerador o tomar una foto para tenerlo a mano en el teléfono.

Tres pasos para dormir mejor

① Luz y ambiente de sueño

Los bebés son sensibles a la luz: por la noche reduce la melatonina, la hormona del sueño; por la mañana reajusta su reloj interno.

▷ Luz roja

▷ Cortinas opacas

② Siestas y horario

Los bebés tienen una necesidad total de sueño cada 24 horas que va disminuyendo progresivamente hasta la edad adulta.
Las siestas reducen el sueño nocturno.

▷ Ajusta las siestas siguiendo este gráfico.
▷ Determina la hora de acostar al bebé dependiendo de la hora a la que quieras levantarte por la mañana.
▷ Si el bebé se resiste a dormir la siesta significa que necesita dormir menos. Acorta o elimina las siestas.

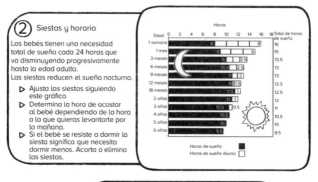

③ Dormir toda la noche

Signos de que el bebé está preparado para el Entrenamiento Suave de Sueño:
- Pesa más de 5 kilos
- Ha dormido más de 5 horas seguidas en alguna ocasión
- No parece tener hambre cuando le das de comer por la noche
▷ Usa el gráfico de la página siguiente para guiarte en el entrenamiento por la noche.

Utiliza este árbol de decisiones para ayudarte durante el Entrenamiento Suave de Sueño:

Dormir toda la noche

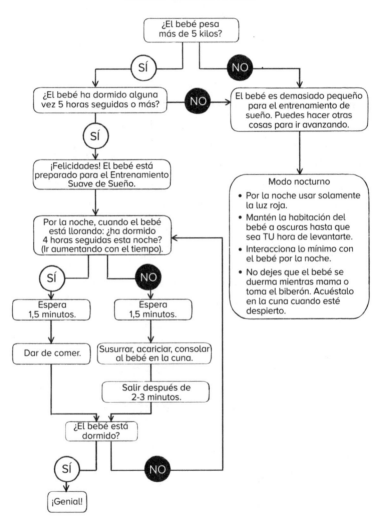

Artículos útiles para el bebé

- Para obtener apoyo adicional en tu viaje de entrenamiento del sueño, descarga mi **aplicación** de **sueño para bebés Kulala**, basada en el programa descrito en este libro. La aplicación Kulala contiene la mayor parte de la información de este libro, y es especialmente útil para crear y mantener un horario que se actualiza automáticamente a medida que el bebé crece. Disponible en inglés en kulalaland.com

- **Luz roja:** Esto es esencial para mantener al bebé en modo nocturno. Puedes encontrar bombillas de luz roja en cualquier ferretería y usarlas con cualquier lámpara que tengas. O pedir mi lámpara especial Kulala de Kulalaland.com, que está especialmente diseñada sin luz azul, que promueve el despertar, junto con otras características, como el control táctil silencioso para no despertar al bebé y el regulador ajustable: se enciende cuando el bebé empieza a llorar, se atenúa con el tacto e incluye un relajante ruido blanco. Si compras bombillas rojas en otro lugar, consigue LEDs que emitan el equivalente a 60 vatios. No sólo tienen una vida mucho más larga y son más eficientes en comparación con las antiguas bombillas incandescentes, sino que su tonalidad roja también es más «limpia» y más adecuada para ayudar a los bebés a dormir.

Con 60 vatios se puede ver lo suficientemente bien como para leer un libro, y si tu hijo quiere dormir con la luz encendida, puedes ponerla en un rincón para que no sea demasiado brillante.

- **Aplicaciones de filtro de luz** azul para *smartphones* y ordenadores. Actualmente los iPhones tienen un modo de noche, y los teléfonos Android un modo de luz nocturna. Programa ambos para que se enciendan automáticamente dos horas antes de la hora de acostar al bebé y se apaguen a la hora de levantarse. Recomiendo instalar una aplicación adicional de filtro de luz azul (hay varias disponibles en las tiendas de aplicaciones), ya que las que vienen por defecto no hacen que la pantalla sea lo suficientemente roja. La pantalla debería verse claramente rojiza, no sólo amarilla. También usa el modo nocturno en Macs y iPads e instala un programa llamado f.lux para ordenadores con Windows. Programa esos filtros para que se enciendan y apaguen automáticamente.

- **Las cortinas opacas** son necesarias para mantener al bebé en modo nocturno hasta que sea la hora deseada de despertarse. ¡Tienes un sinfín de opciones! Puedes comprar cortinas opacas para colgarlas en tus ventanas. También puedes optar por una una pantalla adhesiva como la Penveat o una portátil, como los Easyblinds en Amazon.

- **Las fundas de cuna portátiles** son útiles durante los viajes para controlar la exposición a la luz en una habitación de hotel o en casa de la abuela. Cubren la cuna y bloquean la luz, mientras permiten el paso del flujo de aire. Una opción es el dosel y la tienda de campaña para cunas SnoozeShade Pack N Play (amazon.com).

- **Aplicación de ruido blanco:** Hay varias versiones disponibles en las tiendas de aplicaciones de Apple y Google.

- **Aplicación de seguimiento de bebés** (*baby trackers*): Muchas están disponibles de forma gratuita en las tiendas de aplicaciones de Apple y Google. Una aplicación de seguimiento te permitirá saber con qué frecuencia das de comer al bebé o le cambias el pañal, y cuánto tiempo duerme. Por lo tanto, puede ayudarte a crear horarios.

- **Máquina de ruido blanco:** Ayudan a que el bebé duerma, especialmente si duerme con los padres o un hermano. Tienes muchas opciones de compra en las tiendas de artículos para bebés. Nuestra lámpara de dormir para bebés Kulala la tiene incorporada.

- **Un moisés mecedor:** Los moisés mecedores son geniales para calmar al bebé; el movimiento de mecedora lo calma. Hay muchas marcas diferentes para elegir.

- **Columpio de bebé:** Los columpios son útiles para las siestas diurnas. Para los bebés menores de dos meses, asegúrate de que el bebé duerma en una posición totalmente plana y con la barbilla fuera del pecho para asegurar la respiración adecuada.

- **Mantas envolventes** (*swaddle wraps*): Son lo último en ayuda para dormir y son ideales para envolver a tu bebé durante la noche cuando quieres que duerma más tiempo. Disponibles en tiendas de productos para bebés.

- **Saco de dormir:** Las mantas no son seguras para los bebés, por lo que los sacos de dormir pueden ser una buena solución para los bebés más grandes que no caben en las mantas envolventes. Hay muchas versiones disponibles.

Referencias y lecturas adicionales

A continuación detallo algunos de los estudios científicos que he utilizado para formular mi método. Si encuentras un tema específico particularmente fascinante, puedes encontrar más información seguidamente.

Ritmos circadianos humanos

Czeisler, C. A., y J. J. Gooley. «Sleep and Circadian Rhythms in Humans.» *Cold Spring Harbor Symposia on Quantitative Biology* 72, n.º 1 (2007): 579–597. https://doi.org.10.1101/sqb.2007.72.064 **Revisión exhaustiva de los ritmos circadianos humanos.**

Globig, M. «A World without Day or Night.» *MaxPlanckResearch* (2007): 60–61. Recapitulación de más de treinta años de estudio de los ritmos circadianos humanos en Alemania.

Patke, A. et al., «Mutation of the Human Circadian Clock Gene CRY1 en Familial Delayed Sleep Phase Disorder.» *Cell* 169, n.º 2 (2017): 203–15.e13. https://doi.org.10.1016/j.cell.2017.03.027 **Estudio de nuestro laboratorio que describe el gen humano del «búho nocturno».**

Moscas con relojes mutantes

Konopka, R. J., y S. Benzer. «Clock Mutants of Drosophila Melanogaster.» *Proceedings of the National Academy of Sciences* 68, n.º 9 (1971): 2112–2116. https://doi.10.1073/pnas.68.9.2112
El primer estudio que describe la existencia de mutaciones genéticas que alteran el ritmo circadiano.

Thaddeus A. Bargiello, F. Rob Jackson, y Michael W. Young. «Restoration of Circadian Behavioural Rhythms by Gene Transfer en *Drosophila.*» Nature 312, 752–754 (1984). https://doi.org.10.1038/312752a0

William A. Zehring, David A.Wheeler, Pranhitha Reddy, Ronald J. Konopka, Charalambos P. Kyriacou, Michael Rosbash, Jeffrey C. Hall. «P-element Transformation with Period Locus DNA Restores Rhythmicity to Mutant, Arrhythmic Drosophila Melanogaster.» *Cell* 39, 2 (1984) 369–376. https://doi.org.10.1016/0092-8674(84)90015-1
Estos dos estudios identificaron los primeros genes necesarios para el comportamiento rítmico en la mosca de la fruta, iniciando así el campo de la cronobiología molecular. Los autores, Mike Young, Michael Rosbash y Jeff Hall, recibieron el Premio Nobel de Medicina por estos y otros hallazgos sobre los genes que componen el reloj molecular.

La luz como *Zeitgeber*

Lockley, S. W., G. C. Brainard, y C. A. Czeisler. «High Sensitivity of the Human Circadian Melatonin Rhythm to Resetting by Short Wavelength Light.» *The Journal of Clinical Endocrinology & Metabolism* 88, n.º 9 (2003): 4502. https://doi.org.10.1210/jc.2003-030570
Primer estudio que muestra que los ritmos de la melatonina humana son altamente sensibles a la luz azul.

Green, A. et al., «Evening Light Exposure to Computer Screens Disrupts Human Sleep, Biological Rhythms, and Attention Abilities.» *Chronobiology International* 34, n.º 7 (2017): 855–865. https://doi.org.10.1080/07420528.2017.1324878
La exposición nocturna a la luz azul pero no a la naranja interrumpe el sueño y el reloj circadiano en los humanos.

Hale, L., y S. Guan. «Screen Time and Sleep among School-Aged Children and Adolescents: A Systematic Literature Review.» *Sleep Medicine Reviews* 21 (2015): 50–58. https://doi.org.10.1016/j.smrv.2014.07.007
Metaanálisis de sesenta y siete estudios científicos que muestran que la exposición nocturna a las pantallas está correlacionada con el mal sueño en los niños.

Akacem, L. D., K. P. Wright Jr., y M. K. LeBourgeois. «Sensitivity of the Circadian System to Evening Bright Light in Preschool-Age Children.» *Physiological Reports* 6, n.º 5 (2018). https://doi.org.10.14814/phy2.13617
La exposición a la luz brillante por la noche elimina la melatonina durante horas en los niños pequeños.

Zeitzer, J. M. et al., «Sensitivity of the Human Circadian Pacemaker to Nocturnal Light: Melatonin Phase Resetting and Suppression.» *The Journal of Physiology* 526, n.º 3 (2000): 695–702. https://doi.org.10.1111/j.1469-7793.2000.00695.x
Una luz tan tenue como la de las velas es suficiente para suprimir la melatonina y reiniciar el reloj.

Wyszecki, G., y W. S. Stiles. *Color Science: Concepts and Methods, Quantitative Data and Formulae*, 2ª ed. Nueva York: Wiley & Sons, 2000.
La biblia de la investigación de los colores de la luz y cómo los percibimos.

Stothard, E. R. et al., «Circadian Entrainment to the Natural Light-Dark Cycle across Seasons and the Weekend.» *Current Biology: CB* 27, n.º 4 (2017): 508–513. https://doi.org.10.1016/j.cub.2016.12.041
La liberación de melatonina y el sueño se retrasan por la exposición a la luz por la noche, pero pueden ser restaurados por una acampada en la montaña el fin de semana.

La comida como *Zeitgeber*

Stokkan, K. A. et al., «Entrainment of the Circadian Clock in the Liver by Feeding.» *Science* 291, n.º 5503 (2001): 490–493. https://doi.org.10.1126/science.291.5503.490
Este importante artículo demuestra que la comida puede actuar como *Zeitgeber*, arrastrando a las ratas (y sus hígados) a despertar en medio de la noche.

Wehrens, S. M. T. et al., «Meal Timing Regulates the Human Circadian System.» *Current Biology: CB* 27, n.º 12 (2017): 1768–75.e3. https://doi.org.10.1016/j.cub.2017.04.059
Comer cinco horas más tarde de lo habitual provoca un cambio metabólico.

Damiola, F. et al., «Restricted Feeding Uncouples Circadian Oscillators in Peripheral Tissues from the Central Pacemaker in the Suprachiasmatic Nucleus.» *Genes & Development* 14, n.º 23 (2000): 2950–2961. https://doi.org.10.1101/gad.183500
Si los *Zeitgebers* luz y comida están en conflicto, el cerebro permanece en el horario que le indica la luz, pero el hígado cambia al horario de la comida, provocando la existencia de diferentes zonas horarias en el cuerpo.

White, W., y W. Timberlake. «Two Meals Promote Entrainment of Rat Food-Anticipatory and Rest-Activity Rhythms.» *Physiology & Behavior* 57, n.º 6 (1995): 1067–1074. https://doi.org.10.1016/0031-9384(95)00023-c

Sin luz, la comida puede actuar como un auténtico *Zeitgeber* y provocar ritmos de comportamiento.

Evanoo, G. «Infant Crying: A Clinical Conundrum.» *Journal of Pediatric Health Care* 21, n.º 5 (2007): 333–338. https://doi. org.10.1016/j.pedhc.2007.06.014
Los horarios diarios pueden ayudar a reducir el llanto del bebé.

El sueño de los bebés

Galland, B. C. et al. «Normal Sleep Patterns in Infants and Children: A Systematic Review of Observational Studies.» *Sleep Medicine Reviews* 16, n.º 3 (2012): 213–222. https://doi.org.10.1016/j. smrv.2011.06.001
Metaanálisis de treinta y cuatro estudios que revisan los patrones de sueño de casi setenta mil niños de dieciocho países diferentes, de cero a doce años de edad.

Jenni, O. G., y M. K. LeBourgeois. «Understanding Sleep–Wake Behavior and Sleep Disorders in Children: The Value of a Model.» *Current Opinion in Psychiatry* 19, n.º 3 (2006): 282–287. https:// doi.org.10.1097/01.yco.0000218599.32969.03
La presión del sueño aumenta más rápido en los bebés que en los adultos.

Nakagawa, M. et al. «Daytime Nap Controls Toddlers' Nighttime Sleep.» Scientific Reports 6 (2016). https://doi.org.10.1038/ srep27246
Las siestas largas durante el día reducen directamente la duración del sueño nocturno en los niños pequeños.

Perturbaciones del sueño

Kang, J.-H., y S.-C. Chen. «Effects of an Irregular Bedtime Schedule on Sleep Quality, Daytime Sleepiness, and Fatigue among University Students in Taiwan.» *BMC Public Health* 9, n.º 1 (2009): 201–206. https://doi.org.10.1186/1471-2458-9-248
La irregularidad en la hora de ir a dormir afectó negativamente al sueño de los universitarios taiwaneses.

Foster, R. G. et al., «Sleep and Circadian Rhythm Disruption in Social Jetlag and Mental Illness,» *Progress in Molecular Biology and Translational Science* 119 (2013) 325–346. https://doi.org.10.1016/B978-0-12-396971-2.00011-7
Revisión de los diferentes tipos de trastornos del sueño y el ritmo circadiano, incluyendo el *jet lag* social autoimpuesto.

El reloj interno del bebé

Rivkees, S. A. «Developing Circadian Rhythmicity in Infants.» *Pediatrics* 112, n.º 2 (2003): 373–381. https://doi.org.10.1542/peds.112.2.373
Los bebés prematuros de las UCIN que fueron expuestos a ciclos de iluminación claros y oscuros mostraron un rápido arrastre de sus ciclos de sueño y de vigilia, demostrando que los bebés pueden desarrollar un ritmo circadiano si son arrastrados correctamente.

Kinoshita, M. et al., «Paradoxical Diurnal Cortisol Changes in Neonates Suggesting Preservation of Foetal Adrenal Rhythms.» *Scientific Reports* (2016): 1–7. https://doi.org.10.1038/srep35553
Los recién nacidos muestran ciclos invertidos de veinticuatro horas de cortisol, que maduran a los dos meses de edad.

Entrenamiento Suave de Sueño

Ferber, R. *Solucione los problemas de sueño de su hijo*, Medici, Barcelona, 1992.
El Dr. Ferber popularizó la idea de que los bebés necesitan aprender a calmarse solos para dormir toda la noche. Los padres a menudo interfieren en ese proceso formando asociaciones de sueño innecesarias en los bebés, como llevarlos en brazos.

Adair, R. et al., «Reducing Night Waking in Infancy: A Primary Care Intervention.» *Pediatrics* 89, n.º 4, part 1 (1992): 585–588.
El sueño de los bebés mejoró después de explicar a los padres cómo enseñar a los bebés a calmarse.

Conty, L., N. George, y J. K. Hietanen. «Watching Eyes Effects: When Others Meet the Self.» *Consciousness and Cognition* 45 (2016): 184–197. https://doi.org.10.1016/j.concog.2016.08.016
Mirar a alguien a los ojos aumenta la excitación, por lo tanto no mires directamente a los ojos del bebé cuando quieras que duerma.

Gerard, C. M., K. A. Harris, y B. T. Thach. «Spontaneous Arousals in Supine Infants while Swaddled and Unswaddled during Rapid Eye Movement and Quiet Sleep.» *Pediatrics* 110, n.º 6 (2002): e70. https://doi.org.10.1542/peds.110.6.e70
Los envoltorios son muy eficaces para calmar a los bebés.

Spencer, J. A. et al., «White Noise and Sleep Induction.» *Archives of Disease in Childhood* 65, n.º 1 (1990): 135–137. https://doi.org.10.1136/adc.65.1.135
El ruido blanco ayuda a los bebés a dormir.

Fleming, P., P. Blair, y A. Pease. «Why or How Does the Prone Sleep Position Increase the Risk of Unexpected and Unexplained Infant Death?» *Archives of Disease in Childhood: Fetal and Neonatal Edition* (2017): 1–2. https://doi.org.10.1136/archdischild-2017-313331
Por qué dormir boca abajo se considera inseguro.

Chen, H.-Y. et al., «Physiological Effects of Deep Touch Pressure on Anxiety Alleviation: The Weighted Blanket Approach.» *Journal of Medical and Biological Engineering* 33, n.º 5 (2013): 463–470

La estimulación mediante presión profunda, por ejemplo con mantas pesadas, calma el sistema nervioso, y esta es probablemente la razón por la que dormir boca abajo ayuda a algunos bebés a dormir.

St. James-Roberts, I. et al., «Video Evidence That Parenting Methods Predict Which Infants Develop Long Night-Time Sleep Periods by Three Months of Age.» *Primary Health Care Research & Development* 18, n.º 3 (2017): 212–226. https://doi.org.10.1097/DBP.0000000000000166

Un importante estudio que analiza por vídeo la conducta de bebés que duermen en cunas y los que duermen en colecho. Los padres que tardan entre 1 y 1,5 minutos en responder al llanto del bebé (porque no está durmiendo con ellos) tienen más posibilidades de tener bebés que duerman cinco o más horas por la noche a los tres meses.

Mindell, J. A. et al., «Developmental Aspects of Sleep Hygiene: Findings from the 2004 National Sleep Foundation Sleep in America Poll.» *Sleep Medicine* 10, n.º 7 (2009): 771–779. https://doi.org.10.1016/j.sleep.2008.07.016

Las rutinas de antes de acostarse ayudan a los bebés a dormir.

Volkovich, E. et al., «Sleep Patterns of Co-sleeping and Solitary Sleeping Infants and Mothers: A Longitudinal Study.» *Sleep Medicine* 16, n.º 11 (2015): 1305–1312. https://doi.org.10.1016/j.sleep.2015.08.016

Las madres que practican colecho informan de que los niños se despiertan más por la noche y duermen peor que las madres de los bebés que duermen en su propia cuna.

Porter, R. H., y J. Winberg. «Unique Salience of Maternal Breast Odors for Newborn Infants.» *Neuroscience and Biobehavioral Reviews* 23 (1999): 439–449. https://doi.org.10.1016/s0149-7634(98)00044-x

Los bebés son capaces de reconocer y se sienten atraídos por el olor de la leche de su madre.

Jet Lag

Myers, M. P. et al., «Light-Induced Degradation of TIMELESS and Entrainment of the Drosophila Circadian Clock.» *Science* 271, n.º 5256 (1996): 1736–1740. https://doi.org.10.1126/science.271.5256.1736
Un estudio de nuestro laboratorio muestra que el cambio en la sincronización de los pulsos de luz durante el día y la noche puede cambiar el ritmo circadiano de las moscas. La luz de la tarde causa retrasos de fase, mientras que la luz de la mañana causa avances de fase.

Khalsa, S. B. S. et al., «A Phase Response Curve to Single Bright Light Pulses in Human Subjects.» *The Journal of Physiology* 549, part 3 (2003): 945–952. https://doi.org.10.1113/jphysiol.2003.040477
La repetición de los experimentos de la mosca de la fruta en los humanos revela las mismas respuestas a la luz: la luz de la tarde causa retrasos de fase, la luz de la mañana causa avances de fase.

Cómo cambia el cerebro la maternidad

Marlin, B. J. et al. «Oxytocin Enables Maternal Behavior by Balancing Cortical Inhibition.» *Nature* 520, n.º 7548 (2015): 499–504. https://doi.org.10.1038/nature14402
Un estudio en ratones muestra que la oxitocina permite a las madres ser sensibles al llanto de sus crías.

Brunton, P. J., y J. A. Russell. «The Expectant Brain: Adapting for Motherhood.» *Nature Reviews Neuroscience* 9, n.º 1 (2008): 11–25. https://doi.org.10.1038/nrn2280
Cambios neurológicos, hormonales y psiquiátricos a lo largo del embarazo y el parto.

Lafrance, A. «What Happens to a Woman's Brain when She Becomes a Mother.» *The Atlantic* (January 2015). https://www.theatlantic.com/health/archive/2015/01/what-happens-to-a-womans-brain-when-she-becomes-amother/384179/

Excelente artículo que describe las bases científicas de la alegría, el amor y la ansiedad que experimentamos cuando nos convertimos en madres.

Funciones del sueño

Rechtschaffen, A., y B. M. Bergmann. «Sleep Deprivation in the Rat: An Update of the 1989 Paper.» *Sleep* 25, n.º 1 (2002): 18–24. https://doi.org.10.1093/sleep/25.1.18

En este artículo se resumen los resultados de las investigaciones de los autores sobre la privación total del sueño en la rata, y se aborda la incertidumbre en cuanto a la función del sueño.

Alhola, P., y P. Polp-Kantola. «Sleep Deprivation: Impact on Cognitive Performance.» *Neuropsychiatric Disease and Treatment* 3, n.º 5 (2007): 553–567. https://www.ncbi.nlm.nih.gov/pubmed/19300585

Examen de los efectos de la privación total y parcial del sueño, así como de la privación aguda y crónica, sobre la cognición humana.

El sueño y el estado de ánimo

Ross, L. E., B. J. Murray, y M. Steiner. «Sleep and Perinatal Mood Disorders: A Critical Review.» *Journal of Psychiatry & Neuroscience* 30, n.º 4 (2005): 247–256. https://www.ncbi.nlm.nih.gov/pubmed/16049568

Revisión exhaustiva de la relación entre el sueño y el estado de ánimo en las nuevas madres. Dormir mal está asociado con el mal humor, el *baby blues* y la depresión posparto (DPP). Ayudar a las nuevas madres a dormir disminuye la DPP en madres de alto riesgo.

Montgomery-Downs, H. E., y R. Stremler. «Postpartum Sleep in New Mothers and Fathers.» *The Open Sleep Journal* 6, no.1 (2013): 87–97.
El sueño también se ve interrumpido en los nuevos padres, y esto se asocia con un mayor riesgo de depresión.

Symon, B., M. Bammann, G. Crichton, C. Lowings, y J. Tucsok. «Reducing Postnatal Depression, Anxiety and Stress Using an Infant Sleep Intervention.» *BMJ Open* 2, n.º 5 (2012). https://doi.org.10.1136/bmjopen-2012-001662
Ayudar a los bebés a dormir mejora los síntomas de depresión en las nuevas madres.

Agradecimientos

En primer lugar quiero agradecer a todas las personas con las que hablé de este proyecto por animarme y creer en mí. Sobre todo me gustaría dar las gracias a mi marido, que siempre soportó mi «crianza científica» y me animó a escribir, probablemente gracias a que el método funcionaba. Él leyó el primer borrador y dijo; «Esto es realmente bueno», lo que para mí fue suficiente para seguir adelante.

Andreas Keller, mi agente/amigo/compañero de ciencias, ha sido increíblemente útil y me ha apoyado en todas las etapas de la escritura y publicación de este libro, y siempre tuve la sensación de que él era todo el apoyo que necesitaba cuando había que ponerse manos a la obra y terminarlo. Sarah Pelz se arriesgó conmigo y creyó desde el principio que yo podría contribuir con un libro significativo sobre el sueño de los bebés. Su orientación fue maravillosa y abrió nuevos caminos que yo no habría elegido. Me convirtió en una entrenadora de sueño para bebés. Mi editora en Simon & Schuster, Sarah, también fue fundamental para llevar este libro a su forma final, mejorando aspectos que yo ni siquiera había pensado que podían ser mejorados. Un agradecimiento especial a Melanie Iglesias Pérez y a todo el equipo de Simon & Schuster por dar vida a este libro.

Finalmente quiero dar las gracias a las madres y padres con los que he trabajado, que indirectamente ayudaron a crear este libro. Trabajar con ellos ha sido una fuente de conocimiento y confianza; me hicieron darme cuenta de lo útil que es mi método, y de que puede ayudar a mucha gente. Ayudándoles me ayudé a mí misma, porque compartimos una experiencia que no podría estar más polarizada: la magia de la madre y el amor infinito por su bebé, y la agotadora privación del sueño y el abandono de sí misma que la hacen sentir muy mal, pero que realmente no puede compartir con nadie. Compartirlo conmigo fue muy especial, y de alguna manera curó las heridas que llevaba yo desde esas oscuras semanas y meses de posparto.

Sobre la autora

Sofia Axelrod, PhD, es una investigadora del sueño en el laboratorio de Michael W. Young, ganador del Premio Nobel de Medicina y Fisiología en 2017. Cuando se quedó embarazada de su primer hijo, Sofia, insomne de toda la vida, temía no poder volver a dormir nunca más. Después del nacimiento de su primer bebé, aplicó de forma natural sus conocimientos científicos al sueño de su bebé. Funcionó tan bien que empezó a correr la voz, a trabajar con otras familias, a escribir y a hablar del poder de la ciencia del sueño. A través de su trabajo, Sofia Axelrod está proporcionando a los nuevos padres lo que más necesitan: una buena noche de sueño. Educando al público sobre los secretos del sueño desvelados por la investigación científica más avanzada, el objetivo final de Sofía Axelrod es mejorar el sueño en nuestra sociedad, notoriamente privada de descanso profundo, en particular los padres de niños pequeños.

Sofía Axelrod vive con su marido y sus dos hijos pequeños, Leah y Noah, en el Upper East Side de Manhattan. Cuando no está investigando las bases moleculares del sueño o pasando tiempo con su familia, canta música clásica en escenarios de EE.UU y Europa.

Mantengámonos en contacto

Trabajar con los padres es una parte integral de mi método, y ha hecho que mi enfoque sea mucho más fuerte. Este libro no habría sido posible sin vosotros, mis padres privados de sueño, y en lugar de hablaros, quiero mantener el diálogo abierto, porque esta es una calle de doble sentido. Me encantaría escuchar tus experiencias con el sueño de tu bebé, y cómo os ha funcionado mi libro. Por favor, no dudes en conectar conmigo a través de las redes sociales o escribiéndome a how.babies.sleep@gmail.com. Para encontrar más información, pueden seguirme en Twitter (@baby__ sleep) o en Facebook e Instagram (ambos @kulalaland), donde publico artículos e información actualizada sobre mi método de sueño para bebés e investigaciones sobre el sueño y los ritmos circadianos. Puedes encontrar información sobre mí, mi libro, y el enfoque de *Cómo duermen los bebés* en sofiaaxelrod.com

Ecosistema
digital

Floqq
Complementa tu
lectura con un curso
o webinar y sigue
aprendiendo.
Floqq.com

Amabook
Accede a la compra de
todas nuestras novedades en
diferentes formatos: papel,
digital, audiolibro
y/o suscripción.
www.amabook.com

Redes sociales
Sigue toda nuestra
actividad. Facebook,
Twitter, YouTube,
Instagram.

EDICIONES URANO